위험 요소를 제거할 수 없다면

부동산 경매 절대로 하지마라

엄기환 지음

마로니에북스

위험요소를 제거할 수 없다면

부동산 경매 절대로 하지 마라

초판 1쇄 인쇄 | 2010년 9월 01일
초판 1쇄 발행 | 2010년 9월 08일

지은이 | 엄기환, 송춘근
발행인 | 이상만
발행처 | 마로니에북스
주 소 | (413-756) 경기도 파주시 교하읍 문발리 파주출판도시 521-2
전 화 | (02)741-9191 (대) (031)955-4919 (편집부)
팩 스 | (031)955-4921
등 록 | 2003년 4월 14일 제 2003-71호
ISBN | 978-89-6053-095-9

도서 문의 및 A/S 지원
저자 이메일 | ds1imw@hanmail.net
마로니에북스 홈페이지 | http://www.maroniebooks.com

'지피지기면 백전백승' 이라는 말이 있습니다. 전쟁에서 적을 알고 나를 알면 모두 이길 수 있다는 단순한 진리입니다. 부동산도 마찬가지입니다. 물건을 잘 알고 자신을 알면 절대 손해를 보지 않을 수 있습니다. 하지만 매입하려는 부동산의 권리를 분석하고 다양하게 얽혀 있는 법정지상권 및 유치권 등의 이해관계를 파악하는 것이 쉬운 일만은 아닙니다.

서울부동산경(공)매 전문 학원을 수강하기 위해 찾는 학생들 중 부동산으로 많은 돈을 벌었다는 주위의 말만 듣고 얕은 지식으로 투자했다가 본전은 고사하고 크나큰 금전적 손해를 본 경우가 많습니다. 이런 사례는 경매 법정만 견학해보아도 쉽게 볼 수 있는 사례입니다.

그렇다고 경매로 부동산을 취득하는 것이 어려운 일만은 아닙니다. 이 책에서 설명하는 기초 지식과 다양한 사례를 여러 번 읽고, 사례에 따른 판례를 분석하면서 지식을 쌓아가다 보면 법원 경매 물건을 보는 눈이 뜨이게 될 것입니다

물건을 검색할 때 관심 있는 물건이 있다면 그 물건이 하자가 있는지 없는지 또는 위험 요소가 무엇인지 등을 단 몇 십 초 만에 파악할 수 있어야 합니다. 한 가지 꼭 당부하고 싶은 것은 투자의 최종 결정을 눈과 머리로만 하지 말라는 것입니다. 현장을 방문해야 하는 임장 활동을 배제하고 모니터로만 손쉽게 권리 분석한 후 경매물건에 대해 판단하는 것은 위험천만한 투자 행위입니다. 반드시 물건 현장을 방문한 후 눈, 발품, 귀, 머리 모든 것을 사용해서 판단해야 투자할 물건의 위험요소가 있는지에 대해 잘 파악할 수 있고 위험요소가 있다면 어떻게 제거해야 하는지 알 수 있기 때문입니다.

끝으로 독자 여러분이 현명하고 효율적인 재테크 투자가가 되는데 이 책이 초석이 되기를 간절히 바랍니다.

엄기환

문패 없는 건축물, 제시외

경매부동산의 건축물관리대장상과 부동산 등기부등본상에는 기재되어 있지 않지만, 경매물건지 현장을 방문하면 어떠한 형태(옥탑이나 창고 등)의 건축물이 있는 경우 '제시외'라고 표기한다. 일반 경매 물건은 물론이고 토지만 매각물건으로 나온 ~~법정지상권 물건 대부분은 제시외 건물이 존재하여 있다.~~

제시외 표시된 부분의 면적이 상당히 협소하다면 낙찰자가 소유권을 취득할 수 있다. 즉, 제시외로 표시된 부분이 부합물 또는 종물이라면 민법 제358조(저당권의 효력이 저당부동산에 부합된 물(부합물)건과 종물에 미친다) 규정에 의해 낙찰자는 제시외에 대하여도 소유권을 취득할 수 있는 것이다.

다음 경매 사건은 토지만 매각 나온 물건이다. 그런데 목록을 보면 제시외 건물 목록란(⑧에 12.8㎡(3,827평) 면적의 단층 사무실로 사용 중인 건물이다.

본문에 제시된 사안에 대한 근거나 추가 설명으로 간과하기 쉬운 부분까지 확실하게 짚어줍니다.

생소한 부동산 경매 용어를 쉽게 풀어줍니다.

· 경매로 나온 대지주차장으로 사용 중   · 대지의 건물(사무실로 사용 중)

제시외 건물이 존재할 때 법원은, 우선 이 부분이 경매에 부쳐진 대상물과 별개로 독립된 물건이 아니면 '부합물'이나 '종물'인지를 파악하여 주된 대상물과 함께 경매에 포함시킬지 여부를 판단하게 된다.

법원의 판단 결과, 부합물이나 종물 정도로 판단이 되면, 제시외 건물에 대해 별도로 감정을 하게나다음의 제시외 건물 사례2의 경우 감정평가에 표시되어 있지 않다) 감정하기가 애매할 경우에는 주된 경매 목적물과 함께 전체적으로 가격을 평가하여 제시외 건물 사례1의 경우 감정평가에 표시되어 있지 않다. 주된 경매 목적물과 함께 경매에 부쳐지게 되고, 만약 별개의 독립된 물건으로 판단하면 경매 대상에서 아예 배제하게 된다. 다음 사건은 단층 창고(⑧)로 독립된 물건이기 때문에 제시외 건물로 표기된 사례다.

· 제시외 건물 사례1

꼭 알고 넘어가야 할 경매 사례와 실제 경매 시 주의해야 할 사안을 꼼꼼히 알려줍니다.

Book in Book 물건상세정보 살펴보기

① 사건번호 경매 사건의 번호며, '서울서부지방법원 2008타경10○○○'은 이 사건은 서울서부지방법원에서 관할하는 2008년도의 경매사건이 있었다는 의미한다. 타경은 형사사건, 민사사건, 행정사건 등 법원에서 처리되는 여러 종류의 사건 중 부동산경매사건에 부여하는 고유 부호고, 10○○○은 구체적인 사건번호다.

② 물건번호 매각 대상 물건의 물건번호다. 하나의 사건에 여러 물건을 개별적으로 입찰할 경우에 물건번호가 개별적으로 부여된다. 위 사건번호 2008타경10○○○의 물건의 경우 단독주택의 경우 토지와 건물이 일괄매각된 사건으로 되어 있는 경우는 한 덩어리의 개별매각물에 따라 건물 따로 매각되는 것을 경우 토지 따로 건물 따로 물건 번호가 각각 다르게 부여된다.

③ 소재지 및 내역 매각 대상 물건의 주소와 물건의 구조와 규모를 나타낸다.

④ 기준 유치권, 법정지상권, 제시외건물 등 매각 물건의 특이 사항이 표시된다.

⑤ 감정평가액 매각 물건에 대해 평가한 감정가이며 표시된다. 감정평가가 매긴 부동산 평가 시점과 매각 시점의 차이는 시세차이에 상당한 변수가 될 수 있기 때문에 꼭 매도는 꼭 확인해야 한다.

⑥ 최저매각가격 매각 물건에 입찰할 수 있는 최저 금액이다.

⑦ 담당계 및 담당자 법원이라 판단하면 경매에, 경매물에 매각물건을 담당하는 담당계가 있다. 담당계에는 개장이라고 물건이 별정적 직원들이 있다. 매각 물건의 입찰기일은 해당 물건의 입찰계다.

⑧ 신물번호 처음 입찰에 붙여지거나 새롭게 입찰되는 물건은 '신건', 신건에 아무도 입찰하지 않은 물건은 '유찰 1회', 유찰된 물건이 다시 유찰되면 '유찰 2회' 이런 식으로 매각 물건의 상태가 표시된다. 한 번 유찰될 때마다 최저매각가격은 20~30%씩 낮아진다. 일반적으로 한 번에 20%씩 가격이 떨어진다.

사설 법원경매정보 사이트에서 경매 물건 찾기

이번에는 사설 법원경매정보 사이트에서 경매 물건을 찾아보자. 사설 법원경매정보 사이트는 유료 회원제로 운영되며 지역별 물건 검색, 전국 물건 검색과 이용할 수 있고 개월 수에 따라서 몇천 원부터 수십만 원까지 다양하다. 대표적인 사설 법원경매정보 사이트에는 굿옥션(www.goodauction.co.kr), 지지옥션(www.ggi.co.kr), 부동산태인(www.taein.co.kr) 등이 있다. 이용 방법은 세 곳 모두 유사하며, 여기서는 굿옥션을 이용해 물건을 찾아보겠다. 굿옥션 법원경매정보 사이트에서 경매 물건을 검색해 보자 대상 물건이 다세대주택이고 투자 자금을 낙찰금과 최대 3,000만 원 정도로 예상하고 잘 알고 있는 지역에서 서대문구라고 다음 감정평가에 1억 5천만 원 미만의 다세대주택을

○ 따라하기 ○

☐ 굿옥션 사이트(www.goodauction.co.kr)에 접속한다. 상단 메뉴 중 [종합검색] 메뉴를 선택한다.

부록 쿠폰을 이용하여 실제 경매에 필요한 과정을 직접 따라해 봅니다.

☐ 상세검색 창에서 감정가, 소재지, 물건종류 등 검색조건을 선택한 후 [검색] 버튼을 클릭한다.

· 소재지 : 서울 서대문구
· 물건종류 : 다세대(빌라)
· 감정가 : 2억 원 미만

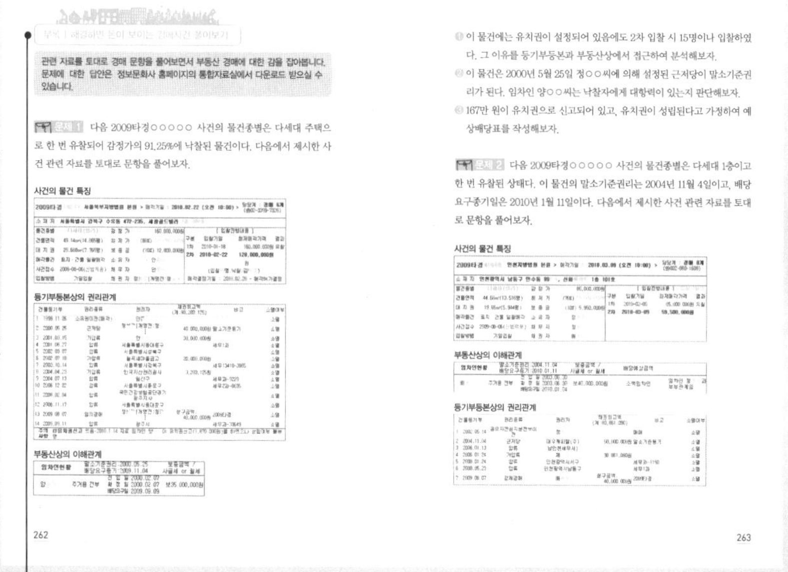
부록 | 해결하면 돈이 보이는 경매사건 풀어보기
관련 자료를 토대로 경매 문항을 풀어보면서 부동산 경매에 대한 감을 잡아봅니다. 문제에 대한 답안은 정보문화사 홈페이지의 통합자료실에서 다운로드 받으실 수 있습니다.
문제 1 다음 2009타경○○○○○ 사건의 물건종별은 다세대 주택으로 한 번 유찰되어 감정가의 91.25%에 낙찰된 물건이다. 다음에서 제시한 사건 관련 자료를 토대로 문항을 풀어보자.
사건의 물건 특징
등기부등본상의 권리관계
부동산상의 이해관계
262
① 이 물건에는 유치권이 설정되어 있음에도 2차 입찰 시 15명이나 입찰하였다. 그 이유를 등기부등본과 부동산상에서 접근하여 분석해보자.
② 이 물건은 2000년 5월 25일 정○○씨에 의해 설정된 근저당이 말소기준권리가 된다. 임차인 양○○씨는 낙찰자에게 대항력이 있는지 판단해보자.
③ 167만 원이 유치권으로 신고되어 있고, 유치권이 성립된다고 가정하여 예상배당표를 작성해보자.
문제 2 다음 2009타경○○○○○ 사건의 물건종별은 다세대 1층이고 한 번 유찰된 상태다. 이 물건의 말소기준권리는 2004년 11월 4일이고, 배당요구종기일은 2010년 1월 11일이다. 다음에서 제시한 사건 관련 자료를 토대로 문항을 풀어보자.
사건의 물건 특징
부동산상의 이해관계
등기부등본상의 권리관계
263

관련 자료를 바탕으로 경매 문항을 풀어 보면서 실전 경매를 대비합니다.

'법정지상권 동영상 강좌'는 정보문화사 홈페이지 (http://www.infopub.co.kr)의 통합자료실에서 다운로드 받으실 수 있습니다.

| 차 례 |

Part 02 ¦
부동산 경매 실천하기

Part 03
실전 경매 노하우 익히기

부동산 경매
입문하기

Chapter 01

불황기 재테크 블루오션,
경매

이 장에서는 경매의 기본 개념과 장점에 대해 알아보고자 한다. 법원 경매가 어떻게 진행되며, 각 절차에는 어떤 위험요소들이 있는지, 경매 초보자가 확인해야 될 사항을 하나씩 짚어보도록 하자.

경매, 두려워서 못한다는 말은 거짓이다

1993년 5월 이전의 경매는 흔히 농수산물 도매시장에서 볼 수 있는 호가제였다. 그런데 호가제에서 보이지 않는 힘의 원리가 적용되어 문제점들이 발생되기 시작했다. 소위 형님이라고 불리는 사람들이 개입하거나 경매 물건이 이해관계인들에게 입찰(참여)되는 등 여러 문제점들이 나타나자 이를 개선할 목적으로 경매 방식이 호가제*에서 입찰제*로 바뀌게 되었다.

2004년 10월에는 민사집행법의 개정으로 기간입찰제*가 도입되었고, 입찰 보증금도 현금, 자기앞수표, 민간보험사(서울보증보험 등)의 지급보증서로 대체할 수 있는 등 제도가 개선되어 이제는 경매가

> ★호가제 : 경매사가 입찰금액을 직접 부르면, 입찰자들이 입찰금액을 제시하여 그 중 가장 높은 금액을 제시한 입찰자가 낙찰되는 경매 방식

> ★입찰제 : 경매가 열리는 당일, 입찰자가 자신이 희망하는 입찰금액을 작성하여 입찰금(낙찰가의 10%)을 함께 제출하면 법원이 입찰자들 중 최고가를 써낸 입찰자에게 매각하는 방식

> ★기간입찰제 : 일정기간 동안 우편으로 입찰에 참여할 수 있는 제도로 거리나 시간에 상관없이 멀리 있는 직장인들도 참여할 수 있는 제도

특정인을 위한 것이 아닌 일반인들의 재테크 수단으로 활용되기에까지 이르렀다.

과거의 법원 경매가 많은 시간 투자와 복잡한 수순, 여러 위험요소로 '막다른 길목에 서있는 세입자의 가슴에 상처를 주는' 것으로 치부되어 특정 일부 극소수 사람들만 이용했다면, 지금의 법원 경매는 인터넷 서비스를 이용한 거리와 시간의 단축(대법원 경매정보 사이트를 통해서 경매 물건 검색부터 물건 상세 내용은 물론 등기부등본 발급 등 거의 모든 내용이 실시간으로 제공되고 있다), 사설 경매정보업체들의 서비스(클릭 몇 번으로 경매 물건 정보를 확인할 수 있다) 등으로 인해 초보자들도 쉽게 참여할 수 있을 만큼 대중화되었고, 이제는 일반인들의 수익률 높은 재테크 수단 중 하나로 정착되어가고 있다. 현재의 법원 경매는 음지에서 양지로, 운전하기 불편하고 힘든 비포장 도로에서 완벽하게 포장된 아스팔트 도로로 새롭게 변해가는 상태라 할 수 있다.

경매는 채무자(돈을 빌린 사람)가 채무 변제(빌려준 돈을 갚아야 하는 것)를 이행하지 않아 채권자(돈을 빌려준 사람 또는 금융기관 등)가 법원에 강제로 채무자의 부동산을 매각해줄 것을 요청하면 법원은 적법성 여부를 판단하여 이상이 없을 경우 경매 개시*한다. 경매라는 방법을 이용해 부동산을 사는 것이다(일반인이 경매를 통해 부동산을 사는 것을 '낙찰받았다'고 한다). 부동산 거래 시 일반 매매에서는 공인중개사의 중개로 거래되지만, 경매는 법원의 중개로 매매된다. 법원이라는 안전한 거래 중개자가 있기 때문에 두려워할 필요는 없다. 즉, 경매는 우리 주변에서 일어나는 일반적인 사회현상 중 하나로 생각하면 된다.

> ★ 경매 개시 경매로 부동산을 매각하는 날짜

경매는 경기불황과 동일한 그래프를 그린다. 경기가 좋지 않으면 개인의 재무 상태도 어려워지게 되고 채무자가 돈을 제때 갚지 못하게 되면 채무자의 부동산이 경매로 나온다. 즉, 경기불황이 심각할수록 투자가치가 높은 물건들이 많아지게 된다. 그래서 경매를 '불황기 재테크 블루오션', '경기 불황을 판단하는 척도' 등으로 표현하기도 한다.

최근 금융위기 등의 영향으로 국내 경기뿐만 아니라 세계 경기도 좋지 않다. 이럴 때야말로 쏟아지는 경매 물건으로 풍년의 기쁨을 누릴 수 있고 그 속에서 옥석만 제대로 가릴 수 있다면 좋은 기회가 될 것이다.

특히 2006년, 2007년 부동산 가격 상승기에 무리하게 대출받아서 매입한 경우 경기 불황과 부동산 가격 하락 등으로 이자와 대출금을 감당하지 못한 사람들의 부동산이 경매로 쏟아지고 있다. 경기 불황으로 인한 경영 악화로 점포와 상가도 경매 시장으로 내몰리고 있다.

경기가 좋을 때는 채권자들도 어느 정도 유예 기간을 두고 채무자의 채무 상환 기간을 늘려주었지만 요즘처럼 경기가 좋지 않을 때는 채무 유예 기간을 두지 않는 경향이 높아지고 이는 경매 물건이 증가하는 요인으로 작용된다. 이 중 전세 보증금을 돌려받지 못하는 임차인들이 집주인의 주택을 경매로 넣은 경우도 늘어나고 있는 상태다.

경매 시장 속으로

법원의 경매 물건 수가 지속적으로 증가하고 있는 것은 부동산을 비롯한 경기 전반의 위기가 심화되고 있음을 의미한다. 경기가 회복되지 않으면 경매 물건은 계속 늘어날 것으로 예상된다. 2008년에 비해 2009년도 전체 경매 추이를 살펴보면 경매건수*는 급속히 증가하고 있지만 실제 매각건수*는 줄어들고 있고, 또한 매각률*과 매각가율*은 떨어지는 추세이다. 단, 서울지역과 경기지역의 재개발 재건축지역 아파트와 다세대주택의 매각가율은 2009년 상반기부터 높아지고 있다.

특히 송파 등 강남3구와 목동 지역은 재건축 기대로 인해 매각가율이 꾸준히 상승하고 있다. 매각률과 매각가율은 경기가 호황일 경우 상승하고 경기가 불황일수록 하강

★경매건수 : 경매 법정에서 진행되는 물건의 숫자

★매각건수 : 낙찰되어 새로운 주인을 찾아가는 물건의 수

★매각률 : 경매건수에 대한 매각건수의 비율

★매각가율 : 감정평가액 대비 매각금액 비율, 즉 낙찰가율

하는 특성이 있다. 특히 매각가율은 경매 물건의 가격 지표이며 매각가율이 상승한다면 경기가 좋아진다고 예측할 수 있다.

지역별로 차이는 있겠지만 2008년도 서울중앙지방법원의 진행건수와 매각건수를 비교한 매각통계 그래프로 보면 경매 접수(진행건수)는 늘어나는 반면 경매 처리(매각건수)는 줄어들었음을 알 수 있다. 이는 부동산 경기 하락이 경매 법정에 반영된 결과라고 할 수 있다. 2008년도 9월 미국발 금융위기로 인한 국내 실물경기의 침체와 그로 인한 경매 물건의 증가와 매각 처리된 물건 수의 감소 등의 격차는 경기 침체의 골이 깊을수록 더욱 커질 것이다.

불황에 따른 법원 경매에 접수되는 부동산의 특징은 서민형 주택이 가장 먼저 증가하고 그 뒤 생계형 부동산, 즉 상가와 점포가 급속히 늘어난 후 불황이 지속되면 수익형 부동산(10억 이상의 고가 주택, 근린 주택과 상가, 숙박 시

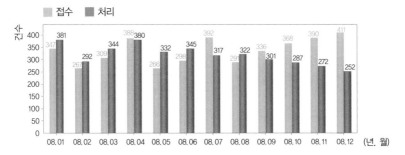

• 2008년도 서울중앙지방법원 연도별 매각통계 그래프

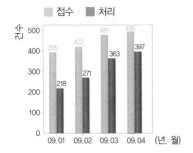

• 2009년도 상반기 서울중앙지방법원 연도별 매각통계 그래프

설 등)이 늘어난다. 특히 서민형 주택의 경우 연립주택, 다세대주택, 빌라가 가장 먼저 증가하고 그 뒤 단독주택과 다가구주택, 아파트의 순서로 증가하는 특징이 있다. 다음은 2008년도 용도별 매각률과 매각가율을 나타내는 그래프다.

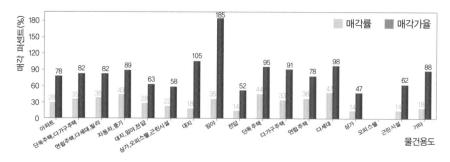

• 2008년도 용도별 매각률과 매각가율 그래프

🔍 Book in Book … **지방법원의 연도별 매각통계 살펴보기**

대법원 법원경매정보 사이트에서 서울중앙지방법원, 서울동부지방법원 등 각 지방법원의 연도별 매각통계 내용을 그래프나 엑셀 파일로 다운받을 수 있다.

❶ 대법원 법원경매정보 사이트 (www.courtauction.go.kr)에 접속한 후 [매각통계]−[연도별매각통계] 메뉴를 선택한다.

② [연도별매각통계] 페이지에서 통계 자료의 보고 싶은 년도를 선택한 후 [검색] 버튼을 클릭한다. 여기서는 2008년을 선택해보자.

③ 통계 자료의 보고 싶은 지방법원 선택 버튼을 클릭한 후 [그래프보기] 버튼을 클릭한다. 여기서는 '서울중앙지방법원'을 선택해보자.

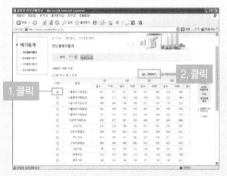

④ 2008년도에 서울중앙지방법원에 접수된 물건 수와 처리된 물건 수의 월별 통계자료 그래프가 나타난다. 이와 같은 방법으로 다른 지방법원의 연도별 매각통계 자료를 확인할 수 있다.

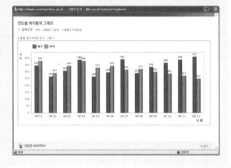

무릎에서 구매하여 어깨에서 팔아라

법원 경매를 통해서 부동산을 취득하려는 사람들이 늘어나는 데는 여러 가지 이유가 있겠지만 가장 큰 이유는 누가 뭐래도 일반 매매에 비해 저렴하게 구입할 수 있다는 것이다. 그러나 경매가 대중화되어가고 있는 추세라 착한 물건(예를 들면 소유자가 채권자며, 낙찰자가 인수해야 되는 임차인이 없고 2~3회 유찰된 물건이라 할 수 있다)을 찾기란 쉽지 않다.

경매 투자 병법에 '무릎에서 구매하여 어깨에서 판다'는 격언이 있다. 즉, 반값에 낙찰받아 일반 매매보다 다소 저렴하게 매매하여 시세 차익을 발생시킨다는 것이다. 그만큼 경매는 일단 저가에 매수할 수 있는 장점이 있다.

대부분의 독자들도 저렴한 가격에 주택을 낙찰받고 싶은 마음에 이 책을 보고 있을 것이라 생각한다. 이는 모든 경매 투자자들의 공통된 생각일 것이다. 이를 실천하기 위해 권리분석을 비롯해 현장방문 활동과 수익분석은 물론, 임차인으로부터 욕을 얻어먹기도 한다.

하지만 일반 매매 방식으로 부동산을 저렴하게 구입할 수 없는 것은 아니다. 급매로 나온 부동산을 구입하면 된다. 사실 급매물을 원하는 시기에 구입하는 것은 쉽지 않다. 특정 지역의 공인중개사 사무실을 방문하여 급매물을 문의하면 있다고 하는 곳도 있고 없다고 하는 곳도 있다. 즉, 일일이 발품을 팔아야 급매물을 찾을 수 있다. 그나마도 원하는 시기에 원하는 지역의 급매물을 찾는 것도 쉽지 않다. 이외에는 부동산을 저렴하게 구입하는 경우는 사실상 없다.

경매는 일단 저렴한 가격에 시작한다. 속된 말로 '일단 가격으로 먹고 들어간다'는 것이다. 보통 입찰 시에는 감정가를 기준으로 최초가가 결정되어 신건(새로운 물건)으로 경매에 붙여진다. 그러나 입찰자가 한 명도 없어 유찰되면 그 다음 번에 다시 입찰에 붙여지게 된다. 이때 중요한 점은 다시 입찰에 붙여질 때는 기존의 가격 그대로 나오는 것이 아니라 20~30%씩(지방법원에 따라서 차이가 있으며, 일반적으로 20%이다) 저감되어 나오게 된다는 것이다.

이런 식으로 몇 번 유찰되면 상상할 수 없는 가격까지 떨어지는 경우도 있다.

다음 명동의 근린상가는 감정가가 6,400만 원(❶)으로 2008년 8월 28일 입찰되었지만 아무도 입찰에 참여하지 않아 유찰(❷)되었다. 이후 6,400만 원의 20%인 1,280만 원이 저감된 5,120만 원에 2008년 10월 2일 다시 입찰에 붙여졌다. 하지만 이때도 입찰자가 한 명도 없어 또다시 유찰(❸)되었다. 이후 5,120만 원의 20%인 1,024만 원이 저감된 4,096만 원에 2008년 11월 6일 다시 입찰에 붙여졌다. 이때도 입찰자가 없어 다시 유찰되었다. 이런 식으로 6번 유찰되었고, 결국 7번째 입찰 때 최초 감정가의 26.21%인 약 1,677만 원에 낙찰(❹)된 사례다.

2008타경 ▓▓		서울중앙지방법원 본원 > 매각기일 : 2009.03.26 (오전 10:00) >			담당계 : 경매 7계 (☎02-530-1819)		
소 재 지	서울특별시 중구 명동2가 53-▓▓▓▓						
물건종별	근린상가	감 정 가	❶ 64,000,000원	\[입찰진행내용 \]			
건물면적	2.64㎡(0.799평)	최 저 가	(26%) 16,777,000원	구분	입찰기일	최저매각가격	결과
대 지 권	미등기감정가격포함	보 증 금	(10%) 1,680,000원	1차	2008-08-28	64,000,000원	유찰 ❷
				2차	2008-10-02	51,200,000원	유찰 ❸
매각물건	토지 · 건물 일괄매각	소 유 자	심▓▓	3차	2008-11-06	40,960,000원	유찰
				4차	2008-12-11	32,768,000원	유찰
사건접수	2008-05-07(신법적용)	채 무 자	심▓▓	5차	2009-01-15	26,214,000원	유찰
				6차	2009-02-19	20,971,000원	유찰
입찰방법	기일입찰	채 권 자	종로장장새마을금고	7차	2009-03-26	16,777,000원	❹
				낙찰 : 16,777,000원 (26.21%) (입찰1명,낙찰:▓▓▓▓▓▓▓) 매각결정기일 : 2009.04.02 - 매각허가결정			

2~3회 유찰되어 저렴하게 낙찰되면 좋지만 모든 경매 물건이 유찰 후 이전 회차보다 떨어진 가격에 낙찰되는 것만은 아니며, 또한 신건(최초 입찰에 붙여진 경매 물건)에서 유찰되지 않고 감정가의 100%를 넘겨 낙찰되는 일도 허다하다.

다음은 송파구 신천동에 위치한 아파트 경매 물건이 한 번 유찰되어 20% 저감된 4억 원에 다시 입찰되었지만 첫 입찰 때 한 명도 없던 입찰자들이 두 번째 입찰 때는 29명(❶)이나 몰려 전 회차(1차)의 최초 감정가인 5억 원(❸)을 넘겨 506,780,000원(❷)에 낙찰된 사례다. 법원 경매에서 이런 사례는 쉽게 볼 수 있다.

다음은 양천구 목동에 빌라가 1억 1천만 원(감정가)(❶)에 입찰되었지만 첫 입찰기일에 13명(❷)이 입찰에 참여하여 감정가(1억 1천만 원)의 182.73%인 2억 1백만 원(❸)에 낙찰된 사례다. 이런 경우는 지역에 개발 호재가 있거나 물건의 감정 평가액이 낮게 평가된 경우일 수 있다. 이런 경매 물건도 자주 접할 수 있는 사례다.

경매 투자 격언에 '경매는 분석으로 시작해서 분석으로 끝내라'는 말이 있다. (경매에서) 분석은 그만큼 중요하고 또한 분석해야 될 사항도 많다는 말이지만 분석을 어떻게 하느냐에 따라서 투자 결과는 달라진다.

A와 B라는 두 사람이 경매로 주택을 매매한다고 가정해보자. A는 안정성만을 고려하여 권리분석에만 치중하는 투자자고, B는 권리분석보다는 투자분석에 더 치중하는 투자자다. 권리분석과 투자분석에 대한 자세한 내용은 앞으로 차근차근 배울 것이므로 설명의 내용을 이해하기보다는 전달하는 메시지의 의미만 기억하길 바란다.

A는 늘 그랬듯이 물건 검색 후 관심 있는 물건을 발견하면 우선 권리분석에 들어간다. 등기부등본상에서 말소기준권리를 찾고 낙찰자에게 대항력이 있는 임차인인지, 낙찰자가 인수해야 될 금액이 얼마인지 등을 분석하여 다음 도봉구 방학동의 아파트를 낙찰받았다.

2008타경	서울북부지방법원 본원 > 매각기일 : 2009.06.01 (오전 10:00) >			담당계 : 경매 1계 (☎02-3399-7321)		
소 재 지	서울특별시 도봉구 방학동 444-31,					
물건종별	아파트(19평형)	감 정 가	170,000,000원	[입찰진행내용]		
건물면적	46.86㎡(14.175평)	최 저 가	(80%) 136,000,000원	구분	입찰기일	최저매각가격	결과
대 지 권	24.61㎡(7.445평)	보 증 금	(10%) 13,600,000원	1차	2009-04-27	170,000,000원	유찰
매각물건	토지·건물 일괄매각	소 유 자	김○○	2차	2009-06-01	136,000,000원	
사건접수	2008-11-27(신법적용)	채 무 자	김○○	낙찰 : 148,000,000원 (87.06%)		
입찰방법	기일입찰	채 권 자	국민은행	(입찰2명, 낙찰:계○○)		
				매각결정기일 : 2009.06.08 - 매각허가결정		

임차인현황	말소기준권리:2002.06.27 배당요구종기:2009.03.25	전 입 일:2008.07.02 확 정 일:없음 배당요구일:2009.03.24	보증금액 / 사글세 or 월세	대항력 여부	배당예상금액	예상배당표
염○○	주거용 일부 (방1칸)		보20,000,000원	없음	소액임차인	

기타참고 ☞조사외소유자점유 Ⓢ현장조사보고서

	건물등기부	권리종류	권리자	채권최고액 (계:170,486,728)	비고	소멸여부
1	1988.05.12	소유권이전(매매)	김○○			소멸
2	2002.06.27	근저당	국민은행 (중부지점)	52,000,000원	말소기준등기	소멸
3	2007.02.20	가압류	국민은행	92,374,446원		소멸
4	2008.06.23	가압류	국민은행	26,112,282원		소멸
5	2008.09.11	압류	국민건강보험공단			소멸
6	2008.11.28	임의경매	국민은행	청구금액: 52,000,000원	2008타경○○	소멸

이 물건은 낙찰자에게 대항할 수 없는 소액임차인이 있지만 낙찰 금액에서 말소기준권리인 근저당의 채권액과 함께 전액을 배당받기 때문에 낙찰자는 아무런 위험요소를 갖지 않고 안전하게 이 물건의 소유자가 될 수 있을 것이다. 즉, 안전한 물건을 감정가보다 저렴하게 낙찰받아 일반 매매보다 다소 저렴하게 소유할 수 있었다. 즉, 도봉구 방학동에 소재하는 위험요소가 전혀 없는 아파트를 일반 매매 가격보다 저렴하게 낙찰받았다는 의미다.

B는 광진구 자양동 ○○○번지에 소재한 빌라를 낙찰받았다. 그런데 첫 입찰기일에 유찰되지 않고 16명의 입찰자들이 몰려 낙찰가는 감정가의 158.8%인 약 1억 9천만 원이 되었다. 이 물건의 권리관계를 간단하게 살펴보면 말소기준권리인 근저당에 무려 2억이 설정되어 있다. 하지만 근저당 일자가 임차인의 전입신고와 확정일자보다 늦기 때문에 낙찰대금에서 임차인과 말소기준권리인 근저당 권리자 김○○씨와 함께 배당받고 소멸된다.

2008타경 ████ 서울동부지방법원 본원 > 매각기일 : 2009.03.16 (오전 10:00) >				담당계 : 경매 3계 (☎02-2204-2407)		
소재지	서울특별시 광진구 자양동 ███ ██, ████ ██ ████					
물건종별	다세대(빌라)	감정가	120,000,000원	[입찰진행내용]		
건물면적	38.4㎡(11.616평)	최저가	(100%) 120,000,000원	구분	입찰기일	최저매각가격	결과
대지권	미등기감정가격포함	보증금	(10%) 12,000,000원	1차	2009-03-16	120,000,000원	
매각물건	토지·건물 일괄매각	소유자	이███	낙찰 : 190,556,000원 (158.8%)			
사건접수	2008-10-28(신법적용)	채무자	이███	(입찰16명, 낙찰:유███)			
입찰방법	기일입찰	채권자	김███	매각결정기일 : 2009.03.23 - 매각허가결정			

임차인현황	· 말소기준권리:2003.12.03 · 배당요구종기:2009.02.02		보증금 / 사글세 or 월세	대항력 여부	배당예상금액	예상배당표
김███	주거용 일부	전입일:2003.07.03 확정일:2003.06.25 배당요구일:2008.11.19	보70,000,000원	있음	순위배당가능	

임차인분석 ☞거주자가 폐문부재하여 점유관계및 임대차관계를 알 수 없어 관할 동사무소에 출장하여 주민등록등재 자를 조사한 바, 채권자 김중우가 등재되어있고 다른 전입세대주는 없음. (우편함에 우편물을 확인하였음) ⓢ 현장조사보고서 ▶매수인에게 대항할 수 있는 임차인 있으며, 보증금이 전액 변제되지 아니하면 잔액을 매수인이 인수함.

건물등기부	권리종류	권리자	채권최고액 (계:6,500,000,000)	비고	소멸여부
1	2003.06.11	소유권보존	이████			소멸
2	2003.12.03	근저당	김███	200,000,000원	말소기준등기	소멸
3	2003.12.12	근저당	김███	6,300,000,000원		소멸
4	2008.10.29	강제경매	김███	청구금액: 70,000,000원	2008타경███	소멸

관리비 등 체납내역	조사일 2009.03.12 현재	체납액	체납기간	담당사무소	담당자
	기타참고	관리실없음.			

A는 B를 이해할 수 없을 것이다. B는 권리분석에만 치중한 것이 아니라 물건의 개발에 따른 미래가치를 보고 낙찰받은 것이다. 즉, 이 물건이 소재한 광진구 자양동 ○○○번지는 구의·자양재정비촉진지구로 재개발 수혜를 보고 입찰한 것이다.

이 사례가 전달하고자 하는 것은 경매 물건에 대한 권리분석을 소홀히 하라는 것이 절대 아니다. 경매에서 권리분석은 가장 기본이 되어야 하고 아무리 위험요소가 없는 물건이라도 권리분석 없이 입찰하는 일은 있을 수도 없고 있어서도 안 되기 때문이다. 하지만 너무 권리분석에 치중한 나머지 부동산이 가지고 있는 미래가치, 즉 투자분석을 놓치는 일이 없도록 한다.

위험요소를 제거하지 못하면 웃다가 울게 된다

강남구 대치동에 소재하는 은마 아파트가 경매 물건으로 나왔다. 이 물건의 투자가치가 높게 평가되어 예상보다 많은 60명의 입찰자들이 참여했다고 가정해보자. 그 60명의 입찰자 중 여러분 스스로가 최고가매수인(입찰자 중 가장 높은 입찰 가격을 써내어 낙찰된 사람)이 되어 낙찰받았다고 상상해보자. 아마도 절로 기분이 좋아지고 웃음이 나올 것이다. 하지만 낙찰받았다고 무조건 웃는 경우만 있는 것은 아니다. 경매는 투자고, 모든 투자는 양면성을 지니고 있다.

사과가 풍년이 들어 가격이 저렴하다고 사과 상태를 보지도 않고 상자째로 구입하면 상자를 열어봤을 때 보이지 않던 썩은 사과들이 상자 아랫부분에 있을 수 있다는 것이다. 조금만 더 신경을 쓴다면 충분히 좋은 사과만 담겨있는 사과 상자를 선택할 수 있는데, 싼 가격 때문에 무조건 선택하면 기쁨도 잠시 후회만 남게 되는 법이다. 경매도 이와 같다.

저렴하게 낙찰받아 평생 기쁨을 누려도 부족할 판에 소유권에 관한 권리관계를 잘못 분석하거나 미처 발견하지 못한 세입자를 발견하거나 유치권이 설정된 것을 발견하지 못하는 등 여러 가지 이유로 낙찰잔금을 내지 않고(미납 (❶), 낙찰잔금을 내지 않아 미납) 보증금(아래 사건에서는 최저가 2억 5,920만 원에 대한 10%인 2,592만 원(❷))을 포기하는 경우가 그 대표적인 예다.

2008타경 □□□□	서울중앙지방법원 본원 > 매각기일 : 2009.04.08 (오전 10:00) >			담당계 : 경매 3계 (☎02-530-1815)		
소 재 지	서울특별시 서초구 양재동 397-2, □□□□□ □□ □□□					
물건종별	다세대 (빌라)	감 정 가	405,000,000원	[입찰진행내용]		
건물면적	77.75㎡(23.519평)	최 저 가	(64%) 259,200,000원	구분	입찰기일	최저매각가격	결과
대 지 권	37.49㎡(11.341평)❷	보 증 금	(10%) 25,920,000원	1차	2008-12-24	405,000,000원	유찰
매각물건	토지·건물 일괄매각	소 유 자	박□□		2009-01-28	324,000,000원	변경
사건접수	2008-08-18(신법적용)	채 무 자	박□□	2차	2009-03-04	324,000,000원	유찰
입찰방법	기일입찰	채 권 자	□□□□□ □□□□	3차	2009-04-08	259,200,000원	낙찰
				낙찰 283,690,000원(70.05%) / 5명 / 미납 ❶		

현장사진
현장사진
지적도
확대지적도
위치도
구조도
개황도
기타1
기타2
전자지도

또한 경매는 낙찰받았다고 모든 것이 끝나는 것은 아니다. 일반 부동산 매매로 주택을 구입하는 경우는 공인중개사 사무소를 통해서 소유자와 계약을 맺고 소유권을 이전해 이사날짜를 정하면 그 날짜 안에 집을 비워주지만, 경매로 주택을 낙찰받았다면 그 주택을 점유하고 있는 세입자들을 모두 내보내야 한다. 문제는 점유하고 있는 세입자나 채권자들이 순순히 집을 비워주지 않는다는 점이다.

경매 주택의 점유자(세입자, 채권자 등)를 내보내는 것을 명도라고 하는데, 이 명도가 마무리되어야 완전한 소유권을 행사할 수 있다. 보통 명도가 마무리되기 위해서는 경우에 따라서 차이가 있지만 6개월 정도는 감안해야 한다.

김○○씨(❶)는 강북구 미아동의 다가구주택을 낙찰받았다. 7일 후 법원으로부터 매각을 허가한다는 '매각허가결정(❷)'도 받은 상태다. 이제 이 주택의 소유권은 김○○씨가 된다. 하지만 김○○씨가 이 주택을 임대하거나 매매하기 위해서는 이 주택을 점유하고 있는 점유자들(임차인 6명 ❸)을 모두 내보내야 완전한 소유권을 행사할 수 있게 되는 것이다. 이제 입장을 바꾸어서 생각해보자. 만약 여러분이 아래 임차인 6명 중 한 명이라고 해보자.

특히 임차인 현황표에서 두 번째(④) 임차인인 김○○씨(배당금 없음. 즉, 자신의 보증금 2천만 원을 한 푼도 받지 못하고 거리로 내몰려야 하는 상황이 될 수도 있음)라면 어떻게 하겠는가? 낙찰자가 나가달라고 한다고 순순히 나가겠는가? 10명이면 10명 모두 보상(보통 이사 비용을 의미한다)을 조금이라도 더 받기 위해서 버티지 않겠는가? 만약 필자가 김○○씨라면 그렇게 할 것이다.

2008타경		서울북부지방법원 본원 > 매각기일 : 2009.06.08 (오전 10:00) >			담당계 : 경매 3계 (☎02-3399-7323)			
소재지	서울특별시 강북구 미아동							
물건종별	다가구(원룸등)	감정가	260,659,840원	\[입찰진행내용 \]				
토지면적	109㎡(32.973평)	최저가	(51%) 133,458,000원	구분	입찰기일	최저매각가격		결과
				1차	2009-02-23	260,659,840원		유찰
건물면적	208.1㎡(62.95평)	보증금	(10%) 13,350,000원	2차	2009-03-30	208,528,000원		유찰
				3차	2009-05-04	166,822,000원		유찰
매각물건	토지·건물 일괄매각	소유자	박	4차	2009-06-08	133,458,000원		
사건접수	2008-04-02(신법적용)	채무자	박	낙찰 : 171,700,000원 (65.87%) ①				
				(입찰8명 낙찰:김)				
입찰방법	기일입찰	채권자	정은	매각결정기일 : 2009.06.15 - 매각허가결정 ②				

📋임차인현황		▪말소기준권리:2003.03.21 ▪배당요구종기:2008.07.01	보증금액 / 사글세 or 월세	대항력 여부	배당예상금액	예상배당표
김	주거용 지층일부 (방2칸)	전 입 일:2002.10.22 확 정 일:2002.10.22 배당요구일:2008.06.25	보23,000,000원	있음	소액임차인	
김	주거용 1층일부	전 입 일:2003.04.15 확 정 일:미상 배당요구일:없음	보28,000,000원	없음	배당금 없음	④
유 ③	주거용 2층	전 입 일:2002.05.31 확 정 일:2002.05.10 배당요구일:2009.05.07	보58,000,000원	있음	전액낙찰자인수	배당종기일 후 배당신청
정	주거용 지층일부 (방2칸)	전 입 일:2002.10.11 확 정 일:2002.10.07 배당요구일:2008.06.25	보33,000,000원	있음	소액임차인	경매신청인
한	주거용 옥탑 (방2칸)	전 입 일:2002.05.02 확 정 일:2002.05.02 배당요구일:2009.05.07	보48,000,000원	있음	전액낙찰자인수	배당종기일 후 배당신청
현	주거용 1층일부 (방2칸)	전 입 일:2002.04.22 확 정 일:2002.04.22 배당요구일:2008.05.15	보35,000,000원	있음	소액임차인	

임차인분석	임차인수: 6명 , 임차보증금합계: 225,000,000원 ☞전입세대 권 (전입 2004.3.26.), 김 (전입 2003.1.27.)등 발견함 / ☞전입세대 정 이건 경매 신청권자임 ▶매수인에게 대항할 수 있는 임차인 있으며, 보증금이 전액 변제되지 아니하면 잔액을 매수인이 인수함
참고사항	✦ 상내성화+↓역(죄송확빈은산찰ↄ복정ㅐ확빈) ✦ 건축물관리대장내역:2002.05. 주택58554-13 (2002. .)호 통보에 의한 위반건축물임. 2006.02.27 주택과-2 ('06.2.)호 통보에 의한 위반건축물임

이 다가구주택의 임차인들을 모두 명도시키는 것은 낙찰자 김○○씨의 몫이다. 이와 같이 경매는 일반 매매로 맛볼 수 없는 달콤함도 있지만 그 이면에는 보이지 않는 위험요소들도 숨어있는 양면성을 지닌다. 하지만 벌써부터 겁먹을 필요는 없다. 앞으로 이런 임차인들을 어떻게 해야 되는지 하나하나 살펴볼 것이기 때문이다.

Book in Book **경매 시 주의해야 될 사항들**

❶ 시세를 정확하게 파악하라. 특히 감정가를 맹신하는 것은 금물이다.
❷ 권리분석을 보이는 권리관계(부동산 등기부등본상의 권리관계와 부동산상의 권리관계(특히 임차인 관계))는 물론 등기부등본상에 나타나지 않는 위험요소들도 꼼꼼히 분석해야 한다.
❸ 현장조사는 필수다. 즉, 발품을 많이 팔수록 위험요소는 줄어들고 수익률은 늘어난다.
❹ 계획을 충분히 세우고 여유를 두고 진행하라. 경매는 일반 매매와 달리 예상외로 장기전으로 가는 경우가 많기 때문이다. 예를 들면 명도에서 시간이 많이 소요될 수 있다.
❺ 분위기에 휩쓸려서 예상했던 금액보다 높은 고가에 낙찰받는 실수가 없도록 냉정하게 투자 마인드를 세워라.
❻ 부동산 정책 등 시장 흐름을 파악하여 현재의 가치와 미래의 가치를 함께 고려하여 투자해야 한다.
❼ 사소한 실수로 입찰보증금을 날릴 수 있기 때문에 항상 주의를 기울인다.
❽ 수익률이 높은 특수 물건(법정지상권이 설정된 물건, 유치권이 설정된 물건 등)은 그만큼 위험성이 높기 때문에 조심하고 또 조심해야 한다.

Book in Book **임대사업자로 등록하여 세제 혜택받기**

2008년 11월 26일 이전의 임대주택법 시행령에서는 단독주택 5채, 공동주택 5채 이상 보유해야 임대사업자(부동산을 타인에게 임대하는 사업자)로 등록할 수 있었으나 2008년 11월 26일 이후의 임대주택법 시행령 개정안에서는 단독주택 1채, 공동주택 1채 이상 매입하면 임대사업자로 등록할 수 있다. 단, 임대사업자로서의 양도소득세를 감면받기 위해서는 수도권에 소재하는 주택은 5채, 비수도권은 1채 이상 보유하면 가능하다. 또한, 이 책이 나온 이후에는 5채에서 3채로 임대사업자 기준이 완화될 것으로 예상된다.
임대사업자로 등록되면 현행 양도소득세 중과세율 60%를 적용받지 않고 일반 누진세율(6~35%)을 적용해 양도소득세를 과세할 뿐 아니라 종합부동산세 과세 대상에서도 배제된다. 임대사업자는 일반세율로 과세되고 종합부동산세 대상에서 제외되는 만큼 세제 혜택을 누릴 수 있어 경매로 내집 마련이나 매매를 통한 시세차액을 목적으로 하는 것이 아니라면 신중히 고려해보는 것도 바람직하다.

임대사업자는 크게 건설임대와 매입임대로 구분된다. 건설업체가 임대사업자로 등록한 뒤 주택을 지어 임대하면 건설임대사업이 된다. 개인이 경매나 일반 매매로 주택을 매입해 임대하는 것이 매입임대이다. 즉, 자신이 직접 집을 지어 임대하느냐 매입해서 임대하느냐에 따라 구분된다.

경매 투자자 중에는 매입임대로 시작하여 건설임대로 규모를 확장시키는 사례도 많이 있다. 단, 건설임대를 하려면 주택 건설 분야에 대해서 잘 알거나 도움을 받을 수 있는 지인이 있어야 수월하다. 리모델링이나 재건축 등 개발재료가 있는 아파트, 다세대, 다가구주택 등은 안정적인 임대수입과 함께 시세차익이라는 두 마리 토끼를 얻을 수 있어 임대사업용으로 매우 적합하다.

임대주택사업자 등록 및 신고 절차는 다음과 같다.

❶ 임대주택사업자 등록
- 거주지 시·군·구청에 등록(처리기간은 5일), 반드시 등기 이전·잔금 납부일에 등록해 등록증을 발급받아야 한다.
- 준비 서류는 임대사업자 등록신청서, 주민등록초본 또는 신분증 사본, 등기부등본 또는 분양/매매계약서 사본
❷ 임대차 계약 체결
- 표준임대차 계약서 양식을 사용하여 계약한다.
- 준비 서류는 표준임대차 계약서 원본과 임차인 주민등록등본
❸ 취득(잔금 납부 시)
- 물건지 시·군·구청 세무과에 취득·등록세 감면을 신청한다.
- 취득일로부터 30일 이내에 신청한다.
- 준비 서류는 지방세액 감면 신청서, 임대사업자 등록증
❹ 임대조건 신고
- 임대개시(입주) 10일 전에 물건지 시·군·구청 주택과 또는 담당 부서에 신고한다.
- 준비 서류는 임대조건 신고서(해당 구청에 비치), 표준임대차 계약서
❺ 임대개시(입주)
❻ 사업자 신고·등록
- 양도세 감면 혜택을 받기 위한 필수 절차로 임대개시 20일 이내 거주지 세무서에 신고 및 등록한다.
- 준비 서류는 임대주택사업 등록증, 사업자 등록신청서, 주민등록원본, 임대차 계약서
❼ 임대 신고
- 임대개시 3개월 이내 물건지 세무서 재산과에 신고한다.
- 준비 서류는 표준임대차 계약서 사본, 임차인 주민등록등본, 임대사업자 등록증 사본

Chapter 02

경매의 진행 절차
파악하기

이 장에서는 경매 입찰에서 낙찰받은 부동산의 인수까지 소요되는 시간과 절차에 대해서 알아보자. 각 절차에는 어떤 위험요소들이 있으며 확인해야 될 사항이 무엇인지, 어떻게 접근하여 어떤 물건을 선택해야 하는지 등에 대해서도 짚어볼 것이다.

법원 경매로 부동산을 낙찰받아 인수하는 것은 공인중개사 사무실을 통해서 부동산을 취득하는 것만큼 쉽다. 하지만 경매가 어렵다고 하는 것은 권리 분석과 같이 복잡하게 느껴지는 법률관계 때문일 것이다.

우리는 여기서 경매로 부동산을 취득하는 것이 목적이지 법률 공부를 하는 것이 목적이 아니다. 경매에서는 그렇게 깊이 있는 법률 지식을 요구하지도 않는다. 일반 매매를 통해 부동산을 취득한 후 소유권이전등기를 하는 절차를 거치는 것처럼 경매로 부동산을 취득하기 위해서는 부동산상의 권리관계를 파악해야 한다는 점이 복잡한 것은 아니다.

물론 경매부동산은 명도(현재 경매부동산에 살고 있는 사람을 내보내는 일)라는 채무자와 세입자의 이해관계가 있지만, 이에 대해서는 앞으로 수없이 설명할 것이다. 다음 그림에서 법원 경매의 기본 절차에 핵심요소를 파악한 후 위험요소가 있는지를 파악하면 안전하게 낙찰과 인도를 받을 수 있다.

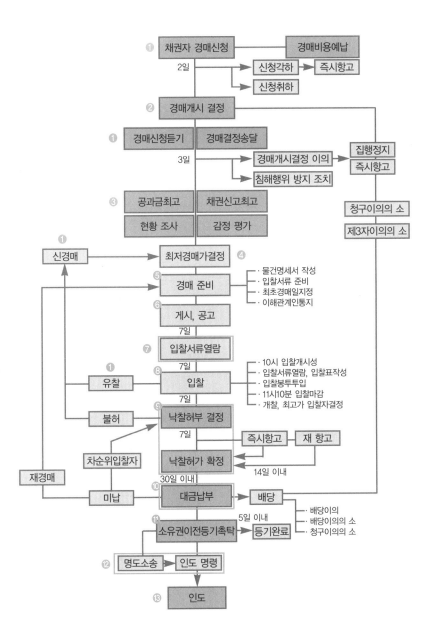

❶ 채권자 경매신청 ── **경매비용예납**

2일 ┬─► 신청각하 ─► 즉시항고
    └─► 신청취하

❷ 경매개시 결정

❶ 경매신청듣기 | **경매결정송달**

3일 ┬─► 경매개시결정 이의 ─► 집행정지
    │   즉시항고
    └─► 침해행위 방지 조치

청구이의의 소
제3자이의의 소

❸ 공과금최고 | **채권신고최고**
현황 조사 | **감정 평가**

❶ 신경매 ─► **최저경매가결정** ❹

❺ 경매 준비
· 물건명세서 작성
· 입찰서류 준비
· 최초경매일지정
· 이해관계인통지

❻ 게시, 공고

7일

❼ 입찰서류열람

7일

❶ 유찰 ── **❽ 입찰**
· 10시 입찰개시성
· 입찰서류열람, 입찰표작성
· 입찰봉투투입
· 11시10분 입찰마감
· 개찰, 최고가 입찰자결정

7일

불허 ─► **❾ 낙찰허부 결정**

차순위입찰자

7일

즉시항고 | 재 항고

낙찰허가 확정 ◄─── 14일 이내

재경매

30일 이내

미납 ─► **❿ 대금납부** ─► **배당**
· 배당이의
· 배당이의의 소
· 청구이의의 소

5일 이내

⓫ 소유권이전등기촉탁 ─► **등기완료**

⓬ 명도소송 ─► **인도 명령**

⓭ 인도

채권자 경매신청

양천구 신정동 목동아파트에 사는 김○○씨는 불경기로 인해 장사가 잘
되지 않자 어려움에 몰려 궁여지책으로 신한은행에서 자신 소유의 아파트를
담보로 5천만 원을 대출받게 된다. 이때 신한은행은 차후 김○○씨가 돈을
제대로 갚지 못할 경우 아파트를 경매로 팔아 자신들이 빌려준 돈을 회수하
기 위해 저당권을 설정한다. 이후에도 다른 금융권에서 몇 차례 더 대출을 받
았지만 김○○씨의 가계 경기는 더욱 나빠지게 되고 대출 이자도 장기간 갚
지 못하는 상황이 발생하게 되었다. 김○○씨가 장기 연체자가 되자 돈을 빌
려준 신한은행은 자신들이 김○○씨 소유의 아파트에 설정해둔 저당권을 근
거로 채권자(돈을 빌려준 사람) 신분으로 법원에 김○○씨 소유의 아파트를 경
매신청한다.

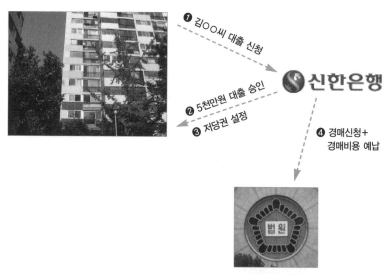

이때부터 신한은행은 채권자 겸 경매신청인이 되고 채권자인 신한은행은
경매신청과 함께 경매비용(법원이 경매 절차를 진행함에 있어서 필요한 신문공고
료, 현황조사수수료, 매각수수료, 감정수수료, 송달료 등의 비용에 대한 대략의 계산
액을 예납해야 한다)을 예납한다.

ⓘ Book in Book ··· **강제경매와 임의경매는 누가 신청하나요?**

일반적으로 경매라 하면 법원에서 집행하는 법원 경매를 의미한다. 하지만 엄밀히 구분하자면 경매는 그 주체에 따라서 사경매와 공경매로 구분되고, 공경매는 다시 법원 경매와 공매, 사경매는 민간업체에서 집행하는 경매이지만 아직까지 국내에서는 활성화되지 않은 상태이다. 공경매는 국가기관이 주체가 되어 집행하는 경매로 법원이 집행하면 법원 경매이고, 자산관리공사에서 집행하면 공매가 된다. 우리가 앞으로 배우게 되는 경매는 법원 경매로 현재 국내에서 진행되는 대부분은 법원 경매이다.

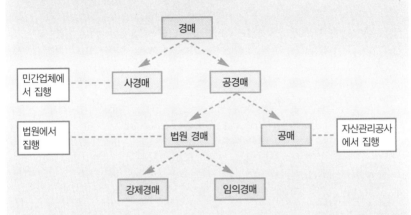

법원이 집행하는 법원 경매는 다시 강제경매와 임의경매로 구분한다. 강제경매란 돈을 빌려줬거나, 전세보증금, 공사대금, 물품대금, 카드대금 등을 받아야 하는 채권자가 돈을 갚아야 할 채무자를 상대로 법원에 재판을 청구하여 승소하면 채무자의 모든 재산(부동산, 동산, 준부동산(자동차, 선박 등))을 경매신청하여 그 매각대금을 채무자가 변제하여 줌으로써 채권자가 원하는 채무액을 취득하는 절차를 말한다. 강제경매의 대표적인 경우에는 가압류가 있다.

다음은 등기부등본상의 권리에서 채무 이해관계인 최○○씨 외 3명이 강제경매를 신청한 사례이다. 이 사건의 등기부등본 갑구란에 강제경매 내용을 확인할 수 있다.

ⓘ 임차인현황		·말소기준권리 : 2008.10.30 ·배당요구종기 : 2009.01.16	보증금액 / 사글세 or 월세	대항력 여부	배당예상금액	예상배당표
이○○	주거용 101호	전 입 일 : 2007.03.07 확 정 일 : 2007.03.07 배당요구일 : 2008.12.11	보90,000,000원	있음	순위배당가능	
임차인분석	⑤ 현황조사보고서 ▶매수인에게 대항할 수 있는 임차인 있으며, 보증금이 전액 변제되지 아니하면 잔액을 매수인이 인수함					

건물등기부	권리종류	권리자	채권최고액 (계 : 18,000,000)	비고	소멸여부
1	1993.12.17	소유권보존	이○○			소멸
2	2008.10.30	근저당	서서○○농협	18,000,000원	말소기준등기	소멸
3	2008.11.13	강제경매	최○○외3명	청구금액 : 112,000,000원	2008타경○○○○	소멸

【 갑 구 】			(소유권에 관한 사항)		
순위번호	등 기 목 적	접 수	등 기 원 인	권 리 자 및 기 타 사 항	
1 (전 1)	소유권보존	1993년12월17일 제48○○호		소유자 이○○ 420617-2****** 서울 관악구 봉천동 635-522 ○○ ○○○ 부동산등기법 제177조의 6 제1항의 규정에 의하여 1999년	

		제41530호	회차	
9	4번압류등기말소	2008년1월18일 제□□□호	2008년1월18일 해제	
10	압류	2008년4월11일 제□□□□호	2008년4월7일 압류(징수과-4909)	권리자 국 처분청 금천세무서
11	10번압류등기말소	2007년3월18일 제□□□□호	2007년3월14일 해제	
12	강제경매개시결정	2008년11월12일 제□□□□호	2008년11월12일 서울중앙지방법원의 강제경매개시결정(2008 타경□□□□)	채권자 최□□ 680109-1****** 서울 관악구 봉천동638-622 금강빌라 4층 □□호 류□□ 700425-1****** 시흥시 하상동960 대립세무사가정 □□-□□□ 류□□ 711100-1****** 서울 관악구 봉천11동****** 류□□ 760308-1****** 서울 관악구 봉천동638-622 금강빌라 4층 □□호

임의경매란 금융권, 사채업자가 돈을 빌려주면서 채무자의 특정 부동산에 담보권(저당권)을 설정한 뒤 채무자가 약속한 원금과 이자를 갚지 않으면 저당권이 설정된 부동산을 경매 신청하여 그 매각대금으로 채권자의 채권액을 회수하는 절차를 말한다. 임의경매의 대표적인 경우는 근저당권이 있다.

다음은 등기부등본상의 권리에서 국민은행이 임의경매를 신청한 사례다. 이 사건의 등기부 등본 갑구란에 임의경매 내용을 확인할 수 있다.

임차인현황	말소기준권리:2007.08.29 배당요구종기:2008.12.08		보증금액 / 사글세 or 월세	대항력 여부	배당예상금액	예상배당표
박□□ 주거용 101호	전 입 일:2008.07.05 확 정 일:2008.12.02 배당요구일:2008.12.02		보5,000,000원	없음	소액임차인	
기타참고	[□권리신고서상 전입:2008.7.15]					
건물등기부	권리종류	권리자	채권최고액 (계:1,320,000,000)		비고	소멸여부
1	2007.08.29	소유권이전(매매)	(주)도우에이□□□□			소멸
2	2007.08.29	근저당	국민은행 (신길서지점)	390,000,000원	말소기준등기	소멸
3	2007.09.20	근저당	상원건설(주)	100,000,000원		소멸
4	2007.10.16	근저당	김□□	130,000,000원		소멸
5	2008.06.30	가압류	락산□□(주)	500,000,000원		소멸
6	2008.07.17	근저당	이정□	200,000,000원		소멸
7	2008.10.01	임의경매	국민은행	청구금액: 350,115,651원	2008타경□□□□	소멸

【 을 구 】		(소유권 이외의 권리에 관한 사항)			
순위번호	등 기 목 적	접 수	등 기 원 인	권 리 자 및 기 타 사 항	
3 (전3)	1근저당권설정	2002년9월20일 제□□□호	2002년9월27일 설정계약	채권최고액 □30,000,000원 채무자 상원□□ 상주시 북구 군남동-1609-2 주식회사(주) 353-302 1근저당권자 주식회사하나은행 110111-0012509 서울 중구 □□□로4가 □□ □근저당권□	
3	1근저당권설정	2006년9월13일 제01004호	2006년9월13일 설정계약	채권최고액 □40,000,000원 채무자 상원□□ 상주시 북구 □양동-282 은행□□□ 347-301 1근저당권자 □□□□ 740903-2****** 서울 상주구 수송동-20 □□□아파트□□-401 공동담보목록 제2008-019호	
4	근저당권설정	2007년8월29일 제47201-1호	2007년8월27일 설정계약	채권최고액 □390,000,000원 채무자 주□□□□□(주)도우에이□□ 서울특별시 강서구 화곡3동□□ 221. 2층 근저당권자 주식회사국민은행 110111-0365301 서울특별시 중구 남대문로2가 9-1 (신길서지점) 공동담보목록 제2007-133호	
5	2번근저당권설정등기말소	2007년8월29일 제47206호	2007년8월27일 해지		
6	2번근저당권설정등기말소	2007년8월29일 제47207호	2007년8월27일 해지		

강제경매는 채무자의 모든 재산에 대해 가압류하지만, 임의경매는 저당권이 설정된 특정 재산에 대해서만 경매신청하는 것이다.

공매는 민사집행법상의 공매와 국세징수법상의 공매로 구분하며, 일반적으로 공매라 함은 국세징수법상의 공매를 의미하고 자산관리공사가 집행 기관이 된다. 공매로 집행되는 경우는 대부분 세금 체납 등으로 인한 압류 부동산을 환가하는 수단으로 진행된다.

경매비용은 법원에서 경매 절차에 소요되는 비용을 경매신청자가 경매신청과 함께 납부해야 하는 금액이다. 경매비용의 항목은 신문공고료, 현황조사수수료, 매각수수료, 감정수수료, 송달료 등의 합계 금액이다. 신문공고료는 건당 20만 원이고 법원 직원이 물건지를 직접 방문하여 물건의 현황을 조사하는데 사용되는 현황조사수수료는 건당 63,260원이다. 이외 매각수수료와 감정수수료는 매각대금과 평가가액에 따라서 달라진다. 만약 매각물건의 실거래가가 2억 원 아파트라면 대략 경매비용(매각수수료+감정수수료)은 약 2백5만5천 원 정도가 발생하고 여기에 신문공고료와 현황조사수수료 그리고 송달료를 더하면 전체 경매비용이 산출된다. 정확한 실제 비용을 알기 위해서는 관할 경매계에 문의하면 알려준다. 대법원 법원경매정보 사이트(www.courtauction.go.kr)에서 [경매지식]-[경매비용]-[부동산]을 선택한 후 매각물건 실거래가를 입력하고 [예상비용계산] 버튼을 클릭하면 경매비용(매각수수료+감정수수료)을 계산할 수 있다. [경매지식] 메뉴에는 경매 절차, 경매용어, 경매서식, 입찰안내에 관한 다양한 자료를 볼 수 있다. 이 책에서 언급하는 경매 관련 내용은 모두 이 경매지식을 바탕으로 좀 더 이해하기 쉽게 설명하는 것이다.

경매개시 결정

채권자 신한은행이 제출한 경매신청 내용을 보면, 2일이 지난 후 경매개시를 결정하게 된다. 이때부터 김○○씨 소유의 아파트는 경매가 종결되기 전까지 사건번호(① 2008타경 10888 ○)가 항상 따라다니게 된다. 그리고 경매신청등기와 경매결정문을 채권자인 신한은행과 함께 김○○씨(이제부터 채무자 신분으로 확정된다) 앞으로 송달한다.

만약 김○○씨가 억울하거나 문제가 있다고 판단되면 3일 이내 법원의 경매개시 결정에 대한 이의를 제기할 수 있다. 하지만 김○○씨는 문제될 것이 없어 보이기 때문에 이의제기를 하지 않게 된다. 경매개시가 결정되면 이 사건을 담당하는 담당자(② ○○○법원, 경매○계, 연락처 등이 표기되고, 특히 경매○계라는 것은 법원마다 1계, 2계 등 나뉘어져 있고 그 숫자는 법원에 따라 차이가 있다)와 입찰 방법이 결정된다. 입찰 방법은 기간입찰과 기일입찰 방식이 있는데, 이 사건은 기일입찰(③) 방식으로 진행된다.

①	사건번호	2008타경 1088■	물건번호	2		물건종류	다세대
	감정평가액	280,000,000원	최저매각가격	224,000,000원	③	입찰방법	기일입찰
	매각기일	2009.■■ ■■■ ■■■■					
	물건비고	대금지급기한 후 지연이자 연2할					
	목록2 소재지	■■■■ ■■■ ■■■■ ■■ ■■■ ■■■ ■■ 📷 🔍 📄					
②	담당	서울동부지방법원 | 경매6계 | 전화번호 : 2204-2410(구내:2410)					

❓ Book in Book … 기일입찰과 기간입찰 방식의 차이점

기일입찰 방식이란 법원이 지정된 매각기일(Ⓐ)에 입찰하는 방식이고, 기간입찰제란 법원이 1주일 이상, 1달 이하의 일정한 기간(Ⓑ)을 정해 그 기간 내에 직접 또는 우편으로 입찰하게 하는 방식이다. 대부분의 법원에서는 기일입찰을 선호한다. 기간입찰제 경매가 외면받는 이유는 결정 권한을 쥐고 있는 법원이 행정력 등을 이유로 이 방식을 선호하지 않기 때문이다. 또한 응찰자 입장에서도 불편한 점이 많다. 법정에 나갈 필요 없이 우편 접수를 가능하게 한 당초 취지와 달리 실제로는 입찰표를 교부받기 위해 사전에 법원을 방문해야 하고, 개찰할 때 또다시 법정을 방문해야 한다.

2008타경 ■■■■	서울동부지방법원 본Ⓐ	매각기일 : 2009.08.03 (오전 10:00)		담당계 : 경매 3계 (☎02-2204-2407)	
소재지	서울특별시 강동구 길동 332, 한전우성아파트 ■■■ ■■ ■■■				
물건종별	아파트	감정가	350,000,000원	[입찰진행내용] 입찰 42일전	
건물면적	81.54㎡(24.666평)	최저가	(80%) 280,000,000원	구분 / 입찰기일 / 최저매각가격 / 결과	
대지권	43.18㎡(13.062평)	보증금	(10%) 28,000,000원	1차 2009-06-15 350,000,000원 유찰	
매각물건	토지·건물 일괄매각	소유자	서■■	2차 2009-08-03 280,000,000원	
사건접수	2008-11-12(신법적용)	채무자	서■■		
입찰방법	기일입찰	채권자	김■■		

• 기일입찰 방식의 경매 물건

• 기간입찰 방식의 경매
  물건

2008타경 □□□	(B) 입찰기간 : 2009-06-23부터 ~ 2009-06-30까지			• 기간입찰 방식의 경매 물건 4계		
	서울북부지방법원 본원 >	매각(개찰)기일 : 2009.07.07	>	담당계 : (☎02-3399-7324)		
소 재 지	서울특별시 노원구 월계동 943, 세양청마루아파트 □□□ □□ □□□					
물건종별	아파트(32평형)	감 정 가	380,000,000원		[입찰진행내용]	입찰 1일전
건물면적	84.939㎡(25.694평)	최 저 가	(64%) 243,200,000원	구분	입찰기간	최저매각가격 결과
대 지 권	45.637㎡(13.805평)	보 증 금	(10%) 24,320,000원	1차	09.04.14-04.21 개찰일 2009-04-28	380,000,000원 유찰
매각물건	토지·건물 일괄매각	소 유 자	김□□	2차	09.05.19-05.26 개찰일 2009-06-02	304,000,000원 유찰
사건접수	2008-09-25(신법적용)	채 무 자	김□□		09.06.23-06.30 개찰일 2009-07-07	243,200,000원 변경
입찰방법	기간입찰(내용보기)	채 권 자	삼화상호저축은행	본사건은 변경 되었으며 현재 매각기일이 지 정되지 않았습니다.		

공과금 최고, 채권신고 최고, 현황조사, 감정평가

이때부터 법원의 직원들이 동원되어 김○○씨 소유의 아파트에 대한 조사
가 시작된다. 법원 직원들의 조사가 마무리되면 김○○씨 소유의 아파트에
설정된 각종 채권 내용과 채무 금액들이 드러난다.

그러한 채무 내용은 김○○씨 소유의 아파트 등기부등본의 갑구 및 을구
란에 표기된다.

그리고 법원 직원이 김○○씨 소유의 아파트, 동사무소, 세무서 등을 방문
하여 이 아파트의 점유관계(임차인이 누가 있는지, 점유하고 있는지 등)와 부동
산 현황(예를 들어 15층은 1501호와 1502호로 구분하는데 개방하여 사용하고 있으
며, 1501호는 입구 우측 부분임 등), 임대차관계조사서 등을 조사하여 '현황조
사서'를 만든다. 그리고 감정평가사에게 이 아파트의 감정 가격(❶)이 어느
정도인지 감정평가를 의뢰하여 감정평가서를 만든다.

	사건번호	2008타경1088□□	물건번호	2	물건종류	다세대
❶	감정평가액	280,000,000원	최저매각가격	224,000,000원	입찰방법	기일입찰
	매각기일	2009.□□ □□□ □□□□□				
	물건비고	대금지급기한 후 지연이자 연2할				
	목록2 소재지	□□□ □□□□ □□□ □□ □□ □□□ □□ □□□				
	담당	서울동부지방법원	경매6계	전화번호 : 2204-2410(구내:2410)		

최저경매가 결정

이 아파트는 법원에서 조사한 내용을 토대로 경매 물건으로 모습을 드러내기 전에 얼마부터 시작해야 하는지 최소 가격이 결정된다. 이것이 최저매각가격(❶)이며, 반드시 이 금액 이상으로 입찰해야 한다.

사건번호	2008타경1089⬛	물건번호	2	물건종류	다세대
감정평가액	280,000,000원 ❶	최저매각가격	224,000,000원	입찰방법	기일입찰
매각기일	2009.⬛⬛ ⬛⬛⬛ ⬛⬛⬛⬛⬛				
물건비고	대금지급기한 후 지연이자 연2할				
목록2 소재지	⬛⬛⬛⬛⬛ ⬛ ⬛⬛⬛ ⬛⬛⬛⬛ ⬛⬛⬛⬛⬛⬛ ⬛⬛⬛⬛⬛ ⬛⬛⬛ ⬛⬛⬛				
담당	서울동부지방법원	경매6계	전화번호 : 2204-2410(구내:2410)		

경매 준비

김○○씨 소유의 아파트 가격이 결정된 후 입찰장에 선보이려면 이 아파트의 이력이 필요하게 된다. 회사에 경력 사원으로 입사하려면 최종 학력과 공부는 얼마나 잘했는지도 중요하지만 전에 있던 회사에서 무슨 일을 얼마나 잘했는지가 중요하듯이 김○○씨 소유의 아파트 상세 내용이 담긴 매각물건명세서(말소기준등기가 되는 최선순위 설정 일자, 점유자 관련 정보−보증금, 임대차 기간, 전입신고일, 확정일자−등이 수록되어 있다) 외 사건내역(사건기본내역, 배당요구 종기내역, 항고내역, 물건내역, 목록내역, 이해당사자 내역 등)을 준비하고 각 문건을 이해관계인에게 송달한다. 드디어 많은 입찰자들에게 선보일 최초경매일(❶)이 지정된다. 이를 매각기일 또는 입찰기일이라고 한다.

	사건번호	2008타경1089⬛	물건번호	2	물건종류	다세대
	감정평가액	280,000,000원	최저매각가격	224,000,000원	입찰방법	기일입찰
❶	매각기일	2009.⬛⬛ ⬛⬛⬛ ⬛⬛⬛⬛⬛				
	물건비고	대금지급기한 후 지연이자 연2할				
	목록2 소재지	⬛⬛⬛⬛⬛ ⬛ ⬛⬛⬛ ⬛⬛⬛⬛ ⬛⬛⬛⬛⬛⬛ ⬛⬛⬛⬛⬛ ⬛⬛⬛ ⬛⬛⬛				
	담당	서울동부지방법원	경매6계	전화번호 : 2204-2410(구내:2410)		

게시 및 공고

김○○씨 소유의 아파트가 많은 입찰자들에게 선보일 매각기일도 잡혔기 때문에 이제는 그 내용을 많은 사람들에게 알려야 한다. 법원은 김○○씨 소유의 아파트가 빨리 낙찰되어 채권자들이 채무액을 받을 수 있도록 해야 되는 의무가 있기 때문에 신문지면, 관할 법원 등을 통해 게시 및 공고한다. 이기간이 보통 7일 정도 소요된다. 사실 매일매일 4대 신문이나 네이버 배너 등을 통해 알리면 좋겠지만 법원의 집행 비용으로는 턱없이 부족하기 때문에 법원 게시판 또는 신문을 통해서 공고한다. 보통 신문에는 처음 경매에 나오는 신건만 공고하지만, 법원 경매 정보 사이트에는 신문보다 풍부한 자료가 실린다.

입찰서류 열람

경매로 나온 김○○씨 소유의 아파트는 경매 투자자들의 선택을 받기 위해 완벽한 모습을 갖추고 등장하게 된다. 경매 투자자들은 김○○씨 소유의 아파트가 과연 어느 정도의 구매력이 있는 물건인지 확인하기 위해 법원 직원들이 조사하고 작성하여 경매 준비 과정에서 준비한 관련 서류(등기부등본, 매각물건명세서, 현황조사서, 감정평가서 등)를 열람한다.

이 과정에서 경매 투자자들은 손, 발, 머리를 총동원하여 권리분석(Ⓐ), 물건분석(Ⓑ), 수익성분석(Ⓒ)을 하게 된다. 물건에 위험요소나 낙찰자가 추가로 부담해야 하는 요소, 임차인들의 명도 난이도 등에 따라서 인기는 결정된다. 위험요소가 많고 명도가 어려울 가능성이 높을수록 인기는 떨어진다. 이 과정에서 김○○ 소유의 아파트 가격이 결정된다고 할 수 있다.

Ⓐ 권리분석

한마디로 요약하면 이 물건은 얼마에 낙찰받으면 되는지, 낙찰대금 이외에 추가로 부담해야 하는 비용은 없는지 등을 따져보는 것이며 임차인분석, 등기부등본상의 권리분석, 등기부등본 외 권리 및 이해관계 분석 등이 있다. 특히 유치권이나 법정지상권 등 등기부상에 기재되지 않는 권리는 등기부등본 열람만으로는 그 진위 여부를 확인할 수 없기 때문에 직접 현장조사를 통해 그 존재 및 진위 여부를 파악해야 한다.

Ⓑ 물건분석

김○○씨 소유의 아파트가 현재 얼마이고, 앞으로 얼마나 오르고 내릴지, 개발호재가 있는지 등을 알아보는 것이다.

Ⓒ 수익성분석

김○○씨 소유의 아파트 실제 거래가격은 얼마인데 공인중개사를 통해서 알아보니 얼마더라, 그렇기 때문에 얼마에 입찰해야 하는지 등과 낙찰받으면 취득세 및 등록세와 명도 비용 등은 얼마인지 투자금액 중 얼마를 대출받아야 하는지 등을 고민하는 것이 수익성분석이다.

입찰/개찰

드디어 김○○씨 소유의 아파트가 새로운 주인을 만날 수 있는 날이다. 만약 이 날 새로운 주인을 만나지 못한다면, 즉 입찰자들이 한 명도 없다면 이를 유찰이라고 한다. 한 번 유찰되었다고 끝나는 것은 아니다. 다시 입찰기일을 정하게 되는데, 이때는 처음 나왔을 때의 몸값(최저경매가 결정)의 20%가 떨어진 상태로 신 경매로 나오게 된다. 다음 중구 신당동에 소재한 근린상가 경매 물건의 경우 12번이나 새로운 주인을 만나지 못하고 유찰되어 13번째까지 경매로 나온 사례다.

하지만 김○○씨

2007타경██ 서울중앙지방법원 본원 > 매각기일 : 2009.07.02 (오전 10:00) >				담당계 : 경매 11계 (☎02-530-2715)			
소재지	서울특별시 중구 신당동 200-5, 외 12필지, ███ ███ ███						
물건종별	근린상가	감 정 가	40,000,000원			입찰진행내용	입찰 14일전
				구분	입찰기일	최저매각가격	결과
				1차	2008-05-08	40,000,000원	
건물면적	4.96㎡(1.5평)	최 저 가	(7%) 2,749,000원	2차	2008-06-12	32,000,000원	유찰
				3차	2008-07-17	25,600,000원	유찰
대 지 권		보 증 금	(10%) 280,000원	4차	2008-08-21	20,480,000원	유찰
				5차	2008-09-25	16,384,000원	유찰
				6차	2008-10-30	13,107,000원	유찰
매각물건		소 유 자	조██	7차	2008-12-04	10,486,000원	유찰
				8차	2009-01-08	8,389,000원	유찰
사건접수	2007-09-07(신법적용)	채 무 자	김██	9차	2009-02-12	6,711,000원	유찰
				10차	2009-03-19	5,369,000원	유찰
				11차	2009-04-23	4,295,000원	유찰
입찰방법	기일입찰	채 권 자	우리은행	12차	2009-05-28	3,436,000원	유찰
				13차	2009-07-02	2,749,000원	

소유의 아파트는 감정평가서의 감정가액이 실거래가보다 차이가 많이 발생할 뿐만 지역적으로 재개발 가능성도 기대할 수 있어서 그런지 첫 입찰기일에 주인을 만났다. 개찰 결과 입찰자의 숫자도 5명이나 되었고 그 중 최고가 매수인은 212,105,000원을 써낸 박○○씨이다. 그런데 2등과는 불과 105,000원 차이였다. 조금 얌체처럼 보일 수 있어도 실제 입찰장에서는 몇천 원 차이로 1등과 2등이 결정되는 경우가 비일비재하다.

2006타경 [OOO]	서울남부지방법원 본원 > 매각기일 : 2008.02.12 (오전 10:00) >				담당계 : 경매 2계 (☎02-2192-1332)		
소재지	서울특별시 양천구 목동 [OOO]						
물건종별	아파트(26평형)	감 정 가	200,000,000원		[입찰진행내용]		
건물면적	59.67㎡(18.05평)	최 저 가	(100%) 200,000,000원	구분	입찰기일	최저매각가격	결과
대 지 권	28.393㎡(8.589평)	보 증 금	(10%) 20,000,000원	1차	2008-02-12	200,000,000원	
매각물건	토지·건물 일괄매각	소 유 자	김[OO]		낙찰 : 212,105,000원 (106.05%) (입찰5명,낙찰: 박[OO])		
사건접수	2006-08-08(신법적용)	채 무 자	김[OO]		매각결정기일 : 2008.02.19 - 매각허가결정		
입찰방법	기일입찰	채 권 자	신한은행	대금납부 2008.03.26 / 배당기일 2008.04.24			

낙찰허부 결정/낙찰허가 확정

최고가 매수인(낙찰자)은 낙찰일로부터 7일 후 법원으로부터 '매각허가결정확인서'를 받는다. 즉, 법원은 7일 동안 낙찰자가 제출한 서류 중 미비한 서류는 없는지, 공시송달 오류로 살고 있는 세입자가 경매 진행되고 있는 사실을 통보받지 못했는지 등을 검토한 후 낙찰허부(낙찰을 허가할 것인지, 낙찰을 불허가할 것인지)를 결정하게 된다.

만약 법원으로부터 낙찰 허가가 나오면 '매각허가결정확인서'를 받게 된다. 7일이 지나도 기다리고 기다리던 '매각허가결정확인서'를 받지 못했다면 해당 경매계에 전화를 걸어 문의해보면 알 수 있다.

대부분 다음 7가지 사유 중 한 가지일 것이다. 만약 정당하지 않다고 판단될 경우 7일 이내 이 사건의 이해관계인(낙찰자, 채무자, 소유자, 임차인, 근저당권자 등)은 즉시항고로 이의를 제기할 수 있다. 그러지 않으면 낙찰허가 결정이 확정된다.

다음 2008타경○○○○○사건의 입찰진행 내용을 살펴보면 3차 기일 때 낙찰되었지만 낙찰 불허가(①) 판정을 받아 다시 4차 기일 때 다른 사람이 낙찰받은 사례다.

하지만 김○○씨는 자신이 소유자 겸 채무자고 직접 낙찰받은 경우도 아니고 임차인이 있는 것도 아닌 상태였기 때문에 다행히 박○○씨는 '매각허가결정확인서'를 받을 수 있었다. 사실 이 기간 동안 낙찰자 박○○씨가 처음 낙찰받은 초보자라면 너무 기뻐서 잠도 잘 오지 않을 것이다.

⑦ Book in Book … **낙찰불허가 나오는 7가지 유형**
❶ 채무자가 낙찰받은 경우(강제경매 및 임의경매 동일)
❷ 소유자가 낙찰받은 경우(강제경매의 경우)
❸ 재입찰의 경우 전 낙찰자가 다시 낙찰받은 경우
❹ 경매개시 결정을 하면서 그 결정을 채무자에게 송달하지 않은 경우
❺ 입찰 후 천재지변이나 기타 경락자가 책임질 수 없는 사유로 부동산이 훼손되거나 권리가 변동되어 최고가 입찰자의 낙찰불허가신청이 있는 경우
❻ 이해관계인의 정당한 항고가 받아들여지는 경우
❼ 법원의 착오로 입찰물건명세서가 잘못되었거나 입찰절차가 적법하게 진행되지 않는 경우

대금납부

법원이 통지하는 대금납부기일에 보증금을 공제한 낙찰대금을 납부해야 한다. 낙찰자 박○○씨는 낙찰대금 212,105,000원(❶)에서 낙찰보증금(❷)을 공제한 나머지 대금(192,105,000원)을 법원이 통지하는 납부기일(낙찰허가 확정일로부터 30일 이내)까지 납부해야 한다. 굳이 납부기일까지 채울 필요는 없으며 매각허가결정이 떨어진 날 이후에는 언제라도 납부가 가능하다. 낙찰자 박○○씨는 낙찰잔금을 납부했다.

2006타경		서울남부지방법원 본원 > 매각기일 : 2008.02.12 (오전 10:00) >		담당계 : 경매 2계 ☎02-2192-1332)			
소재지	서울특별시 양천구 목동						
물건종별	아파트(26평형)	감 정 가	200,000,000원	[입찰진행내용]			
건물면적	59.67㎡(18.05평)	최 저 가 ❷	(100%) 200,000,000원	구분	입찰기일	최저매각가격	결과
대 지 권	28.393㎡(8.589평)	보 증 금	(10%) 20,000,000원	1차	2008-02-12	200,000,000원	
매각물건	토지ㆍ건물 일괄매각	소 유 자	김		낙찰 : 212,105,000원 (106.05%)		
사건접수	2006-08-08(신법적용)	채 무 자	김	(입찰5명,낙찰:박)			
입찰방법	기일입찰	채 권 자	신한은행	매각결정기일 : 2008.02.19 - 매각허가결정			
				대금납부 2008.03.26 / 배당기일 2008.04.24			

법원은 박○○씨가 납부한 낙찰대금으로 신한은행을 비롯하여 배당받는 모든 채권자들을 배당순위로 알아서 배당해준다. 이 과정에서 자신의 채권액을 다 배당받는 사람, 일부만 배당받는 사람, 한 푼도 배당받지 못하는 사람 등 다양한 채권자들이 발생하게 된다. 하지만 채무자 김○○씨가 크게 신경 쓸 필요는 없다. 알아서 나눠가지면 되고 만약 채권자들에게 배당을 모두 마쳤는데도 낙찰대금이 남는다면 그 잔여 금액은 김○○씨가 받게 된다. 이 사건의 이해관계인 중 자신의 배당에 이의가 있을 경우 배당이의 소를 신청할 수 있다.

🅰 Book in Book … **박○○씨가 낙찰대금을 납부하지 않을 경우에는?**

충분히 있을 수 있는 사항이고 실무에서도 종종 발생하는 사례이다. 특히 낙찰허가 확정 후 박○○씨가 미처 확인하지 못한 위험요소를 발견하여 막대한 손실이 발생하거나 입찰 보증금을 포기하는 것이 이득이라고 판단되어 낙찰대금을 납부하지 않으면 박○○씨 다음 으로 입찰금을 많이 작성한 차순위입찰자에게 낙찰 권리가 부여된다. 만약 차순위입찰자마 저도 그 권리를 포기한다면 재경매 준비 단계로 넘어가게 된다.

2008타경○○○○○사건의 경우 3차 입찰기일 때 낙찰을 받았으나 낙찰자가 낙찰대금을 납부하지 않은 사건(Ⓐ)인데, 유치권이 신고되어 있는 것을 미처 발견하지 못했거나, 이외에도 채권자 ○○○씨를 미처 발견하지 못한 채권자들이 있는 것으로 추정된다(Ⓑ). 즉, 미처 유치권이 설정된 것을 확인하지 못했거나 채권자들을 미처 발견하지 못한 상태로 낙찰받아 이들의 채권을 인수할 경우 낙찰받아도 손해라고 판단하여 낙찰잔금을 납부하지 않아 미납 상태로 되어 있는 사건임을 짐작할 수 있다.

소유권이전등기촉탁

이제 법원에 소유권이전등기촉탁을 신청하고 5일 이내 등기를 완료 후 등기부등본을 발급받아 보면 김○○씨에서 박○○씨 소유로 소유권이 이전된다. 이제 박○○씨는 이 집의 새로운 집주인이 되는 것이다.

인도 명령/명도 소송

이제 집주인 박○○씨는 점유하고 있는 이전 집주인 김○○씨에게 집을 비워달라고 6개월 이내 인도명령 신청을 하면 된다. 만약 배당받지 못한 세입자나 경매 결정 기입등기 이전에 점유하고 있는 자 등이 집을 비워주지 않고 끝까지 버티면 소유권이전등기까지 해놓고도 집을 세놓거나 매매할 수 없는 입장이 된다. 이럴 경우 법원 집행관과 함께 명도 소송에 의한 강제 집행으로 내보내거나 이사 비용 정도로 합의하여 내보내면 된다.

인도

이제부터 집주인 박○○씨는 두 다리 쭉 펴고 잠을 잘 수 있다. 이 집은 매매하든 임대를 놓든 아니면 직접 들어가서 살든 집주인 마음대로다.

지금까지의 과정은 앞으로 자세히 다룰 것이기 때문에 여기서는 전체적인 흐름 정도만 알아두도록 하자.

🔖 Book in Book … 법원 경매 용어 살펴보기

다음은 법원 경매에서 꼭 알아야 할 경매 용어들이다. 법원 경매를 접하다보면 생소한 경매에서 사용되는 용어들이 많다. 이들 용어는 암기하려고 하지 말고 이해해야 한다. 용어 설명을 보고 이해가 되지 않을 수 있는데, 앞으로 관련 내용을 공부할 때마다 틈틈이 찾아보면 자연스럽게 이해할 수 있다.

1. 매각기일(입찰기일)
경매 법원이 경매 목적 부동산을 경매에 부치는 날이다.

2. 최고가매수신고인(입찰자) / 차순위매수신고인(입찰자)
최고가매수신고인(입찰자)이란 입찰자 중 입찰표에 가장 높은 입찰금액을 신고한 입찰자, 낙찰자라고도 한다. 차순위매수신고인(입찰자)이란 최고가매수신고인이 낙찰대금을 법원에 납입하지 않을 경우 최고가매수신고인 다음으로 높은 입찰금액을 기입한 입찰자에게 낙찰자의 권리가 돌아간다.

3. 매수신청보증금(입찰보증금)
입찰에 참여하기 위해서는 경매부동산의 최저매각가격의 10%(재매각인 경우 20%)에 해당하는 금액을 매수신청보증금으로 법원에 납입해야 한다. 만약 낙찰되지 않으면 납입한 매수신청보증금은 다시 돌려받는다.

4. 낙찰/유찰
낙찰이란 매각기일 매수신고한 입찰자가 있는 경우다. 유찰이란 매각기일 매수신고한 입찰자가 한 명도 없는 경우다.

5. 신경매 / 재경매

신경매란 유찰되거나 낙찰 불허가 결정을 받은 물건을 다시 매각기일을 지정하여 새로 진행시키는 경우다. 신경매는 보통 20%씩 최저매각가격이 저감된다. 재경매란 낙찰허가를 받은 후 낙찰자(채권자)가 경매 잔금을 납부하지 않아 다시 경매를 실시하는 것이다. 단 최저매가가격 등 기타 매각 조건은 이전 경매와 동일하나 입찰 보증금은 입찰가액의 10%에서 20~30%로 인상된다.

6. 개별경매 / 일괄경매

개별경매란 채무자의 여러 부동산이 동시에 경매신청으로 돼 있는 경우 각 부동산별로 별도의 물건번호를 지정하여 각각 경매 진행하는 방법이고, 일괄경매란 동일인에게 매수시키는 경매 방법이다.

다음 '사건번호 2006타경2096○' 사건(①)은 한 사건번호에 물번(물건번호②, ③)이 2개다. 즉, 동일한 채권자(증산동새마을금고④)가 채무자 권○○(⑤) 소유의 아파트 2채를 담보로 부동산상에 저당권을 설정한 경우다. 이를 공동담보라고 하는데, 공동담보의 경우 경매를 신청하면 담보목적물(아파트 2채) 모두가 경매로 진행되며, 이때 물건마다 사건번호 외에 물번을 부여하여 개별적으로 입찰에 붙여진다. 물번1(②)은 취하되었고, 물번2(③)는 낙찰된 사례다.

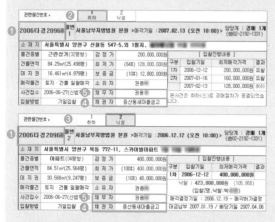

공동담보라 하더라도 동일인이 매수하는 것이 고가에 매각할 수 있다고 판단되면 경매신청권자의 신청이나 법원의 직권으로 일괄입찰을 실시하는데, 이를 일괄경매라고 한다.

7. 변경

경매가 진행되는 도중에 새로운 사항이 추가, 매각 조건의 변경, 이해관계인의 입찰기일 연기신청(①) 등으로 법원이 지정된 입찰기일에 경매를 진행할 수 없다고 판단되면 직권으로 입찰기일을 변경하는 것이다. 다음 사건의 문건처리내역을 살펴보면 채권자인 미래상호저축은행이 기일연기신청서(②)를 제출하여 입찰기일이 변경되는 사례며, 아직 새로운 매각기일이 지정되지 않은 상태(③)다.

2008타경 ○○○	서울중앙지방법원 본원 > 매각기일 : 2009.06.25 (오전 10:00) >		담당계 : 경매 8계 (☎02-530-1820)			

소재지	서울특별시 관악구 봉천동 1703, ○○○○○○ ○○○ ○○○					
물건종별	아파트(33평형)	감 정 가	380,000,000원	[입찰진행내용] 입찰 6일전		
건물면적	84.87㎡(25.673평)	최 저 가	(100%) 380,000,000원	구분	입찰기일	최저매각가격	결과
대 지 권	33.56㎡(10.152평)	보 증 금	(10%) 38,000,000원		2009-06-25	380,000,000원	변경
매각물건	토지·건물 일괄매각	소 유 자	김○○	본사건은 변경 되었으며 현재 매각기일이 지정되지 않았습니다.		
사건접수	2008-11-20(신법적용)	채 무 자	김○○			
입찰방법	기일입찰	채 권 자	미래상호저축은행			

‖ 문건처리내역

접수일	접수내역
2008.11.24	등기소 관악등기소 등기필증 제출
2008.12.29	기타 안국감정평가서 제출
2009.01.02	기타 서울중앙지방법원집행관 현황조사서 제출
2009.06.16	채권자 주식회사미래상호저축은행 기일연기신청 제출 ①

8. 연기

채무자, 채권자, 소유자 등 이해관계인의 신청에 의해 경매신청 채권자의 동의하에 지정된 매각기일을 다음으로 연기하는 것으로 통상 1개월 정도 연기된다. 다음 사건은 채권자 겸 경매신청권자인 복○○씨(①)가 기일연기신청서를 제출한 후 다시 취하서(②)를 제출한 상태로 경매가 연기(③)된 사례다.

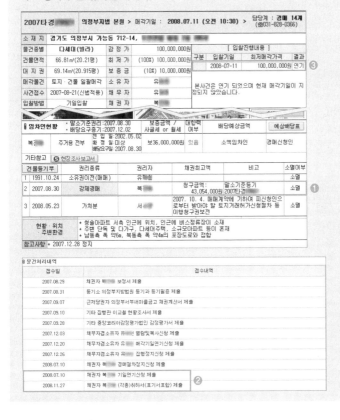

2007타경 ○○○○	의정부지법 본원 > 매각기일 : 2008.07.11 (오전 10:30) >		담당계 : 경매 14계 (☎031-828-0366)			

소재지	경기도 의정부시 가능동 712-14, ○○○○○ ○○○ ○○○ ○○○					
물건종별	다세대(빌라)	감 정 가	100,000,000원	[입찰진행내용]		
건물면적	66.81㎡(20.21평)	최 저 가	(100%) 100,000,000원	구분	입찰기일	최저매각가격	결과
대 지 권	69.14㎡(20.915평)	보 증 금	(10%) 10,000,000원		2008-07-11	100,000,000원	연기 ③
매각물건	토지·건물 일괄매각	소 유 자	유○○	본사건은 연기 되었으며 현재 매각기일이 지정되지 않았습니다.		
사건접수	2007-08-21(신법적용)	채 무 자	유○○			
입찰방법	기일입찰	채 권 자	복○○			

‖ 임차인현황	· 말소기준권리:2007.08.30 · 배당요구종기:2007.12.02	보증금액 / 사글세 or 월세	대항력 여부	배당예상금액	예상배당표
복○○	주거용 전부	전 입 일:2002.05.02 확 정 일:미상 배당요구일:2007.08.30	보36,000,000원	있음	소액임차인	경매신청인

기타참고 ⊙ 현장조사보고서

‖ 건물등기부	권리종류	권리자	채권최고액	비고	소멸여부
1	1991.10.24	소유권이전(매매)	유○○			소멸
2	2007.08.30	강제경매	복○○	청구금액: 43,054,000원	말소기준등기 2007타경	소멸 ①
3	2008.05.23	가처분	서○○	2007. 10. 4. 매매계약에 기하여 피신청인으로부터 받아야 할 토지거래허가신청절차 등 이행청구권보전	소멸

현황·위치 주변환경	◆ 청솔아파트 서측 인근에 위치, 인근에 버스정류장이 소재 ◆ 주변 단독 및 다가구, 다세대주택, 소규모아파트 등이 혼재 ◆ 남동측 폭 약6m, 북동측 폭 약4m의 포장도로와 접합

참고사항 ◆ 2007.12.28 정지

‖ 문건처리내역

접수일	접수내역
2007.08.29	채권자 배○○ 보정서 제출
2007.08.31	등기소 의정부지방법원 등기과 등기필증 제출
2007.09.07	근저당권자 의정부시새마을금고 채권계산서 제출
2007.09.10	기타 집행관 이교철 현황조사서 제출
2007.09.28	기타 중앙코리아감정평가법인 감정평가서 제출
2007.12.03	채무자겸소유자 유○○ 열람및복사신청 제출
2007.12.20	채무자겸소유자 유○○ 매각기일연기신청 제출
2007.12.26	채무자겸소유자 유○○ 집행정지신청 제출
2008.07.10	채권자 배○○ 경매절차정지신청 제출
2008.07.10	채권자 복○○ 기일연기신청 제출 ②
2008.11.27	채권자 복○○ (각종)취하서(포기서포함) 제출 ②

9. 취소

잉여 없는 경매, 즉 남는 것이 없는 경매로 법원이 직권으로 경매개시결정을 취소하는 것이다. 다음 사건은 법원이 경매개시결정을 취소(❶)한 후 채권자겸 경매신청권리자인 국민은행이 경매신청 시 예납한 예납금환부신청서(❷)를 제출한 상태다.

2007타경 ▩▩▩▩▩	의정부지법 본원 >	매각기일 : 2007.07.06 (오전 10:30) >	담당계 : 경매 14계 (☎031-828-0366)		
소 재 지	경기도 포천시 신북면 가지리 101-3, ▩▩▩▩▩▩▩▩▩▩▩▩▩▩ ▩▩ ▩▩▩				
물건종별	아파트(19평형)	감 정 가	50,000,000원	**[입찰진행내용]**	
건물면적	49.97㎡(15.116평)	최 저 가	(100%) 50,000,000원	구분 입찰기일 최저매각가격 결과	
대 지 권	40.459㎡(12.239평)	보 증 금	(10%) 5,000,000원	2007-07-06 50,000,000원 취소 ❶	
매각물건	토지·건물 일괄매각	소 유 자	조▩▩	본사건은 취소(으)로 경매절차가 종료되었습니다.	
사건접수	2007-03-05(신법적용)	채 무 자	조▩▩		
입찰방법	기일입찰	채 권 자	국민은행		

▮ 문건처리내역

접수일	접수내역
2007.03.30	기타 집행관 박일민 현황조사서 제출
2007.04.06	기타 주식회사제일감정평가법인북부지사 감정평가서 제출
2007.06.01	임차인 정윤택 권리신고및배당요구신청 제출
2007.07.13	채권자 주식회사국민은행 예납금환부신청 제출 ❷

10. 배당

배당이란 낙찰대금이 각 채권자를 만족시키지 못할 때 권리의 우선순위에 따라 매각대금을 배분하는 절차다. 다음 사건은 중구 필동2가의 부동산이 402,493,630원에 매각(❶)되었다. 그런데 채권자들의 총 채권액은 462,000,000원(❷)이다. 만약 매각대금이 채권자들의 채권액을 모두 충족시키고 남는다면 문제가 없겠지만 지금과 같이 모자란다면(❸) 문제가 될 것이다.

그래서 법원은 채권자들 중 권리관계에 따라서 우선순위(❹)를 정하고 그 순위에 따라 자신의 채권을 받아갈 수 있도록 하는데, 이를 배당이라고 하고 그 순위를 배당순위라고 한다. 또한 다음 그림과 같이 배당순위별로 표를 작성한 것을 배당표라 한다. 앞으로 이 내용에 대해서는 수없이 많이 나올 것이기 때문에 여기서 표의 내용을 일일이 이해할 필요는 없다.

매각부동산	서울특별시 중구 필동2가 ▩▩▩ 토지·건물 일괄매각							
매 각 대 금	금 402,493,630 원 ❶							
전경매보증금	금 0 원							
경 매 비 용	약 4,579,000 원							
❹ 실제배당할금액	금 397,914,630 원 (매각대금 + 전경매보증금) - 경매비용							

순위	이유	채권자	채권최고액	배당금액	배당비율	미배당금액	매수인인수금액	배당후잔여금	소멸여부
0	주택소액임차인	길▩▩	22,000,000	16,000,000	72.73%	6,000,000		381,914,630	
0	주택소액임차인	최▩▩	20,000,000	16,000,000	80.00%	4,000,000		365,914,630	
0	주택소액임차인	엄▩▩	20,000,000	16,000,000	80.00%	4,000,000		349,914,630	
1	근저당 (신청채권자)	(주)삼▩▩	400,000,000	349,914,630	87.48%	50,085,370	0	0	소멸
2	확정일자부 주택임차인	길▩▩	6,000,000	0	%	6,000,000		0	소멸
2	확정일자부 주택임차인	최▩▩	4,000,000	0	%	4,000,000	4,000,000	0	잔액인수
3	확정일자부 주택임차인	엄▩▩ ❷	4,000,000	❸ 0	%	4,000,000		0	소멸
	계		462,000,000	402,493,630		64,085,370	4,000,000	0	

11. 취하

취하란 경매신청 후 채무자가 자신의 채무를 변제하였거나 경매신청권자가 경매신청을 철회하는 경우다. 단 낙찰 후 최고가매수인(낙찰자)이 결정된 상태에서는 최고가매수인(낙찰자)의 동의가 필요하다.

다음 사건은 용어의 정확한 뜻을 몰라도 흐름을 이해한다는 생각으로 유심히 살펴볼 필요가 있다. 문건처리내역을 살펴보면 경매신청권자이자 채권자인 김○○씨(①)에 의해서 두 번이나 연기신청(②)으로 매각기일이 변경(③)되었고, 그 뒤 김○○씨의 경매 취하서(④)를 제출하여 경매가 취하된(⑤) 사건이다. 무엇 때문에 채권자 김○○씨가 두 번이나 매각기일을 연기하고 그것도 모자라서 경매 취하까지 신청했을까? 그 답은 배당표(⑥) 안에서 찾을 수 있다.

채권자 김○○씨의 배당순위는 남원농협에 이어 두 번째다. 만약 이 배당순위대로 배당받는다면 한 푼도 받지 못하는 결과가 발생된다. 자신의 채권을 전혀 회수할 방법이 없다고 생각한 채권자 김○○씨는 다른 방법을 찾기 위해서 일단 경매를 취하한 것으로 예측할 수 있다.

순위	이유	채권자	채권최고액	배당금액	배당비율	미배당금액	매수인 인수금액	배당후잔여금	소멸 여부
1	근저당	남원농협	400,000,000	347,650,000	86.91%	52,350,000	0	0	소멸
2	근저당 (신청채권자)	김●●●	130,000,000	⑥ 0	%	130,000,000	0	0	소멸
	계		530,000,000	352,000,000		182,350,000	0	0	

12. 기각

신청 내용에 특별한 이유가 없다고 인정될 때 법원이 신청 자체를 받아들이지 않는 것이다. 다음 사건은 2차 매각기일 때 낙찰(❶)되었고 그 후 매각허가결정(❷)이 내려진 상태에서 바로 채권자겸 경매신청권자인 엠에프파이넨스가 취하서(❸)를 제출하고 그 다음날 채무자겸 소유자인 김○○씨가 집행해제신청서(❹)를 제출한 상태지만 모두 이유가 되지 않는다고 법원이 판단하여 취소(❺)된 사건이다.

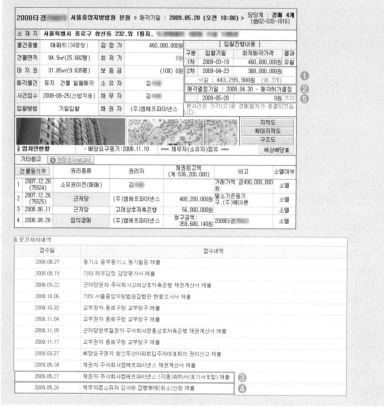

Chapter 03

초보자라면
경매 물건 검색 시스템을 이용하라

경매 경험이 없는 초보자는 무슨 기준으로 경매부동산을 선택해야 할까? 필자가 제시하는 경매부동산
선택 시스템을 활용하면 초보자들도 경매 투자 마인드 확립에 도움이 될 것이다.

후회 없는 선택을 위해 경매 물건 검색 시스템 이해하기

경매 법원에 한 해 수십만 건이나 업데이트 되는 경매 물건을 모두 검색해
볼 수는 없다. 우선 경매가 내 집 마련(평수 늘리기 포함)을 위한 것인지와 임
대 수익을 위한 것인지, 단기 매각인지, 장기 투자를 통해 시세 차익인지를
분명한 목적을 정한 후 그 목적에 맞는 부동산의 종류, 즉 아파트와 다가구와
같은 공동주택인지, 다세대와 단독주택과 같은 단독주택인지(이외에도 공장,
토지 등도 있지만 여기서는 거주형부동산을 중심으로 살펴보겠다)를 선택하고 잘
아는 지역이나 원하는 지역에서 전략을 세워 접근해야 한다. 이때 함께 고려
해야 할 사항이 본인의 경제적 여건과 자금 계획이다.

1단계 : 목적 정하기	내 집 마련 (평수 늘리기)	위험요소가 적고 하자 없는 아파트, 소액으로 다가구주택 취득하는 실수요자들이 선호
	단기 차익	양도소득세 등 각종 세금을 고려하여 시세 차익 기대
	장기 투자	예금금리 기준으로 보유세 등 각종 세금을 고려하여 그 이상의 월 임대수익이 발생하고 차후 재개발, 재건축 기대
2단계 : 부동산 유형 선택	APT	실수요자가 선호하는 부동산
	연립주택(빌라 포함)	실수요자와 장기 투자 및 임대
	다가구주택	실수요자와 장기 투자 및 임대
	다세대주택	장·단기 투자 및 임대
	단독주택	장·단기 투자 및 임대
3단계 : 지역 선정하기	내가 잘 아는 지역	지역의 발전 현황 등 시세 변동을 느낄 수 있을 정도로 잘 아는 지역으로 실수요자와 장·단기 투자 및 임대
	관심 있는 지역	재개발, 재건축, 개발호재가 예상될 수 있는 지역을 중·장기적으로 접근
4단계 : 자금 계획 세우기	경제적 여건을 고려한 자금 계획	여유 자금, 대출 조건 등을 고려하여 결정
5단계 : 하자 유무 선택	하자 없는 경매부동산	낙찰자가 인수하는 사항을 낙찰금액 범위에서 또는 인수하더라도 충분한 시세 차액이 발생하는 경매부동산
	하자 있는 경매부동산	유치권, 법정지상권, 재매각, 분묘기지권, 예고등기, 선순위관련 등 위험요소대비 충분한 가치가 있다고 판단되는 경매부동산
6단계 : 부동산 찾기	경매부동산 찾기	대법원 경매정보 사이트, 사설 경매정보 사이트의 경매정보지

경매 목적이 무엇인가?

부동산경매는 누구나 할 수 있는 것으로, 안전하고 적은 돈으로도 시작할 수 있다. 하지만 강남3구(강남구, 서초구, 송파구)가 투기지역이 해제되면 집값이 많이 오를 것이라는 막연한 생각이나 주변(컨설팅 업체 포함)에서 돈 되는 부동산이라고 하니까 아무런 목적 없이 그 지역의 경매부동산을 '묻지마 경매' 식으로 입찰하는 것은 결코 올바른 경매 투자 마인드가 아니다. 1건의 경매부동산을 찾더라도 경매 목적을 올바로 인지한 후 그에 맞는 경매부동산을 선택해야 할 것이다.

왜 경매로 부동산을 취득하려고 하는가? "남의 집에 세들어 사는 것이 지겨워서 조금이라도 더 저렴하게 내 집 마련하려고", "먼 훗날 그 지역의 개발 호재나 재개발 등으로 집값이 오를 것 같아서 투자하려고", "이 다세대주택을 5천만 원에 낙찰받아 7천만 원에 매매하면 각종 세금과 비용을 빼도 1천만 원의 시세차액이 발생하기 때문에", "이 집을 낙찰받아 월세를 놓으면 매월 꼬박꼬박 임대수익이 발생하기 때문에" 등 다양한 이유가 있을 것이다.

그러면 여러분은 어떤가? 왜 부동산경매를 하려고 하는가? 이 물음에 분명한 답을 할 수 있어야 한다. 왜냐하면 부동산경매를 하려는 목적에 따라서 권리관계상 하자가 있는 물건을 선택할지 여부, 시간은 소요되지만 수익성 있는 경매부동산을 선택할지 여부, 낙찰 후 명도대상자(경매부동산에 거주하는 사람 중 내보내야 되는 사람(세입자 포함))에 대한 원활한 명도집행이 될 수 있는 물건을 선택할지 여부(경매부동산의 모든 세입자가 100% 배당받거나 인수하는 경우의 손쉬운 물건을 선택할지 유치권, 전세권, 법정지상권 등 까다로운 물건을 선택할지 등 위험성과 수익성 등을 고려하여 접근한다)에 따라 경매부동산의 선택과 공략 방법이 다르기 때문이다.

ⓘ Book in Book ··· 경매 초보자의 물건 선택 방법

초보자의 입장에서 경매부동산을 선택할 때 기억해야 할 점은, 단기 차익을 목적으로 가치 없는 물건을 선택하는 것은 옳지 않다는 것이다. 최악의 경우 매매가 이루어지지 않는다면, 장기 보유하더라도 손해가 없는 물건을 처음부터 찾는 것이 중요하다.

어떤 경매부동산을 선택할 것인가?

경매부동산을 선택하기 위해서는 우선 주택의 종류를 알아야 한다. 부동산 관련 서류에 우리나라 건축법상 주택의 종류가 표기되어 있다. 건축법에는 주택을 단독주택과 공동주택으로 구분하는데, 단독주택은 1세대(가구)가 홀로 주거용으로 사용하는 독립된 주택이고, 공동주택은 두 세대 이상이 함께 주거용으로 사용하는 주택이다. 공동주택은 건물 층수나 면적, 용도에 따라 아파트, 연립주택, 다세대주택으로 구분된다. 즉, 아파트는 공동주택의 한 형태이다. 특히 다세대주택과 연립주택은 서로 비슷해 보이기 때문에 건물 외관으로는 구분하기가 어려운데 연면적, 즉 건물 각층의 바닥 면적 합계에 따라 구분된다. 예를 들어 4층 이하의 공동주택 가운데 1개 동의 연면적이 660㎡(200평)을 넘으면 연립주택이고, 660㎡ 이하면 다세대주택이다.

• 건축법상 주택 구분

주택	단독주택	단독주택	1세대(가구)가 홀로 주거용으로 사용하는 독립된 주택
		다가구주택	한 개의 주거용 건물에 여러 세대가 함께 살되 호수별로 독립된 소유권을 갖지 않고 건물 면적이 660㎡ 이하 주택
	공동주택	아파트	호수별로 소유권이 나누어져 있고, 5층 이상을 주거용으로 사용하고, 입주 가구 수가 20세대 이상인 공동주택
		연립주택	호수별로 소유권이 나누어져 있고, 1개 동 연면적이 600㎡를 초과하는 4층 이하의 공동주택
		다세대주택	호수별로 소유권이 나누어져 있고, 1개 동 연면적이 600㎡ 이하인 4층 이하의 공동주택

Book in Book … **빌라는 어디에 속할까?**
빌라는 다세대주택과 연립주택을 한데 뭉뚱그려 부르는 명칭인데, 건축법상 근거는 없다.

경매 시장에서는 목적에 따라 단독주택과 공동주택이 확연히 구분되는 특성이 있다. 공동주택 중에서도 아파트는 환금성이 뛰어나고 두터운 수요층이 형성되어 있어 한 번 오른 가격은 잘 떨어지지 않으며(서울, 경기, 인천권 기준), 단독주택에 비해 거래 시세에 관한 정보가 투명한 편이라 초보자들이 쉽게 참여할 수 있는 가장 인기 있는 주택이다. 반대로 이야기하면 인기가 높을수록 경쟁률을 치열해지고 결국 낙찰가율도 높아지게 된다. 강남3구나 재개발지역, 개발호재가 있는 지역은 낙찰가율이 일반거래시세의 100%가 넘는 경우를 쉽게 볼 수 있다.

아파트는 대다수의 사람들에게 가장 인기 있는 주거용 부동산이다. 지역에 따라 차이는 있지만 전국 평균 감정가 대비 90% 안팎에서 결정된다. 개발

호재, 각종 부동산 정책 등이 있는 서울·경기권의 인기지역은 감정가를 기준으로 낙찰가율이 100%를 훌쩍 넘기는 사례를 쉽게 볼 수 있다. 하지만 정확하지 않은 개발호재나 오락가락하는 부동산 정책만 믿고 100%가 넘는 가격에 낙찰받았다가 개발호재나 계획이 흐지부지된다면 투자계획이나 자금 활용에 큰 차질이 발생된다. 단정 지을 수는 없지만 아파트의 낙찰 가격은 부대비용을 포함하여 감정가의 80~85%가 적당하다.

아파트는 환금성이 좋고 시세 파악이 용이하며, 권리 분석이 간단한 편이어서 경매 초보자와 내집 마련 목적이나 평수 늘리기의 실수요자들이 주로 접근하는 부동산이다. 즉, 아파트는 수요가 가장 많은 부동산이기 때문에 낙찰가만 잘 받는다면 손쉽게 매도를 통한 시세차익을 볼 수 있는 상품이다. 하지만 소위 경매 고수들에게는 비인기 상품이라 할 수 있다. 실수요자가 참여하면 경매 고수들도 감당하기 힘들기 때문이다. 아파트는 크게 소형아파트와 중·대형아파트, 인기지역과 비인기지역 등에 따라 목적도 달라진다.

소형아파트는 젊은 층의 실수요자와 임대 수익을 목적으로 하는 투자자들이 입찰하는 경향이 매우 높다. 특히 교통편이 좋고 서울 중심지역으로 접근성이 좋은 경우 더욱 그러하다. 단, 강북(노원, 도봉, 강북구) 지역은 소형아파트 밀집 지역으로 강남에 거주하는 사람이 특별한 경우가 아니라면 강북 지역의 실수요자가 되지는 않는다는 경향도 있다.

중대형아파트는 평수 늘리기를 희망하는 실수요자들이 많이 입찰하는 경매부동산이다. 중대형아파트는 워낙 투자 자금이 많이 들어가기 때문에 신중에 신중을 기할 필요가 있다. 경매 시장에 나오는 중대형아파트의 입찰 참여자 중에는 실수요자가 많기 때문에 큰 매수 욕심을 버리고 가격이 오를 때보다는 내릴 때 참여한다는 투자 원칙과 가급적 최대한 저렴하게 낙찰받는데 노력을 기울이는 것이 발생할지 모를 큰 투자 리스크를 최소화할 수 있다.

아파트 입찰 전 쉽게 빠뜨리는 항목이 바로 관리비다. '관리비가 연체되어 봐야 얼마나 될까?'라는 생각을 할 수도 있을 것이다. 한 달을 기준으로 보면 아파트는 물론 모든 경매부동산은 감정평가사가 해당 부동산을 감정한 후 감정평가액을 작성한다. 감정평가의 시기(감정평가사가 해당 부동산을 감정평가한 시점)는 경매투자에서 매우 중요하다. 만약 감정시점이 부동산 시장이 침체기라면 저평가될 확률이 높고, 반대로 부동산 시장의 호황기라면 고평가될 확률이 높기 때문이다. 모든 경매부동산에는 해당 물건의 감정평가표가 있다. 이 감정평가표에는 가격시점, 조사일자, 작성일자가 표시된다. 이 내용을 확인하면 감정평가한 시기(가격시점, 조사일자, 작성일자)를 알 수 있다. 즉, 이 시기에 해당 부동산이 소재한 지역의 개발호재가 있지 않았는지, 또는 부동산 정책으로 인해 감정평가가 저평가 또는 고평가되지 않았는지를 분명히 파악할 필요가 있다.

일반적으로 경매신청자에 의해 경매부동산으로 법원에 등록되면 해당 부동산을 감정하기까지는 2~3개월 소요되고 다시 감정일로부터 첫 경매가 시작되기까지 2~3개월이 소요된다. 즉, 법원에 경매 등록 후 6개월 정도 소요되기 때문에 그 기간 동안 해당 부동산을 둘러싼 많은 변화가 있을 수 있다.

(아파트)감정평가표

본 감정서는 「부동산 가격공시 및 감정평가에 관한 법률」에 따라 성실·공정하게 감정평가 하였음.

감 정 평 가 사   (인)

감정평가액	一金八億五仟萬원整(₩850,000,000 .-)			
평가의뢰인	서울동부지방법원 사법보좌관 강기호	평 가 목 적	경 매	
채 무 자	--	제 출 처	경매3계	
소유자 또는 대상업체명	김 (2008타경)	평 가 조 건	--	
물건목록 근거표시	귀 제시목록	가 격 시 점	조 사 일 자	작 성 일 자
		2008.06.30	2008.06.25-06.30	2008.06.30

	공 부 (의뢰)		사 정		감 정 평 가 액	
	종 별	면적또는수량(㎡)	종 별	면적또는수량(㎡)	단 가	금 액
평 가	건물	151.44	건물	151.44	-	850,000,000
내	대	94.771	대	94.771		
용						
합 계						₩850,000,000

본인은 심사준칙에 따라 공정·성실하게 심사한 결과 본 감정평가내용이 타당하다고 사료되므로 이에 서명 날인함.

심 사 자 감 정 평 가 사   (인)

☐ 본 감정평가서는 원형원본입니다. 열람 이외의 다른 용도의 사용은 금합니다.

얼마 되지 않겠지만 보통 경매로 나오는 아파트는 소유자가 최악의 상황으로 인해 나오는 경우가 대부분이다. 그런 상황에서 관리비를 제대로 냈겠는가? 예를 들어 한 달 관리비가 25만 원이라고 해보자. 1년이면 3백만 원이다. 만약 수차례 유찰(매각기일(경매 법원이 경매부동산에 대해 매각을 실행하는 날)에 매수하고자 하는 사람이 없어(즉, 입찰자가 한 명도 없는 경우) 매각되지 않고 무효가 된 경우)되었다면 관리비는 아마도 상상 이상이 될 수도 있다.

아파트 관리비 내용은 전유부분(소유자 개인이 개별적으로 사용하는 부분, 전기요금, 수도요금 등)과 공용부분(여러 세대가 공동으로 사용하는 부분, 일반관리비, 청소비, 공동전기료 등)으로 구분된다. 만약 관리비가 연체되었다면 낙찰자는 공용부분만 인수하면 된다. 물론 대법원 판례를 기준으로 하는 것이지 그 판례가 모든 사건에 적용되는 것은 아니다. 이 공용부분은 전체 관리비에서 대략 50% 미만이 된다.

> **② Book in Book … 낙찰된 아파트 관리비가 과다 연체된 경우 낙찰자의 대처 방법**
>
> 경매 투자를 하다보면 아파트 관리비가 500~1,000만 원으로 상식적으로 이해하기 힘들 정도로 과다 연체된 경매부동산을 볼 수 있을 것이다. 실제로 그런 사례들이 종종 있다. 원칙적으로 아파트의 점유자가 짐을 빼야 낙찰자가 명도에 성공할 수 있다. 관리비를 과다 연체한 경우 점유자가 짐을 빼고 싶어도 엘리베이터는 물론 아파트 내 모든 시설을 이용할 수 없고, 아파트 관리사무소에서도 제재를 하게 된다. 이런 경우 점유자와 사전에 협의한 후 법원의 강제집행에 의해서 법원의 집행관의 입회하에 강제로 짐을 빼면 아파트 관리사무소에서도 제재할 수 있는 방법이 없다.

연립, 다세대주택, 빌라는 부동산경매 시장의 전체 경매 건수의 30% 정도를 차지할 만큼 비중이 수적으로 절대 우위에 있는 상품이다. 연립이나 다세대주택은 1,000~5,000만 원 정도의 적은 자본으로도 투자가 가능하다는 점이 매력이다. 이에 따라 예비부부들이 아파트 전세 대신 다세대를 낙찰받아 내 집을 마련하는 경우, 임대수익을 목적으로 접근하는 경매 투자자, 재개발이나 재건축을 염두하고 접근하는 경매 투자자 등에게 인기 있는 경매부동산임을 예측해야 한다. 최근의 경매 투자자들은 실수요자가 많이 참여하는 아파트보다는 연립, 다세대, 다가구주택만 전문적으로 입찰하는 경향이 늘어나고 있다.

경기 침체 시기에는 아파트도 마찬가지이지만 특히 연립, 다세대는 물건이 급속히 늘어난다. 대부분 서민들이 거주하기 때문이다. 그래서 경기 불황은 경매투자에 있어서 호황기라 할 수 있다. 이때는 무리할 필요 없이 원하는 물건을 추리고 추려서 최대한 좋은 물건을 저렴하게 낙찰받을 수 있는 기회가 많아진다.

연립, 다세대주택은 아파트에 비해 환금성이 떨어져 보통 수차례 유찰(매수자, 즉 입찰자가 한 명도 없어 무효가 된 경우)되기 일쑤다. 한 번 유찰될 때마다 최저 입찰가가 보통 20%(대부분의 법정은 20%지만 인천 등 지역에 따라 30%인 법정도 있다)씩 내려가기 때문에 시세의 절반 가격에 살 수 있는 경우가 많다. 특히 재개발, 재건축 대상 지역의 대지 지분이 큰 것을 고려한다면 향후 입주권을 받는 부수적인 혜택도 기대할 수 있다. 임대수익을 고려한다면 역세권 주변이나 대학가 부근이 유망지역이라 할 수 있고, 재개발이나 재건축을 고려한다면 공장 주변이 유망지역이라 할 수 있다.

다가구주택은 소유자 1명에 세입자가 많아 명도 처리가 어렵다는 점(세입자들을 모두 이사시켜야 하기 때문에) 때문에 일반 아파트나 다세대 물건보다 수차례 더 유찰되는 경우가 많다. 경쟁률도 낮아 낙찰가격이 전세가를 밑도는 경우도 종종 볼 수 있을 것이다. 하지만 경매 참가 전에 대항력을 가진 세입자(선순위세입자, 낙찰자에게 자신의 보증금을 정당하게 받을 수 있는 권리를 가진 세입자)가 몇 명인지, 명도 대상자는 누구인지도 철저히 파악해야 한다. 다가구주택은 환금성이 떨어지기 때문에 내 집 마련이나 단기 매매에 따른 시세차익보다는 장기 보유에 따른 임대 수익 목적을 투자자에게 적당한 부동산이다. 또한 재개발이나 재건축에 따른 다세대주택으로 전환 등을 고려한다면 큰 수익(다가구는 입주권이 1장 나오지만, 다세대는 세대수만큼 입주권이 여

빌라 5채를 낙찰받았다면 임대사업자로 등록이 가능하다. 물론 첫 번째 빌라를 낙찰받고 부동산의 자금(융자, 임차인의 보증금)을 다시 두 번째 빌라를 낙찰받는데 재투자한다. 이런 방식으로 5채를 낙찰받아 임대사업자로 등록하면 취득세, 종합부동산세 등 세제 혜택을 받을 수 있다. 경매 전문가 중에는 이런 방식으로 임대사업자가 된 사람이 상당수 포함되어 있다.

어떤 아파트가 1억 원의 최저매각대금으로 나와 유찰되었다면 그 아파트가 다시 경매에 나올 때는 20% 저감된 8천만 원이 최저매각대금이 되고 다시 유찰된다면 6,400만 원이 최저매각대금이 된다.

러 장 나오기 때문)을 발생시킬 수 있는 경매부
동산이다. 만약 재개발이 된다면 우선 따져봐
야 할 부분이 용적률*, 조합원 수, 일반분양
가구 수 등이다. 이 부분이 재개발로 인한 투
자이익을 결정하는 가장 핵심 요소다.

> ★ 용적률 : 대지에 따른 건평의 비율로 건물을 지을 수 있는 전체 면적(대지 면적)을 100평으로 잡았을 때 건물을 위로 올릴 수 있는(쌓을 수 있는 연면적) 비율이다. 예를 들어 50평의 대지에 25평에 4층짜리 건물을 세웠다면 건평이 100평인 것이다. 결국 100/50×100(%)로 용적률이 200%가 되는 것이다. 그렇기 때문에 가능하면 대지 지분이 큰 주택을 선택하는 것이 재개발에 따른 조합원들의 부담금도 줄고 일반분양 가구 수도 많아질 수 있다.

📖 Book in Book … 연립주택, 다가구주택, 다세대주택 낙찰 시 주의사항

경매 초보자가 연립주택, 다가구주택, 다세대주택을 낙찰받아 시세차익을 남기고 되팔겠다는 생각은 조금 위험하다. 아파트와 달리 연립주택, 다가구주택, 다세대주택은 급매물로 내놓는다고 해도 개발 호재가 있지 않은 경우를 제외하고는 금방 거래되지 않는다. 그래서 연립주택, 다가구주택, 다세대주택은 임대수익을 목적으로 하는 투자 형태에 적합한 물건이다. 단, 보유하고 있는 동안 은행 이자보다 높은 월세가 보장되어야 한다. 간단히 말하면 전세가를 기준으로 삼아야 한다. 환금성이 떨어지는 연립주택, 다가구주택, 다세대주택은 반드시 전세가보다 낮은 가격으로 낙찰받을 것을 권한다.

단독주택은 정확한 시세를 확인하기 쉽지 않다. 아파트는 인터넷으로 대략적인 시세를 확인할 수 있지만 단독주택은 확인할 수 없다. 그렇기 때문에 우선 해당 단독주택의 주변 시세를 물건이 소재한 인근 공인중개사무소에서 확인해야 한다.

단독주택을 선택할 때 토지 면적, 주변 여건, 건물 상태 등을 살펴야 한다. 특히 리모델링을 할 수도 있는 만큼 용도지구, 용적률 및 건폐율 등도 살펴봐야 한다. 가급적 대지가 클수록 좋다(추후 다세대, 다가구주택으로 활용할 수 있기 때문이다). 그렇기 때문에 단독주택은 부동산 정책과 흐름 및 건축에 대한 지식이 많은 고수 경매꾼들은 향후 리모델링 후 매매 차익을 목적으로 접근하는 경매부동산이다. 많은 사람들이 이런 목적으로 단독주택에 입찰 참여하고 있다.

경매를 이제 막 시작하는 초보자들은 실수요 목적이 아니라면 가급적 접근을 피하는 것이 바람직하며, 충분한 경험을 쌓고 부동산 시장의 흐름과 다양한 정부 정책에 대처할 수 있는 능력을 쌓은 후 접근하는 것이 바람직하다. 개발의 여지가 불투명하거나 가능성이 희박한 다세대나 다가구로 전환할 때 해당 지역이 각종 건축제한구역으로 지정된 지역의 단독주택은 신중하게 선택할 필요가 있다.

단독주택은 대지 면적이 165㎡(50평) 이상, 2m 이상의 도로와 인접해야 증축에 용이하다. 토지대장과 지적도(임야도)를 통해 정확한 토지의 면적과 토지모양(사각형 모양이 매매나 공간 활용도 측면에서 유리하다), 도로의 접근성, 대지의 사용도(특히 대지 일부가 도로로 사용되고 있는지 확인한다) 등을 살펴봐야 한다.

---

② Book in Book ··· **토지는 누구에게 적합한 상품인가요?**

토지는 경매투자에서 가장 큰 수익을 얻을 수 있지만, 반대로 가장 큰 손실을 볼 수 있는 부동산이기도 하다. 다른 부동산에 비해 임대수익을 기대하기 어렵고 환금성도 떨어져 단기 차익을 내기 힘들다. 하지만 경매부동산 중 저평가된 매물이 가장 많은 편이어서 여유 자금이 있고 장기 보유가 가능하다면 한 번쯤 투자해 볼만한 상품이다. 경매 물건으로 나온 토지의 가장 큰 장점 중 하나는 토지거래허가지역에서 거래 허가를 받지 않아도 된다는 점이다.

다음 농지는 토지거래허가구역의 토지지만 경매는 허가받을 필요가 없다. 하지만 '토지이용계획확인서'를 보면 이 농지는 자연녹지지역, 개발제한구역, 군사기지 및 군사시설보호지역 등 각종 법률이 적용되어 있어 사실상 개발이 어려운 토지다. 이처럼 '토지이용계획확인서'를 열람해보면 토지에 어떤 법률이 적용되고 있는지를 알 수 있다. '토지이용계획확인서'에 '해당없음'이라고 표기되어 있는 토지는 낙찰에 큰 무리가 없을 것이다.

토지를 낙찰받고자 한다면 얻기 쉽지 않은 정보지만 향후 새로운 도로가 신설되거나 토지 지역이 개발 계획 및 개발 가능성이 있는 곳에 위치하고 있는지를 고려해야 한다. 그러기 위해서는 무엇보다도 현장 답사가 필수다. 사실 토지는 정확한 가격 산정이 쉽지 않다는 단점이 있다. 토지는 특성상 토지의 위치, 용도, 개발 가능성, 용도 등에 따라 천차만별이다. 그래서 현장을 직접 방문하여 마을 이장이나 지인들을 통해서 정확한 정보를 파악한 후 입찰해야 한다.

목록	지번	용도/구조/면적/토지이용계획	㎡당	감정가	비고
토지	1 암사동 207-4	답 828.5㎡ (250.62평)	농지법제8조,규정이외이용,도시지역,자연녹지지역,공원(저촉),도로(저촉),개발제한구역(개발제한구역이지정,관리),관련관광,전기지역,전기지역,지역,특별조치법),건설업공작전기지역상업안전제3구역(군용항공기지법),학교환경위생정화구역(학교보건법),토지거래계약허가구역	490,000원	405,965,000원	표준지공시지가: (㎡당) 400,000원 • 현황 건물면적 2137㎡ • 이법조 지분 1/2 포함
	2 암사동 207-4	답 240㎡ (72.6평)	위요감음	340,000원	81,600,000원	
				소계 487,565,000원		

• 각종 법률이 적용되어 있는 농지

농지(전, 답, 과수원)의 경우 일부 법원에서는 농지취득자격증명원을 매각허가기일 전까지 제출하지 않을 경우 입찰보증금을 돌려주지 않는 경우가 있으므로 반드시 농지취득자격 명원 제출 여부를 확인해야 한다. 따라서 입찰 전 읍 · 면 · 동사무소를 방문하여 농지취득 자격증명서를 발급받을 수 있는지 여부를 반드시 확인해야 한다. 만약 발급받지 못한다면 낙찰받았다 하더라도 낙찰 취소와 함께 입찰 보증금이 몰수될 수 있다.

잘 아는 지역과 관심 있는 지역부터 시작하라

부동산경매는 전국의 경매법정에서 진행된다. 경매법정에 나온 부동산들은 하나같이 사연이 있다. 최근 경매에 부쳐진 부동산 4건 중 3건은 감정가 1억 원 미만인 서민형 부동산이다. 2008년도에 진행된 경매 물건이 46만 4,850건이다. 경기가 어려워지면서 전국적으로 경매법정마다 경매 물건들이 넘쳐나고 있다.

특히 아파트, 연립, 다세대주택 등 공동주택은 전체의 55%인 19만 7,933건이고 토지가 22.8%, 근린상가가 10.6% 순이다. 만약 공동주택에 관심 있다고 가정해보자. 19만 7,933건을 12로 나눈다면 16,495건이다. 이 모든 물건을 다 검색해볼 것인가? 1건당 10분만 잡고 24시간 꼬박 검색한다 하더라도 115일이 소요된다. 현실적으로 불가능한 이야기다. 서울에 거주하면서 아무런 연고도 없는 부산에 물건을 발견했다고 당장 달려가 볼 것인가? 이는 더욱 어려운 일이다.

어떻게 효율적으로 경매부동산을 찾아볼 것인가? 답은 잘 아는 지역과 관심 있는 지역을 선정하여 그 지역의 경매부동산 중 관심 있는 부동산으로 접근해야 한다.

잘 아는 지역이란 특정 지역의 변화 조짐과 환경의 변화를 어느 정도 예측할 수 있어야 하고 무엇보다도 지역 내 부동산 시세 변동을 즉시 느낄 수 있는 곳이다. 그렇기 때문에 일반적으로 내가 살고 있는 지역부터 시작하는 사례가 많다. 하지만 굳이 내가 살고 있는 지역에 국한시킬 필요는 없다. 경매 경험이 쌓일수록 그 지역은 넓어지기 때문이다.

관심있는 지역이란 재개발, 재건축, 뉴타운지역, 도로, 경전철, 지하철 등 각종 개발 계획에 따른 수혜지역 등으로 정부의 부동산 관련 정책과 경기 흐름 등을 종합적으로 파악하고 몇몇 지역을 선정하여 내가 잘 아는 지역과 함께 항상 관심을 가지고 있어야 한다.

예를 들면 다음과 같이 전국이라는 큰 테두리에서 한 단계씩 지역을 좁혀 가면서 물건의 종류와 특이사항을 설정한 후 검색하면 짧은 시간에 효과적으로 원하는 경매부동산을 검색할 수 있다.

은평구에 있는 주거용 주택을 검색하면,

전국 ▶ 서울 ▶ 은평구 ▶ 주거용 주택 ▶ 검색

영등포구에 있는 감정가 5억 미만의 아파트를 검색하면,

전국 ▶ 서울 ▶ 영등포구 ▶ 아파트 ▶ 감정가 5억 미만 부동산만 검색

광진구에 있는 2회 이상 유찰되고 유치권 설정된 근린상가를 검색하면,

전국 ▶ 서울 ▶ 광진구 ▶ 근린상가 ▶ 2회 이상 유찰, 유치권 설정된 물건 ▶ 검색

경매 경험을 쌓은 후 경매 전문가 대열에 함유하게 되면 지역에 관계없이 특이사항이 있는 물건, 즉 유치권, 법정지상권, 재매각, 분묘기지권 등이 설정된 하자 경매부동산만 검색할 수도 있다.

전국 ▶ 유치권 설정, 법정지상권, 분묘기지권, 재매각, 선순위관련 물건 ▶ 검색

경매 목적과 원하는 부동산 종류를 결정한 후 그에 걸맞은 지역과 주택을 검색할 수 있다. 대법원경매정보 사이트는 추후에 자세히 설명할 것이다.

• 검색 조건 지정　　　　　　　　　　　　　• 검색 조건에 일치하는 경매부동산 검색 결과

자금 계획, 제대로 세우지 않으면 큰 낭패 본다

경매부동산을 선택하기에 앞서 선행되어야 하는 것은 바로 자신의 자산 현황을 들여다보고 자금 계획을 세우는 것이다. 자신의 경제력을 감안하지 않고 무리한 대출 등으로 낙찰받을 경우 자금이 회전되지 않거나 예기치 않은 변수 등으로 부동산이 다시 경매 시장에 나와 새로운 낙찰자를 기다리는 상황이 벌어질 수 있기 때문이다.

전세를 살고 있는 사람이 내 집 마련을 목적으로 경매로 주택을 구입한다고 가정해보자. 만약 이 사람이 입주 날짜까지 입주해야 하는 경우나 모아둔 종자돈 없이 현재 살고 있는 전세 보증금으로 경매로 주택을 구입하려고 한다면, 이것은 매우 위험한 생각이다. 왜냐하면 경매는 매매와 달리 계획한대

로 소유권을 이전받지 못하거나 명도(경매부동산에 거주하는 세입자를 내보내는 것)에 문제가 발생하여 입주 시기의 지연, 투자 금액의 예상치 못한 추가 발생 등 예기치 못한 일들이 발생할 수 있기 때문이다.

그렇기 때문에 부동산경매 투자 유형 중 특히 내 집 마련을 목적으로 한다면 다양한 변수 등을 고려하여 충분한 시간과 여유 자금을 미리 계획하고 준비한 후 입찰해야 한다. 사전 계획과 준비 없는 입찰 때문에 '집 없는 집주인(낙찰받은 주택에 소유권은 이전되었으나 입주하지 못하고 월세나 가족들이 흩어져서 생활하는 경우다)', '천만 원의 수업료(분석하지 못한 변수로 1억 원 주택의 입찰보증금 10%인 천만 원을 포기해야 하는 경우다)'가 본인의 이야기가 될 수 있다.

낙찰을 받아 등록하고 경매 법정을 나서는 순간 수많은 사람들이 낙찰자에게 따라 붙는다. 마치 스타가 되어 기자들이 몰려드는 기분과 같을 것이다. 만약 보고 싶은 영화가 있는데 미리 예매하지 않은 상태로 영화관에 갔다고 가정해보자. 영화관에 도착했더니 전회 매진 상태였다. 때마침 암표 파는 아주머니가 '○○표 있어요'라고 접근해오면 어떻게 하겠는가? 꼭 보고 싶은 영화였다면 아마 많은 사람들은 프리미엄을 더 주고서라도 표를 구입할 것이다. 이와 마찬가지로 철저한 자금 계획을 사전에 세워두지 않는다면 몰려드는 대출아주머니(제1금융권에서 등록된 깔끔한 정장 차림의 대출전문업자들도 있다)가 건네주는 명함과 낙찰 물건의 90%까지 대출된다는 이야기는 낙찰자의 마음을 흔들기에 충분할 것이다. 1억 원짜리 아파트를 낙찰받았다고 가정해보자. 낙찰 물건의 90%까지 대출된다면 입찰 보증금 10%만 낼 능력이 되면 내 돈 안들이고 1억 원짜리 아파트 소유권의 주인이 되는 것이다.

★ LTV(주택담보인정비율):금융기관들이 주택을 담보로 대출해줄 때 적용하는 담보가치가 주택담보인정비율이다. 즉, 주택가격 대비 대출이 가능한 최대 비율을 말한다. 예를 들어, 주택담보인정비율이 60%라면 시가 2억 원짜리 아파트의 경우 최대 1억2천만 원까지만 대출해주는 식이다. 현재 은행과 보험사의 주택담보인정비율은 투기지역은 60%(6억 이상은 40%), 비투기지역은 80%이다.

그러나 지금은 과거와 달리 LTV(주택담보인정비율)* 및 DTI(총부채상환비율)* 등을 비롯하여 정부의 중소기업 대출 유도를 위한 은행권의 압박으로 인해 부동산담보대출이 매우 어려워진 상황이다. 대출알선업자들만 믿고 본인이 감당할 수 없는 금액으로 입찰에 참여한다면 잔금도 못 치르는 상황이 종종 발생하여 재경매되는 경우가 상당수다. 그렇다고 대출알선업자에게 책임을 물을 수도 없다. 입찰자 스스로 철저한 자금 계획을 세우지 못했기 때

★ DTI(총부채상환비율) : 원리금상환능력을 고려하여 대출금액을 산정하는 것이 총부채상환비율이다. 즉, 총부채상환비율은 총 대출이자를 월 소득으로 나눈 값(DTI=총대출이자/월소득)이다. 예를 들면, 연간소득이 5천만 원이고, DTI를 40%로 설정할 경우 총부채의 연간원리금상환액은 2,000만 원을 초과하지 않는 범위에서 대출을 제한하는 것이다. 주택의 총부채상환비율은 아파트가 100%, 아파트 이외는 60%이며, 투기지역과 수도권투기과열지구에는 6억 원 초과의 주택에 대해 담보로 대출을 받을 때 DTI를 40% 이내로 제한하고 있다.

문에 벌어진 일이기 때문이다. 대출알선업자들의 목적은 대출알선을 통한 수수료나 커미션이 목적이지, 낙찰자의 잔금지불을 책임지는 것이 아니라는 것을 유념해야 한다.

❓ Book in Book ··· 대출 가능 금액 산정하기

경매부동산을 낙찰받게 되면 대출 가능 금액은 금융권에 문의해보면 알 수 있다. 금융권마다 적용되는 기준은 조금씩 다르지만 일반적으로 다음과 같은 기준에 따라 대출 가능 금액을 산정한다.

• 금융기관의 대출 가능 금액 산정 기준

항목	내용
대출감정가격	시세×80%
담보감정가액	대출 감정가격×담보인정비율(LTV)
소액보증금의 최우선변제금액	방 1개마다 주택임대차 소액보증금의 최우선변제금액 공제
대출가능금액	담보감정가액−소액보증금의 최우선변제금액

• 담보인정비율(LTV)

항목	담보인정비율(LTV)	비고
아파트	100%	
아파트 이외	60%	
주택투기지역과 수도권투기과열지구	40%	6억 원 초과의 주택

서울의 비투기지역에 소재한 시세가 3억 원이고 방이 3개인 아파트를 낙찰받는다면 얼마를 대출받을 수 있을지 계산해보자. 다음 표의 내용에 낙찰받은 아파트의 시세를 대입해보면 대출 가능 금액은 2억 4백만 원이 계산된다.

항목	내용	금액
대출감정가격	3억 원(국민은행 시세표 기준) × 80%	2억 4,000만 원
담보감정가액	2억 4,000만 원 × 100%	2억 4,000만 원
소액임차보증금의 최우선변제금액	방(상가의 경우 점포) 1개마다 주택임대차 소액임차보증금의 최우선변제금액 공제	1,600×3(방)=4,200만 원
대출 가능 금액	2억 4,000만 원 - 4,200만 원	2억 4백만 원

이번에는 서울의 비투기지역에 소재한 시세가 1억 5,000만 원이고 방이 3개인 다세대주택을 낙찰받는다면 얼마나 대출받을 수 있을지 계산해보자. 다음 표의 내용에 낙찰받은 아파트의 시세를 대입해보면 대출 가능 금액은 3천만 원이 계산된다.

항목	내용	금액
대출감정가격	1억 5,000만 원 × 80%	1억 2,000만 원
담보감정가액	1억 2,000만 원 × 60%	7,200만 원
소액임차보증금의 최우선변제금액	방(상가의 경우 점포) 1개마다 주택임대차 소액임차보증금의 최우선변제금액 공제	1,600×3(방)=4,200만 원
대출 가능 금액	7,200만 원 - 4,200만 원	3,000만 원

Book in Book … **소액보증금의 최우선변제금**

소액보증금의 최우선변제금액은 왜 제하는 것일까? 주택임대차보호법(상가임대차보호법 포함)이라는 특별법에서는 집주인이 부도, 사기 등 개인적인 이유로 주택이 경매로 넘어갈 경우 세입자의 보증금 일부를 우선적으로 보호받을 수 있도록 최우선변제권(최우선으로 보증금을 변제받을 수 있는 권리)이란 제도를 2001년 9월 15일부터 시행해오다 2008년 8월 21일 개편되어 현재까지 시행되고 있다. 최우선변제권에 의해 변제받을 수 있는 금액을 최우선변제금이라 한다.

금융기관에서는 대출해줄 경우 이들 소액임차보증금을 다른 어떤 채권보다 최우선으로 낙찰금액에서 배당(경매부동산의 매각대금으로 채권자의 채권을 만족시키는 절차를 말하여, 배당금으로 채권자들의 채권을 만족시키고도 남은 금액이 있을 경우 이 금액은 주택(상가) 소유자에게 지급된다. 그러나 매각대금보다 채권자의 채권총액이 더 많아서 채권자들의 채권금액을 만족시키지 못할 경우 법원에서는 순위를 정하고 그 순위에 따라 배당하게 된다. 이때 채권자 중에는 모두 자신의 채권을 모두 받는 채권자도 있고 자신의 채권금액보다 덜 받게 되는 채권자들도 발생한다)하도록 규정하고 있기 때문에 이를 감안하여 대출금액을 산정한다. 왜냐하면 만약 대출해준 주택이 다시 경매로 넘어갈 경우 대출은행이 저당권 등을 가장 먼저 설정했다하더라도 이들 소액임차보증금을 우선적으로 변제해주어야 하기 때문이다.

• 주택임대차의 소액보증금의 적용 시기와 최우선변제금액

일자	우선변제금 상한	최우선변제금
2001년 9월 15일~	서울 및 과밀억제권 : 4,000만 원 광역시 : 3,500만 원 기타지역 : 3,000만 원	서울 및 과밀억제권 : 1,600만 원 광역시 : 1,400만 원 기타지역 : 1,200만 원
2008년 8월 21일~	서울 및 과밀억제권 : 4,000만 원 광역시 : 3,500만 원 기타지역 : 3,000만 원	서울 및 과밀억제권 : 2,000만 원 광역시 : 1,700만 원 기타지역 : 1,400만 원

수도권은 과밀억제권역, 성장관리권역, 자연보전권역으로 구분된다. 과밀억제권역에는 인천시(강화군, 옹진군, 서구대곡동, 불로동, 마천동, 금곡동, 오류동, 왕길동, 당하동, 원당동, 인천경제자유구역 및 남동 국가산업단지는 제외), 의정부시, 구리시, 남양주시(호평동, 평내동, 금곡동, 일패동, 이패동, 삼패동, 가운동, 수석동, 지금동 및 도농동만 해당), 하남시, 고양시, 수원시, 성남시, 안양시, 부천시, 과천시, 의왕시, 군포시, 시흥시(반월특수지역은 제외) 등이 있다.

• 상가임대차의 소액보증금의 적용 시기와 최우선변제금액

일자	보호대상 보증금 상한	우선변제금 상한	최우선변제금
2002년 11월 5일	서울 : 2억 4천만 원 과밀억제권 : 1억 9천만 원 광역시 : 1억 5천만 원 기타 : 1억 4천만 원	서울 : 4,500만 원 과밀억제권 : 3,900만 원 광역시 : 3,000만 원 기타지역 : 2,500만 원	서울 : 1,350만 원 과밀억제권 : 1,170만 원 광역시 : 900만 원 기타지역 : 750만 원
2008년 8월 21일~	서울 : 2억 6천만 원 과밀억제권 : 2억 1천만 원 광역시 : 1억 6천만 원 기타 : 1억 5천만 원	상동	상동

아파트와 다세대주택의 대출 가능 금액을 산출한 결과 다세대주택은 아파트에 비해 상대적으로 대출 가능 금액이 적다는 것을 알 수 있다. 이와 같이 예상 대출금액이 생각했던 것보다 적을 경우 제1금융권보다는 제2금융권을 이용하는 방법을 택할 수 있다. 또한 낙찰 물건이 아파트라 하더라도 그 경매 부동산에 유치권, 법정지상권 등 낙찰자가 낙찰 후 소유권 행사를 하는데 제약을 받을 수 있는 법적 관계가 설정된 경매부동산은 제1금융권을 이용하여

낙찰잔금을 충분히 대출받기란 쉽지 않다(사전에 주거래은행의 유대관계가 형성된 담당자에게 해당 물건에 대한 충분한 설득력 있는 자료를 제출하여 설득하면 대출이 가능한 사례도 있다). 이런 경우에도 제2금융권, 새마을금고 등을 활용해야 하고 사전에 확답을 받아 두는 것이 좋다(낙찰받을 때 해당 경매부동산의 감정가와 낙찰가 중 낮은 금액을 기준으로 대출이 산출된다). 제2금융권은 제1금융권보다 2~5% 정도 금리가 더 높다는 단점과 예상 대출금을 산정하는 특별한 기준이 없고 보통 법원 감정가의 60~80%, 경매 낙찰가격은 80% 중 적은 금액을 기준한다.

결국 경매부동산을 선정할 때 입찰할 수 있는 입찰 가능 금액을 참조하여 그 금액으로 입찰할 수 있는 물건을 선정하는 것이 시간과 누를 최소화할 수 있는 경매 물건 선정 방법일 것이다. 보통 입찰 가능 금액은 자기자본과 경락잔금대출을 합한 금액이라 할 수 있다.

자기자본금 5,000만 원 이하로 투자 가능한 경매 물건은 많이 있다(1,000~2,000만 원 소액이나 1천만 원 이하 물건들도 꽤 많다). 실제 신혼 부부나 젊은 직장인의 경우 이 금액 대의 매물을 많이 찾는다. 이 금액으로 투자할 수 있는 지역은 구도심지역이나 수도권의 재개발, 뉴타운 예상 지역에 투자하면 향후 아파트 입주권도 받을 수 있기 때문에 내 집 마련과 장기 투자 형식으로 접근하면 좋다. 자기자본금이 5,000만 원 이하로 연립주택이나 다세대주택을 낙찰받는다면 경락잔금대출은 낙찰 가격의 60%로 가정하면 1억~1억 2,000만 원 정도는 입찰 가능한 금액이 된다.

경락잔금대출은 낙찰받은 부동산을 담보로 대출받는다. 응찰자는 응찰 당일 최저가 10%를 내고, 나머지 90%는 낙찰일로부터 45일 이내 잔금을 납부해야 한다. 경락잔금대출을 신청, 잔금을 치르고 낙찰받은 집을 전세로 해서 그 전세 보증금으로 대출금을 상환하면 큰 돈이 없어도 충분히 경매 투자가 가능하다.

법원감정가가 1억 3천만 원이고 2회 유찰된 연립주택을 감정가 64%인

8,300만 원인 경매 최저가에 낙찰받았다고 가정해보자. 또한 이 연립주택의 전세 가격은 8천만 원이라고 가정해보자. 단, 입찰보증금 10%인 1천만 원의 자기자본금을 가지고 있다는 전제하에 진행되는 시스템이다. 만약 '최소 자기자본 소유권 취득 경매 시스템'으로 내 집 마련에 적용한다면 전세 보증금은 추가로 금융기관으로부터 전세자금대출로 충당할 수 있고, 장·단기 투자 목적이라면 전세 세입자의 전세보증금으로 대체할 수 있다. 경매로 20~30채 주택을 취득한 경매 전문가들 중 상당수는 이와 같은 시스템을 사용하고 있다.

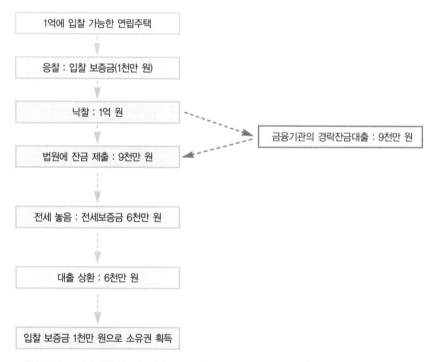

• 최소 금액으로 소유권을 취득하는 '최소 자기자본 소유권 취득 경매 시스템'

다음은 본인의 입찰 가능 금액을 산정한 후 그에 맞는 경매부동산을 선정하여 금융기관에 따라 경락잔금을 대출받아 소유권을 이전하여 내 집 마련,

67

임대 소득, 장·단기 투자에 의한 시세 및 매매 차익 등 목적에 따른 일련의 경매부동산의 자금계획 시스템이다.

• 자금계획 시스템

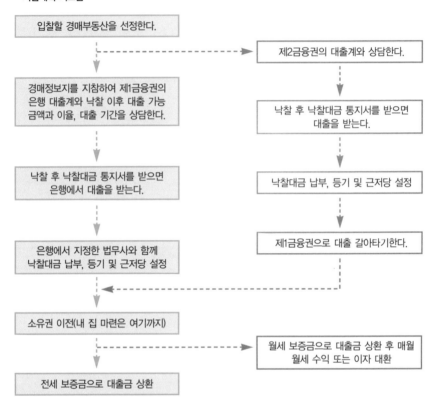

📌 Book in Book … **경락잔금대출**

법원 경매에서 낙찰받은 물건의 낙찰잔금을 금융권에서 빌려주는 것을 경락잔금대출이라 말한다. 경매부동산을 낙찰받을 사람이 낼 낙찰잔금을 금융사가 대출해주는 서비스로 현재 경매 시장 참가자의 대다수는 경락잔금대출을 끼고 입찰에 참가하고 있다. 일반적으로 경락잔금대출은 제1금융권이 유리하지만, 자금 계획에서 실질적인 대출한도가 제2금융권에 비해 적기 때문에 제2금융권의 이용률도 점차 늘어나고 있는 추세이다.

경매 특성상 낙찰자가 소유권 이전 전에 경락잔금대출이 실행되어야 하므로 취급금융기관에서는 대출금을 낙찰자에게 지급하지 않고 법원에 직접 납부한 뒤, 소유권 이전 및 근저당설정 업무를 위임받아 동시에 등기 절차를 대행해준다. 낙찰자 입장에서는 대출도 받고 행정 절차상의 부담도 더는 효과를 얻을 수 있다.

• 부동산 종류별 대출 기준

부동산 종류	경락잔금대출한도	금리	비고
아파트	낙찰가/감정가 중 낮은 금액기준 75~80%	6% 중반~7% 후반	국민은행시세 기준으로 금융권마다 기준이 있으며 낙찰자의 조건, 특히 신용도에 따라 대출조건이 달라진다.
다세대, 연립 (빌라 포함), 다가구	낙찰가/감정가 중 낮은 금액기준 70~80% (금융회사에 따라 90%까지도 가능한 상품들도 많이 있다)	6% 중후반~ 7% 초중반	지하는 물건이 좋으면 가능하나 일반적으론 10% 정도 적은 금액이 대출, 다세대는 대부분 대출기간이 짧아 1년 이상 장기보유로 인한 기간 연장 시 일부상환조건과 중도상환 수수료가 있는지 꼼꼼히 확인
오피스, 상가	낙찰가/감정가 중 낮은 금액기준 80%(80% 이상을 받을 시엔 신용과 소득 검토)	6%~7%대	사업자등록증이 있으면 더 유리, 지하는 10% 정도 삭감
임야, 대지	낙찰가/감정가 60~80%	7%~8%대	담보가치(물건지 위치, 등기상권리관계)가 가장 큰 금액 결정 조건

경매, 위험요소만 제거하면 절대로 위험하지 않다

'경매'하면 가장 먼저 떠오르는 단어가 '위험'일텐데 이 책을 보는 사람들 대부분은 공감할 것이다. 하지만 공감하는 대부분의 사람은 어떠한 위치에 있는가? 아직 경매에 참여하지 않았거나 이제 막 경매를 시작해보려는 사람들이 아닌가? 전기기술자가 전신주에 매달려 전기공사를 다루는 일이나 고층빌딩 유리창 청소원이 63빌딩에 매달려 유리창을 닦는 일이 위험한 것이 아니듯, 경매 역시 경매를 모르기 때문에 위험하다고 생각할 것이다.

경매란 결국 내가 희망하는 입찰가격으로 낙찰받아야 성사되는데, 왠지 낙찰받아도 불안하고 낙찰받지 못해도 불만이다. 낙찰받으면 다른 입찰자들이 발견하지 못한 위험요소가 있는 것은 아닐까 불안할 것이고 입찰했지만 낙찰받지 못했다면 '조금만 더 높게 입찰가를 작성했어야 되는데'라고 후회할 게 분명하다.

경매를 할 때 경매 경험이 없거나 많지 않은 경우 권리관계가 복잡하지 않은 하자가 전혀 없는 물건을 선택하는 것이 가장 좋은 방법이다. 특히 내 집 마련이 목적이라면 더욱 그렇다. 권리관계가 복잡하면 분쟁의 소지도 길어질 수 있기 때문에 충분히 시간적 여유를 두고 진행해야 한다. 또한 아무리 작은 위험요소라 하더라도 피하지 못하면 상당한 비용을 뜻하지 않게 지불해야 한다. 그러면 몸고생에 마음고생까지 겹쳐 내 집 마련의 기회는 더욱 멀어지게 된다. 그래서 내 집 마련을 목적으로 한다면 가능하면 권리관계가 복잡하지 않은 하자 없는 물건을 선택하라는 것이다.

임대수익, 장·단기 시세차익을 목적으로 하는 투자자의 입장이라면 작든 크든 위험요소가 있는 물건을 선택할 필요도 있다. 하지만 경매부동산의 90%는 다음의 3가지 위험요소로부터 나를 다스릴 수 있는 마음만 준비된다면 큰 어려움은 없을 것이다. 왜냐하면 경매 법정에 나오는 경매부동산 중 90%는 권리분석도 단순하고 소유권을 넘겨받기까지 큰 어려움이 없는 물건이기 때문이다. 나머지 10%는 다양한 경매 경험을 쌓고 정보라인과 인프라가 구축된 후 깊이 있는 물건 파악이 가능한 후 접근하는 것이 좋다.

특히 여러 번 유찰된 경매부동산에는 작든 크든 위험요소가 곳곳에 도사리고 있다. 하지만 전기기술자가 전기를 다루는 기술을 습득하면 위험하지 않듯이 위험요소를 사전에 파악할 수 있다면 조금 더 유리한 경매부동산을 취득할 수 있을 것이다.

경매부동산의 위험요소는 권리분석을 통해 눈으로 알 수 있는 위험요소, 현장 임장활동을 통해 발품과 귀로 확인할 수 있는 위험요소, 여러 가지 정황들을 뇌로 추리할 수 있는 위험요소 등이 있다. 그리고 때로는 상대를 감동시킬 수 있는 마음과 상대를 누를 수 있는 강한 배짱 등도 필요하다. 특히 한 번도 낙찰받지 못한 경우 계속되는 낙방으로 이성을 잃고 감정을 앞세워 입찰하는 경우가 의외로 많이 있다. 스스로를 다스릴 수 있는 마음가짐이 무엇보다도 중요하다.

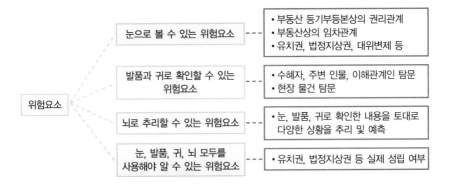

Book in Book ... 경매 위험요소

법원 경매 시 발생할 수 있는 위험요소의 원인은 대략 3가지 정도로 볼 수 있다.
❶ 매수인이 현황조사보고서상 나타나 있지 않은 대항력 있는 임차인을 입찰 후 발견했을 때
❷ 부동산에 관한 권리관계가 매각기일 당시 매각 조건과 다르게 변동되었을 때
❸ 행정적인 요인으로 부동산 가격 하락이 예측될 때이다.

❶과 ❷는 충분히 입찰 전 예측하고 대비할 수 있는 위험요소이지만 ❸은 예측하고 대비하기 쉽지 않은 위험요소이다. 정부의 부동산 정책 시점에 따라 경매 낙찰가도 유동적이기 때문에 정부의 부동산 정책 발표 직전에 낙찰 받았다가 발표 후 급격한 가격 하락으로 낙찰을 포기하는 사태가 바로 그 예라 할 수 있다.

경매정보 사이트를 이용하여 본격적으로 검색하기

경매부동산의 종류와 지역 그리고 자기자본을 포함한 자본 계획을 세웠다면, 이제 여러 가지 내가 설정한 조건에 맞는 경매부동산을 검색해보자. 경매물건은 대법원 법원경매정보 사이트와 사설 경매정보제공 사이트에서 찾을 수 있다.

대법원 법원경매정보 사이트에서 경매 물건 찾기

우선 대법원 법원경매정보 사이트에서 경매 물건을 찾아보자. 대법원 법원경매정보 사이트는 100% 무료고 회원가입 없이도 사용할 수 있다. 여기서는 서대문구에 소재한 감정평가액이 1억~1억 5천만 원 사이의 다세대주택을 검색한다.

★ 따라하기

1 인터넷에서 법원경매정보 사이트 (www.courtauction.go.kr)에 접속한다. 상단 메뉴 중 [경매 물건]-[물건상세검색] 항목을 선택한다.

2 [물건상세검색] 페이지에서 부동산 메뉴를 선택, 검색 조건을 지정한 후 [검색] 버튼을 클릭한다. 검색 조건은 서대문구 관내에 소재한 감정평가액이 1억~1억 5천만 원 사이의 모든 다세대주택이다.

• 소재지 : 서울시, 서대문구
• 용도 : 건물, 주거용건물
• 감정평가액 : 1억 5천만 원 미만

3 설정한 조건에 맞는 경매 물건이 검색된다. 검색 결과 검색 조건에 맞는 물건이 3건 있다. 물건 목록 페이지에서 2번과 3번 다세대주택 체크 박스를 클릭한 후 [물건비교] 버튼을 클릭한다.

4️⃣ 물건비교 창에 선택한 두 물건을 간략하게 비교할 수 있도록 주요 내용이 표시된다. 해당 물건을 자세히 보고 싶다면 [물건상세조회] 버튼을 클릭한다. 물건의 기본정보와 세부내용이 수록된 물건상세검색 페이지가 표시된다. 이 페이지 물건 관련 사진 바로 아래 법원에서 작성하거나 의뢰한 현장조사서, 감정평가서, 사건상세조회 버튼을 클릭하면 해당 내용이 표시된다. 단 사진 왼쪽 아래 등기부등본은 유료(500원) 서비스이다. [인쇄] 버튼을 클릭하면 내용을 인쇄할 수 있다.

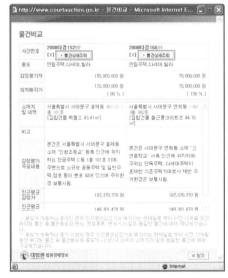

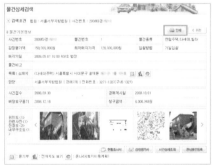

□	사건번호▲ ①	물건번호용도 ②	소재지 및 내역 ③	비고 ④	감정평가액▲최저매각가격▲(단위:원)	담당계매각기일▲(입찰기간) ⑦	진행상태▲ ⑧
□	서울서부지방법원 2008타경1○○○○	1 단독주택 다가구	서울특별시 서대문구 연희동 ○○○-○○ [토지 대 229.5㎡ 229.5분의 68.2 감정 규 지분전부] 서울특별시 서대문구 연희동 7○○-○○ [건물 연와조 세멘와즙 단층주택 29.1 9㎡]	일괄매각.제시외건물포함	⑤ 119,624,000 ⑥ 95,699,000 (79%)	경매7계 ☎ 2009.05.07	유찰 2회
☑	서울서부지방법원 2008타경1○○○○	1 연립주택 다세대 빌라	서울특별시 서대문구 홍제동 267-21 ○○○ ○○○ [집합건물 벽돌조 43.41㎡]		150,000,000 120,000,000 (80%)	경매7계 ☎ 2009.05.07	유찰 1회
☑	서울서부지방법원 2008타경1○○○○	1 연립주택 다세대 빌라	서울특별시 서대문구 연희동 1-63 ○ ○○○ ○○○ [집합건물 철근콩크리트조 44.76㎡]		70,000,000 70,000,000 (100%)	경매7계 ☎ 2009.05.07	신건

❶ 사건번호 : 경매 사건의 번호며, '서울서부지방법원 2008타경1○○○○'은 이 사건은 서울서부지방법원에서 관할하고 2008년도에 경매신청이 있었다는 것을 의미한다. 타경은 형사사건, 민사사건, 행정사건 등 법원에서 처리되는 여러 종류의 사건 중 법원이 구분하기 위해 부동산경매사건에 부여하는 고유 부호고, 1○○○○은 구체적인 사건번호다.

❷ 물건번호용도 : 매각 대상 물건의 물건번호다. 하나의 사건에 여러 부동산을 개별적으로 입찰할 경우에는 물건번호가 개별적으로 부여된다. 위 사건번호 2008타경1○○○○ 물건의 경우 단독주택의 경우 토지와 건물이 일괄매각(한 사건으로 묶어서 매각되는 것)되었지만 개별매각(토지 따로 건물 따로 매각되는 것)될 경우 토지 따로 건물 따로 물건번호가 각각 다르게 부여된다.

❸ 소재지 및 내역 : 매각 대상 물건의 주소와 매각 물건의 구조와 규모를 나타낸다.

❹ 비고 : 유치권, 법정지상권, 제시외건물 등 매각 물건의 특이 사항이 표시된다.

❺ 감정평가액 : 매각 물건에 대해 평가한 감정가격이 표시된다. 감정평가사가 매긴 부동산 평가 시점과 매각 시점의 차이는 시세차익에 상당한 변수가 될 수 있기 때문에 평가 날짜는 꼭 확인해야 한다.

❻ 최소매각가격 : 매각 물건에 입찰할 수 있는 최저 금액이다.

❼ 담당계/매각 입찰기일 : 법원마다 경매1계, 경매2계 등 매각물건을 담당하는 담당계가 있다. 담당계에는 계장이라 불리는 별정직 직원들이 있다. 매각 물건의 입찰기일은 해당 물건의 입찰일이다.

❽ 진행상태 : 처음 입찰에 붙여지거나 새롭게 입찰되는 물건은 '신건', 신건에 아무도 입찰하지 않은 물건은 '유찰 1회', 유찰된 물건이 다시 유찰되면 '유찰 2회' 이런 식으로 매각 물건의 상태가 표시된다. 한 번 유찰될 때마다 최저매각가격은 20~30%씩 낮아진다. 일반적으로 한 번에 20%씩 가격이 떨어진다.

사설 법원경매정보 사이트에서 경매 물건 찾기

이번에는 사설 법원경매정보 사이트에서 경매 물건을 찾아보자. 사설 법원경매정보 사이트는 유료 회원제로 운영되며 지역별 물건 검색, 전국 물건 검색과 이용할 수 있고 개월 수에 따라서 몇천 원부터 수십만 원까지 다양하다. 대표적인 사설 법원경매정보 사이트에는 굿옥션(www.goodauction. co.kr), 지지옥션(www.ggi.co.kr), 부동산태인(www.taein.co.kr) 등이 있다. 이용 방법은 세 곳 모두 유사하며, 여기서는 굿옥션을 이용하여 경매부동산을 찾아보겠다. 굿옥션 경매정보 사이트에서 경매 물건을 찾아보자. 만약 투자 대상 물건이 다세대주택이고 투자 자금을 낙찰가를 포함하여 약 1억 5천만 원 정도로 예상하고 잘 알고 있는 지역이 서대문구라고 가정해보자. 그런 다음 감정평가액이 1억 5천만 원 미만의 다세대주택을 찾아보자.

★ 따라하기

1 굿옥션 사이트(www.goodauction.co. kr)에 접속한다. 상단 메뉴 중 [종합검색] 메뉴를 선택한다.

2 상세검색 창에서 감정가, 소재지, 물건종류 등 검색조건을 선택한 후 [검색] 버튼을 클릭한다.

- 소재지 : 서울시, 서대문구
- 물건종류 : 다세대(빌라)
- 감정가 : 2억 원 미만

③ 설정한 검색조건에 맞는 물건 목록이 표
  시된다. 사건번호 08-15121, 1회 유찰된
  다세대(빌라)를 클릭한다(이 책을 보는
  독자들은 검색 결과 물건 목록이 다를
  것이다. 아마도 이 책이 출간될 쯤 이 물
  건들은 낙찰된 물건들이기 때문이다).

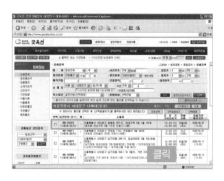

④ 물건 상세 내용 팝업 창이 나타난다. 바로 전 대법원 경매정보 사이트에서 표시된 물건
  상세 내용과 차이가 있다. 토지이용계획열람, 감정평가서, 점유관계조사, 세대열람내역,
  매각물건명세서, 문건접수내역은 물론 유료 서비스였던 건물등기부 등은 물론 건물현황,
  임차인현황, 입찰가분석표, 예상배당표 등 투자자가 물건 내용을 쉽게 분석하고 확인할
  수 있도록 경매서비스 사이트에서 제공
  하고 있다. [매각물건 명세] 버튼과 [건물
  등기부] 버튼을 클릭하면 각각 팝업 창이
  나타나면서 내용을 확인할 수 있다.

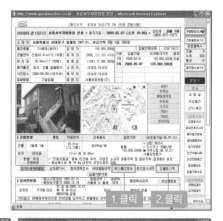

• 매각물건명세서

• 등기부등본

Chapter 04

골치 아픈 권리분석,
물건 권리분석 시스템을 이용하라

앞에서 사용한 '경매부동산 선택 시스템'에 의한 입찰 가능성이 있는 물건 중 실제 입찰에 참여할 최종 선정한 물건은 1건일 수도 있고 동시에 여러 물건일 수도 있다. 입찰에 참여할 최종 물건을 선정하는 방법은 필자가 제시하는 '경매부동산 권리분석 시스템'을 활용하면 초보자들도 하자가 있는 물건인지 없는 물건인지, 하자가 있다면 어떤 하자가 있고 어떻게 대처해야 하는지 등 물건의 권리분석 능력을 높이는데 도움이 될 것이다.

권리분석 시스템

권리분석은 경매부동산에 설정되어 있는 권리에 대한 분석이다. 즉, 낙찰자가 경매부동산의 소유권을 이전받는 데 있어서 하자가 있는지 없는지 밝히는 것이다.

무엇을 기준으로 권리분석을 해야 하나요?

부동산 경매에서 권리분석은 입찰 전 충분히 검토하여 하자 유무를 판단하고, 하자가 있을 경우 하자(위험요소)를 제거할 수 있는지 등 경매부동산에 설정된 권리를 분석하는 것이다. 경매부동산의 권리분석은 크게 세 가지로 구분하여 접근해야 한다. 부동산 등기부(등본)상의 권리분석과 부동산상의 권리분석은 모두 말소기준권리를 기준으로 채권자의 채권을 인수해야 하는지 소멸되는지 결정된다.

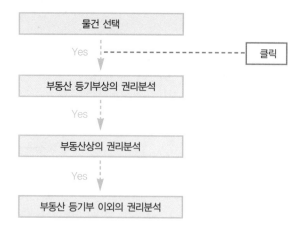

첫째, 부동산 등기부상의 권리분석이다.

부동산 등기부상의 권리분석은 경매 낙찰 후 낙찰자에게 인수되는 권리가 있는지 여부를 분석하는 것이다.

둘째, 부동산상의 권리분석이다.

경매 낙찰 후 낙찰자에게 대항할 수 있는 주택(상가) 임차인이 있는지 만약 있다면 매각대금 이외에 채권액(보증금)은 얼마나 인수해야 하는지 여부를 분석하는 부동산상의 권리분석이 있다.

셋째, 부동산 등기부 이외의 권리분석이다.

부동산 등기부등본에는 나타나지 않는 권리가 있는지 분석하는 것이다. 이에는 대표적으로 유치권, 법정지상권이 있다.

권리분석의 기준점, 말소기준권리 찾기

법원 경매에서의 부동산은 그 부동산 등기부상의 권리관계가 모두 소멸되는 것이 원칙이지만 부동산상의 권리관계에 따라서 소멸되지 않고 낙찰자가 떠안아야 하는 권리들도 있다. 낙찰 후 사라지는 권리를 '소멸권리'라 하고, 소멸되지 않고 낙찰자가 떠안는 권리를 '인수권리'라 한다. 낙찰자 입장에서는 인수권리가 중요하고 이 인수권리의 내용을 얼마나 잘 파악하느냐에 따라 손해 본 투자와 수익 본 투자로 갈라지게 된다.

법원 경매에서 권리분석은 소멸되는 권리와 인수되는 권리를 구분하고 예기치 못한 인수권리가 있는지를 분석하는 것이라 할 수 있다. 일반적으로 소멸되는 권리는 '소멸', 인수되는 권리는 '인수'라고 표현한다.

경매 초보자와 고수의 차이는 인수권리가 있는 경매부동산을 접했을 때 그들이 취하는 반응을 보면 알 수 있다. 인수권리가 있는 경우 초보자는 무조건 기피하고 다른 물건을 찾지만 고수는 인수권리를 낙찰자가 부담해도 될 것인가 또는 인수권리로 인해 하자가 발생할 경우 어떻게 해결할 것인가 그 해결책을 찾아서 고수익으로 연결시킬 수 있는 방법을 연구한다.

그래서 경매부동산에 설정된 권리 중 낙찰자가 부담해야 하는 인수권리가 많을수록 유찰(아무도 입찰하지 않은 경우) 확률이 높다. 즉, 유찰된다는 것은 유찰 횟수만큼 최저매각가격이 내려간다는 것을 의미하고 동시에 낙찰 가격도 함께 내려갈 수 있다는 의미다.

초보자라고 해서 인수권리가 있는 경매부동산을 무조건 '그림의 떡'처럼 바라볼 필요는 없다. 경매 격언 중에 '하자가 많은 물건일수록 수익은 커진다'라는 말이 있다. 인수권리가 있다면 그 권리관계를 정확히 분석해서 하자(위험요소)를 최대한 가려낸다면 그만큼 적은 돈(하자 요소가 많을수록 입찰자가 적기 때문에 상대적으로 낙찰 가격이 내려갈 수 있고, 결국 투자자금이 적게 들어갈 수 있다)으로 부동산을 취득할 수 있다.

경매부동산 권리분석에서 소멸(낙찰자가 부담할 필요가 없는)이냐 인수(낙찰자가 부담해야 하는)냐의 구분은 '말소기준권리'에 의해서 결정된다. 즉, 말소기준권리는 경매부동산에 설정되어 있는 여러 가지 권리 중 낙찰과 함께 없어지는 데(소멸되는) 기준이 되는 권리다. 말소기준권리를 기점으로 이전에 설정된 권리면 인수고 이후에 설정된 권리는 낙찰과 함께 자연 소멸된다. 그렇기 때문에 권리분석에서 가정 먼저 검토해야 될 사항은 말소기준권리를 찾아 낙찰자가 인수해야 될 것과 자연 소멸되는 것이 무엇인지 가려내는 것이다.

말소에 기준이 되는 권리(권리만 등기할 수 있는 것은 아니다. 처분(가압류, 가처분 등)도 등기할 수 있다. 이 책에서 설명하는 '권리'는 이 처분을 포함한 개념으로 이해해야 한다)에는 근저당권, 가압류, 담보가등기, 강제경매기입등기일이 있고, 이 중에서 부동산 등기부등본상에 가장 먼저 설정된 권리가 말소기준권리가 된다(이 내용은 권리분석에서 가장 중요한 사항이기 때문에 무조건 이해하고 암기해야 한다). 이 내용은 로또에 비유할 수 있다. 로또 번호 상자에 4개의 권리(근저당권, 가압류, 담보가등기, 강제경매기입등기일)를 가진 공을 넣고 몇 바퀴 돌린 후 가장 먼저 나온 공이 말소기준권리고 그 뒤에 나온 공(권리)은 모두 소멸되는 권리다.

예를 들어, 경매 사건에서 부동산 등기부등본상에 다음과 같은 권리가 한 경매부동산에 2008년 1월 1일부터 5월 1일까지 설정되어 있다고 가정해보자. 지상권, 근저당, 가압류, 담보가등기, 강제기입등기 총 다섯 가지 권리가 설정되어 있다. 이 중에서 말소기준권리는 어떤 권리일까? 답은 근저당이다. 아마 지상권이라고 생각하는 사람들도 상당 수 있을 것이다. 물론 지상권의 등기설정일이 가장 앞서지만 지상권은 말소기준권리가 될 수 없다. 그렇기 때문에 말소기준권리가 될 수 있는 4가지 권리 중 가장 먼저 설정된 근저당 (2009년 2월 1일)이 말소기준권리가 된다.

지상권	근저당	가압류	담보가등기	강제기입등기
(09. 1. 1)	(09. 2. 1)	(09. 3. 1)	(09. 4. 1)	(09. 5. 1)
	말소기준권리			

　　그렇다면 말소기준권리인 근저당을 기점으로 먼저 설정되거나 성립되는 권리인 지상권은 낙찰자의 인수권리(낙찰자에게 적법하게 대항할 수 채권자의 권리나 채권액 등을 떠안아야 하는 권리)고 뒤에 설정 또는 성립된 권리인 근저당, 가압류, 담보가등기, 강제기입등기는 낙찰자가 인수할 필요가 없는 소멸권리(낙찰자에게 적법하게 대항할 수 없어 자연 삭제되는 권리)다. 즉, 말소기준권리인 근저당부터 그 이후에 설정된 가압류, 담보가등기는 자동으로 소멸되고 강제기입등기도 낙찰자가 소유권이전촉탁등기 이전을 하면 낙찰자와는 아무런 관계가 없는 소멸되는 권리가 된다.

> ⓟ Book in Book … **말소기준권리 이전에 설정된 권리는 낙찰자에게 손해를 줄 수 있나요?**
>
> 그렇다. 말소기준권리 이전에 설정된 권리가 있다면 애물단지가 될 수 있다. 간단한 예를 들어보자. 가장 처음 지상권이 설정되어 있고 그 다음 저당권이 설정된 상태에서 저당권자가 경매신청을 한다. 이때 말소기준권리는 지상권이 아니라 저당권이 된다. 지상권은 앞서 설명한 말소기준권리의 4가지 항목(근저당, 가압류, 담보가등기, 강제기입등기)에 포함되지 않기 때문이다. 또한 지상권은 말소기준권리보다 앞서 설정된 권리기 때문에 낙찰자가 인수해야 된다.
>
>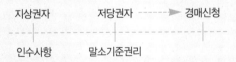
>
> 경험이 부족한 초보자들은 위와 같이 지상권이 말소기준권리보다 앞서 설정되어 있다면, 즉 낙찰자가 대금을 완납해도 소멸되지 않는다면 이 위험요소(지상권자의 채권액을 인수해야 되는 상황)를 감안해 이 경매 물건은 투자에서 제외시키는 것이 바람직하다.

이번에는 부동산상의 성립된 권리(대표적으로 임차인이라 할 수 있고, 임차인은 처음부터 부동산 등기부등본에 표시되는 것이 아니다. 단지 그 부동산을 집주인(건물 소유권자)과의 주택임대차(상가임대차) 계약에 의해서 정당하게 사용하고 수익할 수 있는 권리(임차권)가 부동산상에 성립하는 것이다. 이때 임차인의 전입신고 날짜가 권리관계의 기준이 된다)가 있으면 권리 부동산상의 권리관계, 즉 임차내역을 따져서 인수해야 되는 임차인(낙찰자에게 대항할 수 있는, 즉 대항력이 있는 임차인)과 소멸되는 임차인(낙찰자에게 대항할 수 없는, 즉 대항력이 없는 임차인)들을 구분하여 이들이 배당(낙찰대금에서 순위대로 자신의 채권액을 받는 것, 낙찰 금액에 따라 또는 그 순위에 따라 모두 받을 수도 있고 일부만 받을 수도 있다)받는 금액이 얼마인지 확인해야 한다.

예를 들어, 경매부동산에 다음과 같은 권리관계가 설정되었다면 낙찰자는 임차인A와 임차인B 중 누구를 인수해야 할까?

앞에서 말소기준권리보다 앞서면 낙찰자가 인수해야 되는 사항이라고 했기 때문에 전입신고와 확정일자를 모두 설정한 임차인B만 인수해야 된다고 생각할 수 있다. 하지만 임차인A와 임차인B 모두 낙찰자가 인수해야 되는 사항이다.

임차인B는 말소기준권리보다 모두 전입신고와 확정일자를 받았기 때문에 당연히 인수사항(즉, 낙찰자에게 합법적으로 대항할 수 있는(예를 들면 전세보증금을 받을 수 있는) 대항력이 발생한다)이고, 임차인A도 인수사항이다. 왜냐하면 낙찰자의 주택임차인의 인수 결정은 전입신고만 가지고 말소기준권리보다 빠른지 판단하여 빠르다면 인수해야 되기 때문이다.

낙찰자가 낙찰대금을 완납하면, 법원은 낙찰대금을 납부일로부터 2주 이내 배당기일을 지정하고 경매 물건의 채권자들에게 배당기일 소환장을 송달하게 되며, 배당일에 미리 작성해 놓은 배당표에 의하여 배당하게 된다.

그러나 경매 물건의 이해관계인(채권자들) 중 작성한 배당표에 대한 이의신청이 있으면 이의 부분에 한하여 배당이 유보되고, 배당 이의자가 배당기일로부터 7일 이내 배당이의 소를 제기한 후 소제기 증명원을 경매계에 제출하면 법원은 이의부분에 대한 배당금을 공탁하게 된다.

배당이의신청을 했더라도 배당이의 소를 제기하지 않거나, 소송은 제기하였으나 소제기 증명원을 배당기일로부터 7일 이내에 제출하지 아니하면 배당이의 효력은 상실되고 배당이 확정되어 종전의 배당표대로 배당되게 된다.

다음 사례는 임차인 고○○씨가 낙찰자에게 대항력이 있다고 표시되어 있다. 그 이유를 살펴보면 등기부상의 권리에서 말소기준권리인 이○○씨의 근저당 설정일이 1999년 11월 22일이다. 하지만 임차인 고○○씨의 전입신고일은 1995년 3월 31일로 말소기준권리보다 앞서기 때문에 낙찰자가 인수해야 한다.

🏠 임차인현황	· 말소기준권리 :1999.11.22 · 배당요구종기 :2008.12.29		보증금액 / 사글세 or 월세	대항력 여부	배당예상금액	예상배당표
고○○	주거용 전부	전 입 일 :1995.03.31 확 정 일 :1995.04.25 배당요구일 :2008.12.09	보40,000,000원	있음	순위배당가능	
임차인분석	☞2회 방문하였으나 폐문부재이고, 방문한 취지 및 연락처를 남겼으나 아무런 연락이 없으므로 주민등록 전입된 세대만 임차인으로 보고함 🔵현장조사보고서 ▶매수인에게 대항할 수 있는 임차인 있으므로, 보증금이 전액 변제되지 아니하면 잔액을 매수인이 인수함					

건물등기부	권리종류	권리자	채권최고액 (계 :39,500,000)	비고	소멸여부
1	1999.11.05	소유권이전(매매)	김○			소멸
2	1999.11.22	근저당	이○○	7,500,000원	말소기준등기	소멸
3	2000.01.06	소유권이전 청구권가등기			매매예약	소멸
4	2000.05.22	압류	동작구청		세무1과	소멸
5	2001.06.05	압류	마산세무서			소멸
6	2001.09.19	압류	창원시			소멸
7	2002.08.24	압류	창원세무서			소멸
8	2004.01.19	압류	국민건강보험공단			소멸
9	2008.10.22	강제경매	김미○	청구금액 : 40,000,000원	2008타경3□□○○	소멸
10	2008.12.18	가압류	이성○	32,000,000원		소멸

임차인이 말소기준권리보다 먼저 설정했다면 낙찰자의 무조건 인수사항이라는 것을 꼭 기억해야 한다. 그래서 전세 계약을 체결할 때 확정일자를 받는 것보다 전입신고가 더 중요한 것이다. 부동산 등기부(등본)상에 있어서 말소기준권리보다 앞선 권리, 즉 낙찰자가 인수해야 할 권리가 있다면 입찰을

고려해야 한다. 그렇다고 무조건 투자 대상에서 제외시킬 필요는 없다.

이와는 반대로 부동산상의 권리에서는 말소기준권리보다 앞선 권리, 즉 임차인A와 B를 인수해야 하는 경우 투자하기 좋은 물건이라 볼 수 있다. 명도가 용이하고, 절세 효과가 있고, 초기 투자자금을 줄일 수 있기 때문이다.

첫째, 명도가 용이하다.

다음과 같이 말소기준권리보다 앞선 임차인A와 B는 낙찰자로부터 각각 자신들의 보증금인 4천만 원을 받아야 하지만 경매를 통해서 3천만 원씩 배당받는다면 나머지 1천만 원씩은 낙찰자가 인수해야 될 금액이다.

그렇다면 임차인A와 B는 자신들의 보증금 전액을 법원의 배당금액과 낙찰자에게 받는 인수금을 통해서 모두 받기 때문에 낙찰자가 임차인A와 B에게 집을 비워달라고 요청하면 명도확인서*를 받고 순순히 그에 응하게 되기 때문에 명도가 매우 수월해지게 된다.

★명도확인서:임차인A와 B(세입자)는 낙찰대금에서 보증금을 배당받으려면 명도확인서를 제출하여야 한다. 낙찰자가 법원에 낙찰잔금을 내면 법원에서는 배당기일(경매의 모든 절차를 마치고 매각대금으로 채권자(임차인 포함)에게 배당을 해주는 날)이 잡힌다. 이때 임차인A와 B는 낙찰자로부터 낙찰자의 인감증명서가 첨부된 '명도확인서'를 받아야 배당을 받을 수 있다. 명도확인서란 말 그대로 세입자(점유자)가 낙찰자에게 집을 비워줬다는 확인서를 의미한다. 즉, 명도확인서란 낙찰자가 집을 넘겨받았다는 것을 확인해주는 확인서인데, 낙찰자가 명도확인서를 써주지 않으면 세입자는 보증금을 배당받을 수 없다. 그래서 이 명도확인서는 세입자를 명도하는데 효과적인 낙찰자만의 힘이 될 수 있는 도구다.

임차인A	임차인B	저당권
전입	전입	말소기준권리
(보증금 : 4,000만 원)	(보증금 : 4,000만 원)	
(배당액 : 3,000만 원)	(배당액 : 3,000만 원)	
(인수액 : 1,000만 원)	(인수액 : 1,000만 원)	

둘째, 세금을 조금이라도 줄일 수 있는 절세 효과가 있다.

낙찰받은 부동산을 매각할 때는 각종 세금(취득세, 등록세 등)을 내야 한다. 세금은 과세표준을 기준으로 결정되는데, 경매로 낙찰받은 부동산의 과세표준은 바로 낙찰자가 입찰표에 작성한 입찰금액이 기준이 된다.

예를 들어, 어떤 경매로 나온 부동산을 2억 원에 낙찰받았다면, 2억 원이 과세표준이 되어 세금을 내야 한다. 그런데 바로 전 사례를 빌리자면 낙찰자가 임차인A와 B로부터 인수해야 될 인수금액 2천만 원(각각 1천만 원씩)이다. 하자가 전혀 없는 부동산과 비교하면 이 인수금액은 엄밀히 말하면 하자가 있는 것이다.

하자가 없는 경우에는 8천만 원이라면 하자가 발생하면서 낙찰자가 인수해야 될 금액 2천만 원을 뺀 나머지 금액인 6천만 원에 입찰해야 할 것이다. 그리고 2천만 원의 하자있는 부동산을 인수함으로써 추가로 들어간다면 하자가 없는 부동산을 취득할 때와 결과론적으로 동일한 금액이 된다.

바로 전에 경매부동산의 세금의 과세표준은 입찰금액이라고 했다. 그러면 하자가 있는 경우에는 6천만 원에 대한 과세표준으로 세금이 계산되고, 하자가 없는 경우에는 8천만 원에 대한 과세표준으로 세금을 내야 한다. 결과적으로 하자가 없는 물건에 비해 하자가 있는 물건이 2천만 원에 대한 세금을 절세하는 효과를 얻게 되는 것이다.

셋째, 초기 투자자금이 줄일 수 있다.

하자 없는 물건은 8천만 원에 낙찰받았기 때문에 초기에 8천만 원이 소요되지만 하자 있는 물건은 6천만 원에 낙찰받았기 때문에 초기에 6천만 원만 소요되고 나머지 2천만 원은 인수 금액으로 임차인이 거주하는 부동산에 새로 세입자에게 받은 금액으로 충당하는 방법을 사용한다면 결국 2천만 원이라는 초기 투자금액을 줄일 수 있다. 즉, 2천만 원은 명목상 투자금액에 해당된다.

ⓘ Book in Book ⋯ **말소기준권리는 변할 수 있나요?**

경매 시 한 번 말소기준권리는 영원한 말소기준권리가 아니라는 점을 꼭 기억해야 한다. 임차인보다 이전에 설정된 1순위 저당권의 권리가 해제되면(이해관계에 있는 채권을 대신 갚는 대위변제로 인해) 임차인 이후에 2순위 저당권 설정자에게 말소기준권리가 넘어가기 때문에 소멸되는 권리에서 인수해야 되는 권리로 변할 수 있다. 이런 상황을 항상 염두에 두어야 한다. 예를 들어 다음과 같은 권리관계가 설정되었다고 가정해보자. 2순위 저당권자에 의해서 경매가 신청되었음에도 불구하고 말소기준권리는 1순위 저당권자가 된다. 임차인은 말소기준권리보다 나중에 전입신고했기 때문에 임차인은 경매 시 매각으로 인해 낙찰자가 경매잔금을 완납하면 소멸된다.

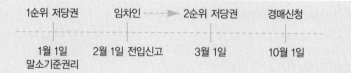

만약 1순위 저당권자가 사라진다면 말소기준권리는 어떻게 될까? 아마도 임차인이라고 생각할 수 있지만 아니다. 임차인은 말소기준권리(저당권, 압류, 담보가등기, 강제기입등기)에 해당되지 않기 때문에 2순위 저당권이 말소기준권리가 된다.

이렇게 되면 누가 가장 큰 수혜자가 될까? 가장 큰 수혜자는 임차인이다. 임차인은 2순위 저당권보다 앞서 전입신고되어 있기 때문에 이때부터 소멸되던 임차인은 낙찰자가 인수해야 되는 사항으로 바뀌게 된다.

이 사례처럼 경매 사건에 이해관계(임차인, 저당권자, 소유자 등)에 있는 사람이 대신 채권을 갚는 것을 '대위변제'라고 한다. 보통 1순위 저당권자의 채권이 소액일 경우 임차인이나 소유자가 대신 채권을 갚게 되면 말소기준권리가 이전된다는 것을 염두에 두어야 한다.

물건분석의 3인방 매각물건명세서, 현황조사서, 감정평가서

경매부동산은 일반적으로 거래되는 부동산보다 권리관계가 복잡하다. 경매부동산의 대부분 권리는 모두 소멸되지만 소멸되지 않고 낙찰자가 떠안아야 하는 권리도 있다. 이렇게 소멸되지 않는 권리로 인해 낙찰받은 후 경제적 손실은 물론 소유권을 잃게 될 위험도 있다. 매각물건명세서, 현황조사서, 감정평가서는 경매부동산의 권리관계를 파악할 때 매우 중요하게 사용된다.

권리분석 알림판, 매각물건명세서 열람과 출력

매각물건명세서란 경매를 집행하는 관할 법원이 매각 부동산의 권리관계와 현황, 감정평가액 등을 경매 참여 희망자에게 알리기 위해 작성한 문서다. 매각물건명세서는 경매부동산 권리분석에서 가장 신뢰할 수 있는 공식 문서고 권리분석의 모든 것이라고 할 만큼 매우 중요한 문서다.

물건을 선정하였다면 그 물건 권리관계에서 소멸되지 않고 낙찰자가 인수해야 할 권리가 있는지 살펴봐야 한다. 법원 경매에서 권리분석의 기준이 되는 문서는 매각물건명세서로 이 문서를 통해 낙찰과 동시에 소멸되는 권리와 낙찰자가 인수해야 되는 권리를 판단할 수 있다.

매각물건명세서를 배제하고 등기부등본과 기타 관련 서류만으로 권리관계를 분석한 후 하자가 없다고 판단하여 낙찰받은 이후에 인수해야 될 임차인 등이 나타난다면 낙찰자는 이들을 인수해야 한다. 결국 경락잔금을 납부하지 않고 입찰보증금을 포기하거나 대항력 있는 임차인들을 인수해야 하는 상황이 발생한다.

하지만 매각물건명세서에 권리관계에 하자가 없는 상태에서 낙찰 후 인수해야 될 임차인 등이 나타나면 '낙찰불허가신청, 매각허가에 대한 이의신청, 매각허가 결정에 대한 취소신청' 등을 하여 입찰보증금이나 경락잔금을 돌려받을 수 있다(입찰보증금을 돌려받고 재경매가 진행된다). 그렇기 때문에 법원경매에서는 반드시 입찰 전에 필히 매각물건명세서를 기준으로 권리관계를 분석해야 한다. 다시 한 번 강조하지만 매각물건명세서 외의 다른 문서(감정평가서, 현황조사서 등)나 사설경매 사이트에서 제공하는 정보를 맹신하여 문제가 발생한다면 그 누구의 책임도 아닌 낙찰자의 책임이다.

> **② Book in Book … 매각물건명세서, 현황조사서, 감정평가서는 어디에서 언제부터 열람할 수 있나요?**
>
> 대법원 법원경매 사이트에서 매각물건명세서는 매각기일(입찰기간)이 열리기 1주일 전부터, 현황조사서와 감정평가서는 2주일 전부터 매각기일(입찰기간)까지 열람할 수 있다. 매각물건명세서, 현황조사서, 감정평가서 등의 기재 내용은 불변이 아니라 정정 및 변경될 수 있다. 만약 내용의 정정 또는 변경(특히 정정 및 변경 내용이 매수신청인에게 영향을 미칠 수 있는 사항, 특히 대항력이 있는 임차인 등이 누락된 경우)이 있을 경우 담당 판사는 정정, 변경된 부분에 날인해서 비치한다.
>
> 그렇기 때문에 반드시 매각기일 일주일 전까지는 관할 법원을 방문해 매각물건명세서를 확인하는 것이 바람직하며, 또한 매각기일 당일에 내용의 변경이나 정정 사항이 없는지 꼭 확인해야 한다. 사설 경매정보지나 인터넷 경매정보지에는 정정 및 변경된 사항이 반영되지 않거나 잘못된 내용이 기재될 수도 있다. 이런 경우 사설 경매정보 사이트에 책임을 물을 수 없다.

대법원 경매정보 사이트의 물건상세검색 페이지 중간쯤 [매각물건명세서] 버튼을 클릭하면 해당 경매부동산의 매각물건명세서가 팝업 창으로 표시된다. [인쇄] 버튼을 클릭하면 매각물건명세서 내용을 출력할 수 있다. 사설 경매정보 사이트에서도 이용 방법은 유사하다.

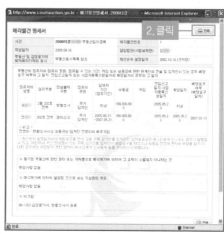

매각물건명세서에서는 해당 물건의 사건번호, 점유자 이름, 전입일자, 배당요구여부와 배당요구일자, 확정일자, 전입신고, 보증금, 임차기간(점유기간) 등을 확인할 수 있다. 여기서 중요한 사항은 매각물건명세서의 내용이 실제 내용과 일치하는지를 확인해야 한다. 그 중에서 임차인(점유자)의 전입신고 및 배당요구 신청 날짜가 매우 중요 부분이기에 꼼꼼히 살펴야 한다. 그 날짜에 의해서 임차인(점유자)이 낙찰자에게 대항력이 있는지 또는 없는지가 결정되기 때문이다.

❶ 최선순위 설정일자로 말소기준권리(경매 물건에 설정된 권리들의 소멸과 인수의 기준이 되는 권리)가 된다.

❷ 임차인(점유자)에 관련된 내용이 표기된다. 임차인(점유자)의 전입신고일자 (상가일 경우 사업자등록신청일자)가 언제인지가 소멸과 인수의 결정적인 요인이 된다.

❸ 경매로 소멸되지 않은 권리(유치권, 법정지상권, 가처분 등), 즉 낙찰자가 무조건 인수해야 되는 권리가 표기된다. 소멸되지 않은 권리들은 반드시 입찰 전 그 권리의 성립여부를 따져본 후 신중하게 입찰해야 한다.

❹ 법정지상권 성립 여부에 관한 내용이 표기된다.

❺ 유치권, 배당요구 종기일 등 해당 부동산에 관련된 사항이 표기된다.

물건 현장 답사서, 현황조사서 열람과 출력

현황조사서는 법원에서 경매부동산에 대한 정확한 정보를 전달하기 위해 집행관에게 직접 물건 현장을 방문하여 현황 조사를 마친 후 그 내용을 토대로 현황조사서를 작성하도록 규정하고 있다. 현황조사서에서 가장 중요한 사항은 임대차 관계이다. 즉, 사실적인 측면에서 해당 부동산을 누가 점유하고 있는가이다. 만약 '0'으로 표시되면 이는 법원에서 임차인이 없다고 확인해준 것이다.

다음 현황조사서의 [현황조사내역] 탭을 클릭하면 그 내용 중 임대차관계 조사서에 점유인이 점유하고 있는 부분, 점유기간, 보증(전세)금, 전입일자, 확정일자 등이 표시된다. 앞서 설명한 매각물건명세서와 내용에 큰 차이는 없지만 경매부동산에 대한 법원의 공식적인 내용인 만큼 경매 입찰 전 점유자에 관한 내용을 꼼꼼히 살펴봐야 한다. [인쇄] 버튼을 클릭하면 현황조사서의 내용을 출력할 수 있다.

① 기본 정보 : 기본 정보에서는 사건번호, 조사일시, 건물의 소재지와 임차인의 수 그리고 건물의 전경도 사진 등을 확인할 수 있다.

② 부동산의 현황 및 점유관계 조사서 : 이 부분에는 해당 부동산에 실제로 거주(점유)하고 있는 사람이 누구인지 알 수 있다. 만약 실제 거주하는 사람이 불분명할 때에는 '미상'이라고 표시된다. 기타란은 현장 방문 후 확인된 내용과 점유관계자로 파악한 근거가 표기된다.

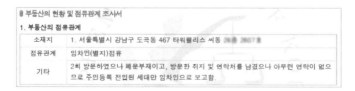

❸ 임대차관계조사서 : 점유인, 점유부분, 점유기간, 보증(전세)금, 전입일자 및 확정일자 등 임차 목적물의 용도 및 임대차 계약 등의 내용이 표기된다. 만약 실제 거주하는 사람(점유자), 점유기간, 보증(전세)금, 전입일자, 확정일자 등이 불분명한 경우 '미상'이라고 표시된다.

> 미상이라고 임차인이 없다는 것은 절대 아니다. 법원에서 현황조사시 임차인을 만나지 못할 경우에도 미상이라고 표시되기 때문이다. 이런 경우 꼭 동사무소에 방문하여 세대별주민등록열람확인서를 발급받아 확인해야 한다.

웹 임대차관계조사서

1. 임차 목적물의 용도 및 임대차 계약등의 내용

[소재지] 1. 서울특별시 강남구 도곡동 467 타워팰리스 씨동

1	점유인	남	당사자구분	임차인
	점유부분	미상	용도	주거
	점유기간	미상		
	보증(전세)금	미상	차임	
	전입일자	2002.12.28.	확정일자	미상
2	점유인	문	당사자구분	임차인
	점유부분	미상	용도	주거
	점유기간	미상		
	보증(전세)금	미상	차임	
	전입일자	2006.7.5.	확정일자	미상

물건의 가치 평가, 감정평가서 열람과 출력

감정평가서는 평가 과정의 최종 단계에서 감정평가사가 경매부동산의 평가 결과를 경매 참여자에게 알려주기 위하여 감정평가의 결과를 기재한 문서이다. 감정평가서에는 감정평가업자의 사무소, 평가의뢰인, 평가목적, 평가조건, 가격조사/조사기관 및 작성일자 등이 표기된다. 이 중에서 가장 중요한 항목이 바로 감정표에 있는 조사일자, 작성일자, 가격시점, 감정평가총액 그리고 대지지분과 토지이용계획(용도)을 확인하는 것이다.

항목	투자 관점	내용
조사일자, 작성일자, 가격시점, 감정평가총액	투자 금액 산출	조사 및 작성 시기에 따라 고평가 또는 저평가 가능성을 판단할 수 있는 근거로 사용된다.
대지지분, 토지이용계획(용도)	미래 투자가치 산출	향후 개발계획이나 재건축 시 건폐율과 용적률에 따른 투자가치가 결정된다.

최초감정가는 해당 물건의 주변 시세를 의미하는 것으로 경매투자의 수익 발생의 가장 큰 기준이 될 수 있다. 또한 최초감정가격의 작성일자(감정평가일), 즉 언제 조사되었는지를 확인해야만 가격이 고평가되었는지, 저평가되었는지를 알 수 있다.

감정평가일이 부동산 시장의 호황기에 작성되었다면 고평가되었을 확률이 높다는 것을 알 수 있다. 그러므로 법원경매 입찰시 감정가격에 대한 전적인 신뢰보다는 투자가가 직접 현장조사를 통해 시세를 확인하는 것이 더 중요하다. 감정평가서는 좌측 상단의 [프린트] 버튼을 클릭하면 출력할 수 있다.

❶ 표지 : 감정평가서의 표지 내용이다. 감정평가한 견물의 명칭, 감정평가를 의뢰한 법원과 담당자, 평가서 번호, 감정평가한 회사명 등이 표기되어 있다.

❷ ( )감정표 : 감정평가액과 가격시점, 조사일자, 작성일자, 평가내용 등이 표기되어 있다. 감정평가서에서 가장 중요한 부분으로 조사일자, 작성일

자, 가격시점 모두를 고려하여 감정 시점 대비 감정 가격이 제대로 반영되었는지 확인해야 한다. 즉, 부동산 가격의 거품이 어느 정도인지를 판단하는 것이다. 입찰 가격을 책정할 때 중요하게 반영할 수 있는 부분이기 때문에 필히 별도로 메모해둔다.

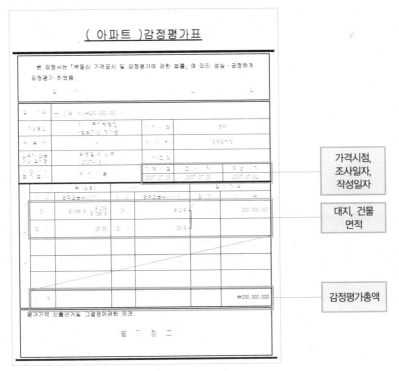

❸ ( )감정평가 명세표 : 감정평가의 계산 근거 등이 기재되어 있다. 감정평가 명세표에서 중요하게 눈여겨봐야 할 부분이 대지지분(소유권/대지권) 항목이다.

❹ 감정평가액 산출근거 및 그 결정에 관한 의견 : 감정평가사의 감정평가 방법과 견해 등이 기재되어 있다.

❺ 구분건물 감정평가 요항표 : 부동산의 입지조건, 건물 및 토지에 관한 내용 등이 기재되어 있다.

⑥ 위치도 : 부동산의 지적도가 표시되어 있다.

⑦ 내부구조도 : 부동산의 내부구조를 나타내는 구조도가 표시되어 있다.

⑧ 사진용지 : 부동산의 현황 사진이 첨부되어 있다.

권리분석의 핵심 지도, 등기부등본 살펴보기

부동산 등기부는 부동산 등기부상의 권리관계를 경매 참여자들이 알기 쉽게 법원에서 작성해놓은 공적 문서이다. 일반 매매로 부동산을 매매할 때나 금융권에서 대출해주면서 근저당권을 설정할 때 등기부등본을 확인한다. 물론 경매도 마찬가지로 등기부등본을 봐야 한다. 하지만 부동산 등기부등본은 공시력(公示力, 공적장부인 등기부상에 권리변동된 사실을 표기하여 효력이 발생되는 것)은 있지만, 공신력(公信力, 공적장부인 등기부등본을 믿고 거래를 하면 힘이 확정적으로 생기는 것)은 없다. 즉, 부동산 등기부등본은 권리분석에서 참조 문서이지 무조건 신뢰해서는 안 된다는 것이다.

등기부등본 열람과 발급

경매 등기부등본은 대법원 법원경매정보 사이트에서 유료로 이용할 수 있으며, 사설 경매정보 사이트에서는 물건 정보이용료에 포함되어 있다. 여기서는 대법원 법원경매정보 사이트를 기준으로 설명하겠다. 경매 물건의 물건상세검색 페이지에서 등기부등본 팝업 버튼(▣)을 클릭하면 등기부등본 팝업 창이 나타나고 여기서 유료(열람은 500원, 발급은 800원) 유형을 선택하면 대법원 인터넷 등기소 사이트로 이동한다. 등기부유형(등본과 초본 중)을 선택하면 등기부발급 페이지로 이동하여 결제 후 등기부등본 발급 또는 열람이 가능하다.

등기부등본 보는 방법

대부분의 경매 입문자들은 등기부등본의 내용을 복잡하고 어렵게 생각한다. 특히 경매로 등재된 부동산의 등기부등본은 여러 가지 권리들이 설정되어 있어 더욱 복잡하게 느낄 것이다. 하지만 등기부등본은 보는 방법만 알면 결코 어렵지 않다. 여기서는 등기부등본을 보는 방법에 대해서 알아보자.

첫째, 부동산의 소재지가 정확히 기재되어 있는지 확인한다. 검색한 경매 부동산의 주소와 등기부등본에 기재된 내용이 일치하는지 살펴본다.

둘째, '갑구'란에서는 소유자를 확인한 후 가압류, 가처분 등이 설정되어 있다면 설정된 권리내용과 접수일자를 메모한다. 이 접수일자는 권리관계를 따질 때 매우 중요하다.

셋째, '을구'란에서는 설정된 여러 가지 권리 중 가장 빨리 설정된 권리의 날짜를 메모한다. 단, 말소된 것(설정된 권리에 빨간 줄로 표시되고 말소되었다고 표기된 권리)은 제외시킨다. '을구'란에 설정되어있는 권리가 모두 말소되면 좋은 물건이다.

> **Book in Book … 을구의 권리가 최초근저당 접수기일보다 앞서거나 임차인의 전입일자가 앞서는 경우**
>
> 등기부등본의 갑구나 을구에 별다른 권리가 설정되어 있다면 상황이 복잡해진다. 이때는 을구란의 최초근저당(말소기준권리) 접수기일을 기준으로 가압류, 가처분, 가등기 등이 최초근저당 접수기일보다 빠르면 낙찰자에게 대항력이 있는 인수사항이기 때문에 배당표를 작성하여 이들이 어느 정도 배당을 받을 수 있는지와 추가로 낙찰자가 부담해야 되는 금액이 어느 정도인지 꼼꼼히 따져본 후 입찰에 참여해야 한다.

등기부등본 구성 내용 살펴보기

등기부등본은 어떤 내용이 수록되어 있는지 그 구성 내용을 살펴보자. 등기부등본에 기재된 각종 등기부등본은 크게 세 부분으로 구성되어 있다.

첫째, 표제부는 해당 부동산에 대한 외형을 표시하는 부분인 소재지, 면적, 지목 등이 기재되어 있다.

둘째, 갑구는 부동산의 소유권에 관한 권리인 소유권 보존/이전, 가압류, 가등기(담보, 보존), 가처분, 압류, 임의경매, 강제경매, 환매등기 등이 기재되어 있다.

셋째, 을구는 소유권 이외의 권리사항 등이 기재되어 있다.

등기부등본은 갑구와 을구의 말소된 권리를 제외한 권리들의 목록을 순서별로 나열하여 그 중 말소기준권리가 무엇인지 찾은 후 매각물건명세서와 현황조사서 등을 토대로 임차인들의 권리관계를 파악한 후 낙찰자에게 대항력이 있는 임차인들과 대항력이 없는 임차인들을 구분할 수 있어야 한다.

(1) 표제부(表題部)

표제부란 부동산의 얼굴이다. 즉, 부동산의 외관을 표시하는 곳이다. 아파트이면 '아파트'로, 근린생활시설이면 '근린생활시설'로 표시된다. 그리고 부동산의 크기를 표시하는 곳이다. 면적이 얼마인지, 층수가 몇 층인지를 표시한다. 또한 부동산의 소재지와 번지, 지목, 구조 등이 표시된다.

(2) 갑구(甲區)

갑구 란에는 소유권과 관련된 사항이 기재된다. 대표적인 권리는 소유권 보존등기, 소유권이전등기, 가등기, 가압류등기, 가처분등기, 예고등기, 압류등기, 환매등기, 경매기입등기 등이 있다. 다음 등기부등본 갑구의 권리 중 '현재 소유지분'과 '소유지분을 제외한 소유권자'의 내용만 메모해두면 된다. 이들 권리의 구체적인 내용은 추후에 설명한다.

【 갑 구 】			(소유권에 관한 사항)		
순위번호	등 기 목 적	접 수	등 기 원 인	권 리 자 및 기 타 사 항	
1 (전 16)	소유권이전	1995년11월25일 제38133호	1995년11월6일 낙찰	소유자 이종성 430531-1****** 서울 중랑구 면목동 400-47	과거 소유지분
1-1	1번등기명의인표시변경	2003년10월7일 제60227호	2003년10월4일 전거	이종성의 주소 서울 중랑구 면목동 1510 면목두산아파트 201-2401	
1-2	1번등기명의인표시변경	2003년11월24일 제 호	2003년11월24일 전거	이종성의 주소 서울 중랑구 면목동 480-47 2004년4월17일 부기	
2 (전 17)	압류	1999년5월11일 제27003호	1999년5월6일 압류	권리자 서울특별시중랑구청 세무1과	말소
				부동산등기법 제177조의 6 제1항의 규정에 의하여 1번 내지 2번 등기를 1999년 06월 27일 전산이기	
3	2번압류등기말소	2000년5월17일 제27021호	2000년5월14일 해제		
4	소유권이전	2004년4월17일 제15476호	2004년3월30일 매매	소유자 김대경 770920-1****** 서울 중랑구 면목동아파트 201-2401	현재 소유지분
5	압류	2004년7월27일 제39922호	2004년7월19일 압류(세무2과-9044)	권리자 서울특별시중랑구청(세무2과)	
6	가압류	2004년9월3일 제62542호	2004년9월30일 서울북부지방법원 가압류 결정(2004카단 5000)	청구금액 금8,092,054원 채권자 삼성카드주식회사 110111-1024210 서울 중구 울지로2가 199-85	
7	6번가압류등기말소	2004년12월13일 제47336호	2004년12월3일 해제		
8	가압류	2005년8월18일 제9293호	2005년8월18일 서울북부지방법원 가압류 결정(2005카단0204)	청구금액 금5,391,481원 채권자 현대캐피탈주식회사 110111-0995370 서울 영등포구 여의도동 16-21 (부북채권센터)	
9	강제경매개시결정	2005년9월20일 제24060호	2005년9월17일 서울북부지방법원 강제경매개시결정(2005 타경10027)	채권자 현대캐피탈주식회사 110111-0995370 서울 영등포구 여의도동 16-21 (부북채권센터)	
10	9번강제경매개시결정등기말소	2006년6월14일 제27636호	2006년6월12일 취하		말소
11	8번가압류등기말소	2006년7월21일 제28686호	2006년7월12일 해제		
12	압류	2006년8월4일 제30902호	2006년8월4일 압류(징세과-2470)	권리자 국 처분청 서초세무서장	
13	압류	2006년8월11일 제37970호	2006년8월9일 압류(징세과-10004)	권리자 국 처분청 동대문세무서	
14	5번압류등기말소	2006년9월12일 제74416호	2006년9월8일 해제		
15	가압류	2006년9월21일 제70604호	2006년9월19일 서울북부지방법원 가압류 결정(2006카단0005)	청구금액 금20,000,000원 채권자 씨제이 서울 양천구 양평동 678 규브메스트빌 102-1904	
16	15번가압류등기말소	2006년12월14일 제131360호	2006년12월11일 해제		
17	압류	2007년4월2일 제40216호	2007년3월26일 압류(세무1과-4150)	권리자 서울특별시중랑구	
18	17번압류등기말소	2007년6월16일 제72783호	2007년6월13일 해제		
19	12번압류등기말소	2007년6월26일 제77699호	2007년6월18일 해제		

21	소유권이전청구권가등기	2007년12월28일 제162474호	2007년12월28일 매매예약	가등기권자 양병직 580321-1****** 서울특별시 강서구 화곡동 1146 우장산롯데캐슬 306-1302
22	압류	2008년3월11일 제27176호	2008년2월14일 압류(세무1과-1996)	권리자 서울특별시중랑구
23	가압류	2008년3월13일 제28443호	2008년3월12일 전주지방법원의 가압류 결정(2008카단1168)	청구금액 금62,106,914원 채권자 호남경기화물신용협동조합 전라북도 전주시 덕진구 팔복동1가 308-1
24	임의경매개시결정	2008년6월20일 제63959호	2008년6월20일 서울북부지방법원의 임의경매개시결정(2008 타경9174)	채권자 중소기업은행 110136-0000903 서울 중구 을지로2가50 (여신관리부)
25	압류	2008년10월20일 제127166호	2008년10월13일 압류(소득세과-7393)	권리자 국 처분청 동대문세무서

(3) 을구(乙區)

을구 란에는 소유권 이외의 권리들이 표시된다. 대표적인 권리에는 근저당권, 전세권, 지상권 등이 있으며, 근저당권이 다수를 차지한다. 다음 등기부등본 을구의 권리 중 '근저당권자'의 내용만 메모해두면 된다. 이들 권리의 구체적인 내용은 추후에 설명한다.

【 을 구 】		(소유권 이외의 권리에 관한 사항)		
순위번호	등기목적	접수	등기원인	권리자 및 기타사항
1 (전 6)	근저당권설정	1998년11월07일 제36632호	1998년11월07일 설정계약	채권최고액 금105,000,000원 채무자 이종성 서울 중랑구 면목동 466-47 근저당권자 주식회사조흥은행 110111-0012009 서울 중구 남대문로4가 14 〈산용동가금〉 부동산등기법 제177조의 6 제1항의 규정에 의하여 1999년 06월 27일 전산이기
2	근저당권설정	2000년1월14일 제1056호	2000년1월13일 설정계약	채권최고액 금120,000,000원 채무자 이종성 서울 중랑구 면목동 466-47 근저당권자 박기수 600221-1****** 서울 노원구 중계동 365 대림벽산아파트 101동 404호
3	2번근저당권설정등기말소	2001년11월16일 제4260호	2001년11월15일 해지	
4	근저당권설정	2003년10월7일 제68226호	2003년10월7일 설정계약	채권최고액 금76,000,000원 채무자 이종성 서울 중랑구 면목동 1610 면목두산아파트 801-0401 근저당권자 이종수 430630-1****** 서울 송파구 잠실동 97 아파트 501-1404 박상욱 500009 2****** 화성부근 가능동 34-6
5	4번근저당권설정등기말소	2003년11월6일 제66692호	2003년11월6일 해지	
6	1번근저당권설정등기말소	2004년4월27일 제17081호	2004년4월27일 해지	
7	근저당권설정	2004년4월27일 제17082호	2004년4월27일 설정계약	채권최고액 금312,000,000원 채무자 한서비료주식회사 충천군 홍천읍 상야치리 834 근저당권자 중소기업은행 110136-0000903 서울 중구 을지로2가 50 (장한백지점)
8	근저당권설정	2007년6월12일 제72396호	2007년6월12일 설정계약	채권최고액 금196,000,000원 채무자 한서종합물류주식회사 서울 중랑구 면목3동 468-47 한서빌딩 2층 근저당권자 주식회사모아저축은행 131111-0004960 경기도 성남시 수정구 신흥동 2476

등기부등본상의 권리 나열하기

등기부등본상의 복잡한 권리관계를 알기 쉽게 확인하기 위해서는 순서대로 노트에 작성하면 권리관계를 알아보기 쉽다. 하지만 등기부등본상의 모든 권리관계를 작성해둘 필요는 없다. 표제부의 내용, 갑구의 소유권보존등기(갑구의 소유권이전등기 중에서 최종 권리자만 나열하면 된다), 권리 내용이 이전 등기부등본의 갑구와 을구의 내용과 같이 실선(빨강색 또는 검정색)으로 된 부분, 즉 권리가 말소된 부분은 나열할 필요가 없다.

순서번호	권리명	접수일	접수번호	채권액	권리자	기타
	소유권이전	2004.04.17	15476		김모씨	최종소유권이전자
21	소유권이전청구권가등기	2007.12.28	152474		양모씨	가등기권자
22	압류	2008.03.11	27178	6,500만원	서울중랑구	
23	가압류	2008.03.13	28443	1억2천만원	호남정기화물신협	
24	임의경매	2008.05.20	63989		중소기업은행	
25	압류	2008.10.20	127165		동대문세무서	

위 내용을 갑구와 을구 구분 없이 접수일을 기준으로 앞선 순위로 나열하면 다음과 같다.

소멸과 인수 권리의 기준 말소기준권리를 찾아 소멸여부를 분석해보자.

말소기준권리(근저당, 가압류, 담보가등기, 강제기입등기 중 가장 빠른 권리)는 중소기업은행의 근저당이다. 중소기업은행 근저당 말소기준권리를 기점으로 그 이후에 설정된 모든 권리는 낙찰금액 범위에서 배당받고 소멸된다.

	A	B	C	D	E	F	G	H
1				부동산 등기부등본 권리 나열표				
2	사건번호			2008타경 9174				
3	순서번호	권리명	접수일	접주번호	채권액	권리자	기타	소멸여부
4	1	소유권이전	2004.04.17	15476		김모씨	최종소유권이전자	소멸
5	2	근저당	2004.04.27	17062	3억 1,200만원	중소기업은행	말소기준권리	소멸
6	3	근저당	2007.08.12	72398	1억 9,500만원	토마토상호저축		소멸
7	4	소유권이전청구권가등기	2007.12.28	152474		양모씨	가등기권자	소멸
8	5	압류	2008.03.11	27178		서울중랑구		소멸
9	6	가압류	2008.03.13	28443	62,108,914원	호남정기화물신협		소멸
10	7	임의경매	2008.05.20	63989	3억 1,200만원	중소기업은행		소멸
11	8	압류	2008.10.20	127165		동대문세무서		소멸
12								
13								

@ Book in Book … **등기부등본상 같은 날짜에 상이한 권리들이 설정된 경우 우선순위**

등기부등본은 표제부, 갑구, 을구로 구성되어 있는데, 만약 동일한 날짜에 갑구와 을구상(서로 다른 구, 별구)에 상이한 권리가 설정되었을 경우와 을구상(동일한 구, 동구)에 상이한 권리가 설정되었을 경우 그 순위는 접수번호와 순위번호에 의해 결정짓는다. 즉, 별구에서는 접수번호에 의하며, 동구에서는 순위번호에 의해 결정된다. 이 우선순위는 권리관계에서 매우 중요하다.

❶ 동구(을구와 을구)의 경우

【 을 구 】 (소유권 이외의 권리에 관한 사항)				
순위번호	등기목적	접수	등기원인	권리자 및 기타사항
1	근저당권 설정	2009년 1월 10일 제123455호	2009년 1월 10일 설정계약	채권최고액 1억 원 채무자 이○○ 근저당권자 김○○
2	근저당권 설정	2009년 1월 10일 제123456호	2009년 1월 10일 설정계약	채권최고액 5억 원 채무자 이○○ 근저당권자 박○○

동일한 날짜에 부동산 등기부의 을구상에 근저당권이 둘 이상 설정되었을 경우 을구상의 순위번호에 의해 그 번호가 빠른 근저당권이 선순위 권리가 된다. 즉, 위의 경우 순위번호가 빠른 근저당권자 김○○(1순위)가 순위번호가 늦은 근저당권자 박○○(2순위)씨보다 선순위의 권리에 해당된다.

【 갑 구 】		(소유권에 관한 사항)		
순위번호	등기목적	접수	등기원인	권리자 및 기타사항
1	가압류	2009년 1월 10일 12345호	2009년 1월 10일 서울지방법원 가압류 결정(2009타경12345)	청구금액 1억 원 채권자 조○○ (채권자 주소)

【 을 구 】		(소유권 이외의 권리에 관한 사항)		
순위번호	등기목적	접수	등기원인	권리자 및 기타사항
1	근저당권 설정	2009년 1월 10일 12346호	2009년 1월 10일 설정계약	채권최고액 1억 원 채무자 이○○ 근저당권자 김○○

위의 경우 같은 날짜에 갑구에는 가압류가, 을구에는 근저당권이 설정되었을 경우 가압류의 접수번호(12345호)가 근저당권(12346호)보다 빠르기 때문에 가압류가 선순위 권리에 해당되고 근저당권은 선순위 가압류에 대하여 우선변제권을 주장할 수 없어, 동순위로서 채권액에 비례한 안분배당(비율로 나누어 배당을 하는 것, 비율배당)을 받는다.
이는 가압류는 채권으로서 우선변제권이 없고, 근저당권은 우선변제권이 있기는 하나 선순위 가압류에 대하여 우선변제권을 주장할 수 없기 때문에(우선변제권은 후순위 권리자에 대하여만 주장할 수 있다) 동순위로 안분배당을 받게 된다.

등기부등본 갑구에 기재되는 가압류, 가등기, 가처분등기, 예고등기 살펴보기

부동산경매로 등록된 물건들의 부동산 등기부등본 갑구란에 가장 많이 설정되는 권리에 대해서 알아보자. 갑구에는 소유권과 관련된 사항이 기재된다. 소유권보존등기, 소유권이전등기, 가등기, 가압류등기, 가처분등기, 예고등기, 압류등기, 환매등기, 경매기입등기 등이 갑구에 기재된다. 이 중 경매 물건에 주로 설정되는 대표적인 권리에는 가압류, 가등기, 가처분등기, 예고등기 등이 있다.

가압류(假押留) 살펴보기

가압류는, 채권자가 앞으로 회수할 금전채권의 보전을 위해서 강제집행(

강제경매신청 등)에 앞서 채무자 명의의 부동산에 대한 처분제한을 하는 조치로서, 채권자가 채무자를 상대로 정식소송을 제기하여 소송에서 이긴 후 판결문으로 가압류한 채무자의 부동산 전체에 강제집행을 하여 채권회수하는 것을 말한다.

예를 들어, 다음 그림과 같이 이○○씨(채무자)가 김○○씨(채권자)에게 천만 원을 빌려주고 이○○씨는 김○○씨에게 차용증을 주었다고 가정해보자.

만약 이○○씨가 김○○씨의 돈을 갚지 않는다면, 김○○씨는 빌려준 돈을 받기 위해 박○○씨로 받은 차용증을 근거로 박○○씨 명의 재산에 대해서 가압류(가짜압류)를 신청할 수 있다. 그리고 차용금반환청구소송을 제기하여 법원으로부터 판결문(이○○씨는 김○○씨에게 언제까지 돈을 갚으라는)을 받게 된다. 그 후 판결문에 의해서 가압류한 부분을 강제경매신청할 수 있다.

다음과 같이 김○○씨가 1월 1일 가압류한 후 임차인 박○○씨가 전입신고, ○○은행의 저당권이 설정된 상태에서 김○○씨가 강제경매신청했다면, 말소기준권리는 김○○씨가 되기 때문에 임차인 박○○씨와 ○○은행은 자동 소멸된다. 즉, 낙찰자는 박○○씨의 부동산을 낙찰받더라도 인수해야 될 이해관계인이 발생하지 않는다.

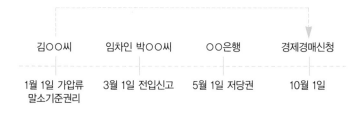

하지만 만약에 임차인 박○○씨나 다른 이해관계인(○○은행 등 경매부동산과 관련된 권리자)이 김○○씨의 채무를 대신 변제해준다면 김○○씨는 권리관계에서 소멸되고 그런 상황에서 ○○은행이 임의경매를 신청했다면 말소기준권리는 저축은행으로 변경되어 임차인 박○○씨는 소멸 상태에서 낙찰자가 100% 인수해야 되는 상황으로 변경될 수 있다. 이것이 대위변제이고 이런 상황은 항상 염두에 두어야 한다.

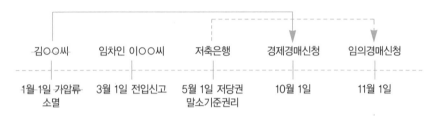

가등기(假登記) 살펴보기

가등기란 본등기에 대비하여 미리 등기부상의 권리 순위를 보전하기 위하여 법원에 등기하는 것이다. 가등기에는 담보가등기와 보전가등기(소유권이전청구권보전가등기)가 있다. 특히 담보가등기는 저당권으로 볼 수 있다. 다음 경매 물건의 부동산 등기부상의 권리현황을 보면 말소기준권리(근저당. 김○○씨)보다 박○○, 박○○씨의 소유권이전청구권가등기가 앞에 설정되어 있기 때문에 낙찰자가 인수해야 되는 사항이다.

🏢 임차인현황	• 배당요구종기 : 2008.11.25	=== 채무자(소유자)점유 ===			예상배당표	
기타참고	☞지하에서 부터 `101호`를 표시하고 있어 1층2호의 실제 표시는 `202`호임 ▶주민등록상 김병■ (전입:2007.04.12) 전입되어 있으나, 임차관계 및 점유는 불명임 ⑤ 현장조사보고서					
건물등기부	권리종류	권리자	채권최고액 (계 : 105,000,000)	비고	소멸여부	
1 1998.11.21	소유권이전(매매)	박태■			소멸	
2 1998.11.21	소유권이전 청구권가등기	박순■,박은■		매매예약	인수	말소기준 권리
3 2008.01.16	근저당	김철■	60,000,000원	말소기준등기	소멸	
4 2008.06.23	근저당	(주)쌘타■	15,000,000원		소멸	
5 2008.09.10	근저당	하이트맥주(주)	30,000,000원		소멸	
6 2008.09.12	임의경매	김철■	청구금액 : 60,000,000원	2008타경2■■■	소멸	
등기부 분석	☞말소되지 않는 선순위 가등기 인수주의					
주의 사항	☞위 말소되지 않은 최선순위 가등기의 권리자는 소유자의 자녀들임 ☞김병■는 전입일상 대항력이 있으므로, 보증금있는 임차인일 경우 인수여지 있어 주의요함.					

다음 그림에서 김○○씨가 이○○씨에게 1억을 빌려주면서 저당권을 설정하는 대신 김씨의 부동산을 사는 것처럼 매매계약을 맺거나 김씨의 부동산으로 대물변제를 받겠다는 계약을 하고 차후에 빚을 갚지 않으면 그 부동산의 소유권을 이전받기로 하는 것으로, 일종의 담보계약을 했을 때 해두는 가등기이며 담보가등기(또는 가등기담보)라고도 한다.

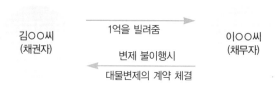

부동산경매에서는 담보가등기와 저당권을 똑같은 권리로 취급한다. 보존가등기는 소유권이전청구권(매매를 하기로 하고 계약한 후 잔금을 치르기 전까지(즉, 소유권이전등기할 때까지) 다른 사람에게 팔지 못하도록 미리 해두는 등기)을 보전하는 가등기이다.

김모씨가 박모씨에게 1억을 빌려주면서 돈을 갚지 못하면 소유권을 이전받기로 했는데 돈을 갚지 않은 상태라면, 김모씨는 박모씨가 제3자에게 2중계약 등으로 소유권을 이전할 수 없도록, 즉 소유권 이전을 청구하는 권리가보전되도록 가등기를 설정하는 것이다.

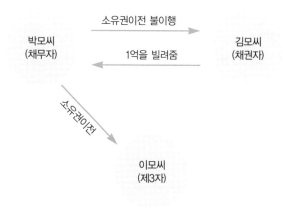

그런데 등기부등본에 가등기가 설정되어 있다면, 표기된 형식만으로는 그 가등기가 담보가등기인지 보존가등기인지 알 수 없다. 그렇기 때문에 실무에서 이 둘의 확인은 채권계산서를 통해 가능하며 가등기권자 배당요구를 했으면 담보가등기로 보고 배당요구를 하지 않았으면 보전가등기로 판단할 수 있다.

다음 그림과 같이 권리관계에서 저당권 설정자인 이○○씨의 경매신청으로 경매 물건이 나왔다고 가정해보자.

만약 가등기가 보전가등기인지 담보가등기인지 모르고 계약을 체결 후 담보가등기라면 김○○씨와 이○○씨는 모두 낙찰자에게 배당을 받을 수 있지만 보전가등기라면 이○○씨는 채권자로서의 권리를 잃어버리게 된다. 그러나 이○○씨가 부동산 매매 계약에 무지하지 않다면 최소한 김○○씨의 가등기가 어떤 가등기인지 확인한 후 저당권을 설정했을 것이기 때문에 담보가등기일 확률이 높다.

가처분(假處分)등기 살펴보기

가처분은 부동산에 대한 특정 청구권(소유권반환청구권, 처분금지청구권, 소유권이전등기말소청구권 등)에 대하여 채권자가 채무자의 재산은닉이나 제3자에게 처분을 금지시키고 앞으로 강제집행을 보전할 필요가 있을 때 취하는 조치다. 가처분에는 부동산소유권과 관련하여 분쟁이 발생되었을 경우 매매·양도금지가처분등기(Ⓐ)와 경매로 부동산을 낙찰받은 후 명도대상자에 대하여 명도집행을 하기 전에 하는 점유이전금지가처분(Ⓑ)이 있다. 다음 경매 물건의 등기부등본에 소유권이전등기말소청구권 가처분(❶)이 신청된 사례다.

🏠 임차인현황		* 말소기준권리:2004.12.07 * 배당요구종기:2006.06.14		보증금액 / 사글세 or 월세	대항력 여부	배당예상금액	예상배당표
윤청진	주거용 전부	전 입 일: 미상 확 정 일: 미상 배당요구일: 없음					배당요구없음

	건물등기부	권리종류	권리자	채권최고액 (계:6,831,878,831)	비고	소멸여부
1	2004.12.07	소유권보존	아태산업(주)			소멸
2	2004.12.07	가압류	남현ﾑ,문병ﾑ,김숙ﾑ	576,540,000원	말소기준등기	소멸
3	2005.04.04	가압류	에스케이아이통상(주)	145,338,831원		소멸
4	2005.04.29	근저당	국민은행 강북기업금융지점	6,110,000,000원		소멸
5	2005.05.07	소유권이전(신탁)	(주)한국토지신탁			소멸
6	2005.08.11	가처분	박공ﾑ		소유권이전등기말소청구권	소멸
7	2005.10.28	가처분	박용ﾑ		소유권이전등기말소청구권	소멸
8	2006.03.06	임의경매	국민은행	청구금액: 6,110,000,000원	2006타경ﾑﾑ	소멸
9	2006.03.10	가처분	김덕ﾑ		사해행위취소권에의한소유권이전등기말소청구권	소멸
10	2007.06.21	가처분	김현ﾑ		사해행위취소로 인한소유권이전등기말소청구권	소멸

기타사항	☞ 최선순위 설정 일자 : 2004.12.07(가압류)(건물), 2003.09.30(토지)

---

❷ Book in Book ··· 매매·양도금지가처분과 점유이전금지가처분이란?

Ⓐ 매매·양도금지가처분

매매·양도금지가처분은 부동산 소유권과 관련하여 법적인 분쟁이 발생되었을 경우 특정 부동산에 대한 소유권을 주장하는 자가 현재 부동산 등기부상의 소유자를 상대로 소송을 제기하기 앞서 부동산 등기부상의 소유자가 그 부동산을 다른 사람에게 매매 등을 금지시키기 위해서 등기하는 것이다. 경매 물건에 말소기준권리보다 앞서는 가처분등기가 설정되어 있다면 경매로 소멸되지 않은 권리기 때문에 위험부담이 큰 요소로 투자에 신중을 기할 필요가 있다.

Ⓑ 점유이전금지가처분

낙찰자에게 대항할 수 없는 임차인(점유자)이 주택을 비우지 않을 경우 낙찰자는 경매대금 완납일로부터 6개월 이내에 인도명령신청을 해야 하며, 동시에 임차인(점유자)을 상대로 '점유이전금지가처분신청'을 해야 한다. 그러나 실무에서는 이 가처분신청을 통상 하지 않는 경향이 있는데, 이 가처분신청을 하지 않은 상태에서 인도명령신청에 의한 명도집행을 하려고 현장을 가본 결과 점유자가 다르다면 명도집행시 문제가 될 수 있기 때문이다.

---

❷ Book in Book ··· 가압류, 가등기, 가처분의 차이점

가압류 = 금전채권

가등기 = 금전채권 + 권리

가처분 = 권리

예고등기 살펴보기

말 그대로 입찰자에게 주의를 예고하는 등기다. 즉, 경매로 나온 어떤 부동산에 조심해야 할 사항을 법원에서 부동산 등기부에 기록해 미리 알려주는 등기다. 소송 결과를 알 수만 있다면 낙찰받아도 되지만 알 수 없기 때문에 무작정 낙찰받는 것은 위험하다.

경매에 나온 물건 중 어느 부동산의 등기부에 소유권에 관한 예고등기가 되어 있다고 가정해보자. 소유권에 관한 예고등기가 있다는 것은 그 부동산의 소유권에 대해 분쟁(소송)이 있다는 것을 의미한다. 이 분쟁 결과를 알 수 있다면 누구에게 진정한 소유권이 있는지 알 수 있지만 재판이 진행중이라면 재판 결과에 따라 소유권에 변화가 있을 수 있다는 의미다. 쉽게 말해서 현재로서는 누가 진짜 소유자인지 알 수 없고 재판 결과에 따라 판가름 난다는 얘기다.

예를 들어 김○○씨가 서울에 아파트를 소유하고 있었는데, 해외 근무로 인해 가족들과 함께 2년간 외국에서 생활해야 할 상황이다. 김○○씨는 이 주택을 사업 부도로 오갈 데 없는 친한 친구인 이○○씨에게 그냥 2년간 아무 조건 없이 살라고 했다. 그런데 이○○씨는 부동산등기법을 악용해 무단으로 자신의 명의로 소유권이전등기를 했고, 2년 뒤 귀국한 김○○씨는 이런 사실을 알게 돼 법원에 소유권말소소송을 제기했다. 즉, 이○○씨는 이 주택의 정당한 소유자가 아니므로 이○○씨 앞으로 되어있는 소유권을 말소해달라는 내용으로 소송을 제기한 것이다. 이 경우 법원은 소유권에 관해 분쟁이 있음을 제3자에게 알리기 위해 등기부에 예고등기를 한다.

이런 상황에 김○○씨의 사업이 잘되지 않아 김○○씨 소유의 주택이 경매로 넘어가게 되었다. 경매로 내 집 마련을 해볼까하는 생각에 법원을 찾았던 경매 초보자 박○○씨가 이 주택이 마음에 들어 예고등기가 되어있음에도 불구하고 단독 낙찰받았다.

아주 저렴하게 낙찰받은 박○○씨는 엄청난 차액으로 매매를 추진하기로 했다. 그런데 나중에 재판 결과 김○○씨가 승소하면 소유권은 다시 김○○씨에게로 넘어가고 박○○씨는 소유권을 잃게 된다(만일 김○○씨가 패소하고 이○○씨가 승소하면 박○○씨는 소유권을 잃지 않고 원래대로 큰 차액의 수익이 발생한다). 반드시 예고등기 물건은 예고등기 사건내역을 잘 알고 있는 상태라도 전문가의 도움을 받은 후 입찰에 참여해야 한다.

다음 사건은 등기부등본 '을구' 란의 순서번호 14번에 근저당권회복 예고등기가 설정된 사항이다. 이 내용은 경매정보지의 등기부등본상의 권리내용에서도 확인할 수 있다.

【 을 구 】	(소유권 이외의 권리에 관한 사항)			
순위번호	등 기 목 적	접 수	등 기 원 인	권 리 자 및 기 타 사 항
1 (전 1)	근저당권설정	1995년5월22일 제72000호	1995년5월22일 설정계약	채권최고액 금9,700,000원정 채무자 권윤한 서울 마포구 신수동 483-1 근저당권자 한국주택은행 111235-0001005 서울 영등포구 여의도동 36-3 (상환지점)
1-1 (전 1-1)	1번근저당권변경	1999년7월2일 제76402호	1999년7월2일 확장 채무자 변제자권수	채무자 권영자 서울 양천구 신정동 314 목동신시가지아파트 610-602
1-2	1번근저당권이전	2001년11월2일 제61558호	2001년11월1일 회사합병	근저당권자 주식회사국민은행 110111-2365321 서울 중구 남대문로2가 9-1 (서울대출실행센타)
2 (전 2)	근저당권설정	1999년7월2일 제76403호	1999년7월2일 설정계약	채권최고액 금25,100,000원정 채무자 권영자 서울 양천구 신정동 314 목동신시가지아파트 610-602 근저당권자 한국주택은행 111235-0001005 서울 영등포구 여의도동 36-3
13	근저당권설정	2005년2월21일 제11000호	2005년2월18일 설정계약	채권최고액 금200,000,000원 채무자 권영자 서울 양천구 신정동 314 목동신시가지아파트 610-901 근저당권자 마평임 610109-1****** 의정부시 호원동 487 아이파크 호원동 200-902
13	근저당권설정	2005년2월21일 제11000호	2005년2월18일 설정계약	채권최고액 금200,000,000원 채무자 권영자 서울 양천구 신정동 314 목동신시가지아파트 610-901 근저당권자 마평임 610109-1****** 의정부시 호원동 487 아이파크 호원동 200-902
17	근저당권설정	2005년9월12일 제84810호	2005년9월12일 설정계약	채권최고액 금75,200,000원 채무자 권영자 서울 양천구 신정동 314 목동신시가지아파트 610동 901호 근저당권자 주식회사한국투자상호저축은행 204711-0001362
24	13번근저당권회복예고등기	2006년10월2일 제78306호	2006년9월13일 서울남부지방법원의 소계기(2006가단79449)	

• 부동산 등기부등본의 권리내용

건물현황		평형	전용면적	건축용도	감정가격	(보존등기일 :'87.10.02)
건물	20층중 9층	27평형	71.77㎡ (21.71평)	방2,거실등	320,000,000원	▶ 남향, 복도식
토지	대지권		71410.3㎡ 중 54.68㎡		480,000,000원	▶ 가격시점 :'06.11.06/ 우성감정평가
현황 · 위치 주변환경		◆ 서울남부지방법원 남동측 인근에 위치, 버스정류장 근거리에 위치 ◆ 사방으로 폭 약15-40미터 포장도로와 접합				
참고사항		◆ 2007타경3282(중복) / ◆ 2009.05.01일자로 11계에서 6계로 이관				

[토지이용계획열람] [감정평가서] [점유관계조사] [매각물건명세] [문건접수내역] [건물등기부] [입찰가분석표]

임차인현황		◆ 배당요구종기 :2007.01.08	=== 조사된 임차내역 없음 ===		예상배당표
기타참고		◆3차에 걸쳐 방문하여 방문메모지를 남겼으나 연락이 없음	◆현장조사보고서		

건물등기부		권리종류	권리자	채권최고액 (계 :1,586,100,000)	비고	소멸여부
1	1996.06.25	소유권이전(매매)	김영희			소멸
2	2006.02.02	근저당	한국외환은행 (철산역지점)	520,000,000원	말소기준등기	소멸
3	2006.04.10	소유권이전 청구권가등기	이경ㅇ		매매예약	소멸
4	2006.10.02	박형ㅇ근저당권회복 고등기	2006년9월13일 서울남부지방법원에 소제기 (2006가단ㅇㅇㅇ) [예고등기] 사건내역보기			
5	2006.10.18	강제경매	김연ㅇ	청구금액: 174,166,670원	2006타경ㅇㅇ	소멸
6	2006.12.14	가압류	신형ㅇ	395,900,000원		소멸
7	2006.12.22	가압류	이경ㅇ	272,000,000원		소멸
8	2007.01.04	가압류	이순ㅇ	398,200,000원		소멸
9	2007.02.12	임의경매	한국외환은행	청구금액: 400,707,178원	2007타경ㅇㅇ	소멸
10	2007.05.10	압류	서울시양천구		세무1과-3369	소멸

예고등기

등기부등본 을구에 기재되는 저당권, 전세권 살펴보기

부동산경매로 등록된 물건들의 부동산 등기부등본 을구 란에 가장 많이 설정되는 권리에 대해서 알아보자. 을구에는 소유권 이외의 권리들이 표시된다. 을구 란에는 근저당권(은행은 돈을 빌려주면서 담보로 저당을 잡는다. 담보 가등기도 포함), 전세권(임대차 계약(집주인과 나 1:1로 계약 체결한다)을 체결(설정)) 등이 기재가 된다.

근저당권 살펴보기

채무자가 은행에서 돈을 빌릴 때 채무자 명의 또는 제3자 명의의 부동산을 담보 제공을 하는데, 이때 은행은 채권자가 되어 부동산 등기부상에 근저당권을 설정한다. 만약 채무자가 돈을 갚지 않을 경우에는 근저당권을 실행(경매신청)하여 은행은 자기 채권을 회수하는 것이다.

다음 사건의 경우 등기부등본의 순서번호 5번에 근저당권은 자신이 이 주택의 소유자에게 2억 4천만 원을 빌려주면서 소유자의 주택을 담보로 근저당권을 설정한 사례다. 이 주택 소유자가 어떠한 이유로 해서 채무를 이행하지 않자 근저당권자인 중소기업은행이 자신들의 채권을 회수하기 위하여 이

주택을 경매신청하게 된다. 경매에 나온 부동산 중 상당수의 물건이 이런 사
연을 가지고 있다.

• 등기부등본상의 권리관계

【 을 구 】 (소유권 이외의 권리에 관한 사항)				
순위번호	등 기 목 적	접 수	등 기 원 인	권 리 자 및 기 타 사 항
1	근저당권설정	2002년6월21일 제29406호	2002년6월19일 설정계약	채권최고액 금182,000,000원 채무자 정○수 인천 서구 마전동 639 영남아파트 118동 101호 근저당권자 주식회사한○ 110111-0302589 서울 중구 남동 29 (위○백지점)
1-1	1번근저당권변경	2003년2월19일 제10609호	2003년2월19일 계약양수	채무자 정○수 인천 서구 마전동 639 영남아파트 106 206
2	1번근저당권설정등기말소	2003년2월12일 제17010호	2003년2월12일 해지	
3	근저당권설정	2003년2월12일 제17011호	2003년2월12일 설정계약	채권최고액 금197,200,000원 채무자 유○수 인천 서구 마전동 639 영남아파트 118동 101호 근저당권자 주식회사사원조합중앙회 110111-0015071 서울 중구 상봉동1가 10-1 (주단위점)
4	근저당권설정	2003년7월10일 제65367호	2003년7월10일 설정계약	채권최고액 금20,000,000원 채무자 유○봉 인천광역시 서구 마전동 639 영남아파트 118동 101호 근저당권자 주식회사한○초록우유우유 110111-0002373 인천 남구 주안동 930-0
5	근저당권설정	2006년2월24일 제12872호	2006년2월24일 설정계약	채권최고액 금240,000,000원 채무자 유○봉 인천광역시 서구 마전동 639 영남아파트 118동 101호 근저당권자 중소기업은행 110135-0000903 서울 중구 을지로2가 50 (검단지점)
6	2번근저당권설정등기말소	2006년2월27일 제14529호	2006년2월27일 해지	
7	4번근저당권설정등기말소	2006년2월27일 제14540호	2006년2월27일 해지	
8	근저당권설정	2006년9월11일 제76109호	2006년9월11일 설정계약	채권최고액 금120,000,000원 채무자 유○봉 인천 서구 마전동 639 영남아파트 118동 101호 근저당권자 중소기업은행 110135-0000903 서울 중구 을지로2가 50 (검단지점)
9	근저당권설정	2008년4월16일 제23433호	2008년2월28일 설정계약	채권최고액 금126,408,000원 채무자 유○봉 인천광역시 서구 마전동 639 영남아파트 118동 101호 근저당권자 중소기업중앙회 111540-0002070 서울특별시 영등포구 여의도동 16-2 공동담보 건물 서울특별시 중구 주○동 1068 중앙유한섭외감사 제타유 제2211호

근저당, 근저당권자: 중소기업은행

• 위 등기부등본상의 권리관계를 나열한 표

	임차인현황	• 배당요구종기: 2008.12.30	=== 조사된 임차내역 없음 ===	예상배당표		
기타참고	☞ 본건 현황조사차 현장에 두차례 임하였으나 폐문부재로 이해관계인을 만날수 없어 상세한 점유 및 임대관계 미상임 ⑤ 현장조사보고서					
건물등기부		권리종류	권리자	채권최고액 (계 :486,408,000)	비고	소멸여부
1	2003.02.06	소유권이전(매매)	유○			소멸
2	2006.02.24	근저당	중소기업은행 (검단지점)	240,000,000원	말소기준등기	소멸
3	2006.09.11	근저당	중소기업은행	120,000,000원		소멸
4	2008.04.16	근저당	중소기업중앙회	126,408,000원		소멸
5	2008.04.23	압류	근로복지공단서울관악지사			소멸
6	2008.10.10	임의경매	중소기업중앙회	청구금액 : 126,408,000원	2008타경○○○○	소멸
7	2009.01.16	임의경매	중소기업은행	청구금액: 360,000,000원	2009타경○○○	소멸

근저당, 근저당권자: 중소기업은행

근저당권자: 중소기업은행 임의경매신청

저당권은 금액이 정해진 채권을 담보하기 위함이고, 근저당권은 앞으로 계속 거래에서 발생하는 불특정한 채권을 담보하기 위함이다. 예를 들어 송파구 가락동의 아파트를 담보로 1억 원을 빌려줬다면 1억 원에 대한 저당권을 설정해 놓으면 그만이지만, 돈을 계속 빌려주어야 한다면 근저당권을 설정해야 한다.

어떤 물건을 지속적으로 공급하고 그 물품대금을 수시로 결제해야 한다면 물품대금에 대한 채무는 계속 변동될 수 있다. 이러한 경우에는 근저당권을 설정해야 한다. 근저당권을 설정할 때는 채권 최고액을 정하여 그 한도 내에서만 담보를 설정하게 된다.

저당권은 정해진 특정 채권을 담보하기 위함이기 때문에 채권을 모두 갚으면 저당권도 함께 소멸된다. 즉, 송파구 가락동의 아파트를 담보로 1억 원을 빌려줬다면 1억 원을 모두 갚으면 채권은 소멸하고 저당권을 말소하지 않더라도 그 저당권은 이미 무효다.

그러나 근저당권은 채무를 전액 변제한다 하더라도 소멸되지 않는다. 계속적인 거래관계에서 일시적으로 채무를 갚았다 하더라도 그 거래관계가 종료되지 않기 때문이다. 따라서 채무를 전액 갚는다하더라도 말소하지 않으면 근저당권은 유효하고 존속한다. 근저당권은 결산기(담보되는 채권의 확정 시기)가 되면서 피담보채권(담보권을 설정한 근거가 되는 채권)이 확정되고 다 갚아서 피담보채권이 소멸하면 근저당권도 함께 소멸된다.

은행에서 주택을 담보로 돈을 빌렸다면, 금액이 정해진 채권을 담보하기 위함이기 때문에 원칙은 저당권을 설정해야 하는데, 대부분의 은행들은 근저당권을 설정하고 있는 실정이다.

일반적으로 말소기준권리가 되는 근저당권이 설정된 후 다른 권리나 대항요건을 갖춘 주택임차인은 낙찰과 함께 그 권리가 모두 소멸된다. 그러나 근저당권보다 먼저 설정된 일정한 권리들(가처분등기, 보전가등기, 환매등기, 지상권, 지역권, 전세권, 대항력 있는 주택임차인)은 낙찰로 소멸되지 않고 낙찰자에게 대항할 수 있어 주의해야 한다.

(1) 위험요소가 될 수 있는 근저당 설정 유형 살펴보기

경매 물건에 근저당권이 설정돼 있을 때 문제가 될 수 있는 경우는 근저당권자의 실제 채권액이 없는 경우, 대금납부 전 근저당권의 말소된 경우, 근저당권 설정 후 보증금 증액 문제 등이다. 만약 자신이 관심있는 경매 물건의 권리분석 중 근저당이 설정된 경우 다음 세 가지 유형이 아닌지 살펴볼 필요가 있다.

첫째, 근저당권자의 실제 채권액이 없는 경우

앞의 보조설명에서도 언급했지만 근저당권은 채무를 전액 변제한다 하더라도(근저당권자의 실제 채권액이 없는 경우) 소멸되지 않는다고 했다. 근저당권이 가장 먼저 설정되어 있고 그 다음 가처분이 설정되어 있는 상태에서 강제경매된 물건을 갑이 낙찰받았다고 가정해보자. 근저당이 말소기준권리가 된다.

그렇다면 말소기준권리보다 후순위인 가처분은 낙찰자가 인수사항이 아니다. 하지만 근저당권의 실제 채권액이 0원이라면 권리의 효력이 발생하지 않아 말소기준권리는 이동하게 되고 그로 인해 가처분권리가 낙찰자의 인수사항이 될 수 있다. 이 사건에서 낙찰자는 이해관계인이 되기 때문에 '민사집행사건기록부'를 확인할 수 있다. 확인 결과 위와 같이 근저당의 실제 채권액이 0원이라면 낙찰자는 경매대금의 반환청구소송을 진행하여 가처분을 인수해야 하는 상황에서 빠져나와야 한다.

부동산 등기부에 최선순위로 근저당권이 설정되어 있다면 그 후의 모든 권리는 경매로 소멸하는 것이 원칙인데, 부동산 등기부상 근저당권이 있으나 실제 채무가 없더라도 이는 효력이 없는 형식상의 근저당권이 되어 낙찰자가 낭패 보는 경우가 간혹 발생한다.

둘째, 경락잔금 납부 전에 근저당권이 말소된 경우

낙찰자가 경매 물건을 낙찰받은 이후 경락잔금을 납부하기 전에 설정되어 있던 권리가 말소된다면 권리관계도 함께 변할 수 있다. 즉, 경락잔금을 완납하기 전까지는 권리관계가 유동적일 수 있다는 점을 꼭 기억해야 한다.

예를 들어 다음과 같이 1순위근저당/임차인/2순위근저당 순서로 권리관계가 설정된 상태라면 말소기준권리는 1순위근저당권자인 SK저축은행이다. 말소기준권리보다 후순위의 임차인, 2순위근저당권자는 낙찰자에게 대항할 수 없으므로 낙찰자의 인수사항이 아니다.

이런 상황에서 낙찰자가 낙찰을 받은 후 경락잔금(낙찰잔금, 경매잔금)을 법원에 납부하기 전에 이 사건의 이해관계인인 임차인 또는 2순위근저당권자가 1순위근저당권자의 채권액이 소액-여기서는 1천만 원-을 대신 갚는다면 말소기준권리는 2순위근저당권자로 이동하게 되고 결국 임차인의 채권액과 2순위근저당권자의 채권을 낙찰자가 인수해야 되는 최악의 상황이 발생할 수 있다.

> 경매에서는 항상 이런 결과가 발생할 수 있기 때문에 낙찰자는 입찰 전 '권리관계'에서 이해관계인 중 낙찰자에게 불리한 경우의 수가 없는지 의문을 가져야 한다.

1순위근저당권	임차인	2순위근저당권	경매신청
SK저축은행 1천만 원 말소기준권리	5천만 원	LG저축은행 1억	LG저축은행 2순위근저당권자

🅠 Book in Book … 경매 투자 격언

'입찰 전 물건의 이해관계인의 입장이 되어 보라'는 경매 투자 격언이 있다. 이는 대금납부 전 선순위 근저당권이 말소되는 경우가 발생될 수도 있는데, 이러한 상황이 발생될 것을 감안하여 투자 결정을 해야 한다는 의미다.

셋째, 근저당권 설정 후 보증금 증액 문제

경매 물건을 검색하다보면 말소기준권리보다 선순위 임차인의 보증금이 늘어난 경우를 종종 볼 수 있다.

다음과 같이 임차인/근저당/임차인 보증금 증액/경매신청의 절차를 예로 들어보자. 임차인 김말자씨는 말소기준권리인 근저당권자인 국민은행보다 선순위이기 때문에 낙찰자가 인수해야 된다. 하지만 국민은행이 근저당권을 설정한 이후에 임차인의 보증금이 증액되었다면, 말소기준권리보다 나중에 증액된 임차인 김말자씨의 증액 보증금은 낙찰자가 인수할 필요 없다.

전세권 살펴보기

전세권이란 전세금을 집주인(전세권 설정자)에게 지급하고 전세권이라는 물권을 등기하여 전세권자가 전세목적물을 사용(用)하고 수익(益)할 수 있는 권리이다. 전세권 설정기간이 만료되었음에도 불구하고 집주인이 전세금을 반환하지 않을 경우 전세권에 의해 전세목적물을 처분(경매신청)할 수 있는 담보물권적인 성격도 있어 전세권을 특수한 용익물권이라고도 한다.

경매 물건에 있어서 말소기준권리 이후에 설정된 전세권은 경매결과 순위에 의해 배당받고 소멸되나, 말소기준권리 이전에 설정되었다면 원칙적으로 소멸되지 않고 낙찰자에게 인수된다.

다음 사건은 말소기준권리인 근저당보다 후순위 전세권으로 낙찰자에게 대항할 수 없으므로 낙찰자의 인수사항이 아니다. 전세권을 설정한 임차인(강영○, 정은○씨)은 낙찰 후 주택임대차보호법에 의한 최우선변제금액(이 물건은 서울에 소재하고 있고, 주택임대차의 소액보증금 적용일자가 2008년 8월 21일 이전이기 때문에 1,600만 원만 최우선 변제받을 수도 있다)만 배당받을 수 있는 소멸되는 전세권이다.

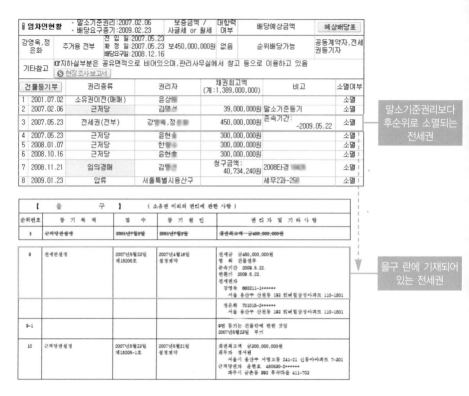

경매 물건에 설정되는 전세권은 앞 사례에서 설명한 소멸되는 전세권(낙찰자가 인수하지 않는 전세권), 소멸하지 않는 전세권(낙찰자가 인수해야 되는 전세권)으로 구분할 수 있다.

(1) 소멸되는 전세권 유형 살펴보기

전세권이 설정되어 있다 하더라도 낙찰 후 소멸되는 전세권에는 말소기준권리 이후에 설정된 전세권, 말소기준권리 이전에 설정된 전세권, 선순위 전세권자가 경매신청한 경우 등이 있다.

첫째, 말소기준권리 이후에 설정된 전세권

말소기준권리인 근저당권보다 나중에 전세권이 설정되었다면 경매 절차에서 전세금 전액을 배당받든 배당받지 못하든 간에 무조건 소멸된다. 이는 전세권보다 먼저 설정된 말소기준권리가 배당받고 소멸하면 후순위 전세권은 선순위 말소기준권리와 함께 소멸한다.

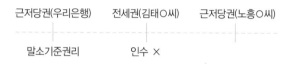

	건물등기부	권리종류	권리자	채권최고액 (계 :567,546,187)	비고	소멸여부
1	2007.01.10	소유권이전(매매)	정나●			소멸
2	2007.01.10	근저당	우리은행 (방배역지점)	120,000,000원	말소기준등기	소멸
3	2007.05.07	전세권(전부)	김태●	305,000,000원	존속기간: 2007.05.07-2009.05.05	소멸
4	2007.07.18	압류	서울특별시서초구		세무1과-9665	소멸
5	2007.10.18	근저당	노흥●	120,000,000원		소멸
6	2008.09.24	임의경매	노흥●	청구금액: 120,000,000원	2008타경●●●	소멸
7	2008.10.02	임의경매	우리은행	청구금액: 113,724,214원	2008타경●●●	소멸
8	2008.10.28	가압류	우리은행	12,676,152원		소멸
9	2008.11.17	가압류	현대캐피탈(주)	9,870,035원		소멸

근저당,
말소기준권리

전세권 설정

📖 Book in Book … 후순위 저당권이 경매신청하면 선순위 전세권은 어떻게 되나요?

후순위 저당권이 경매신청을 하면 선순위 전세권은 소멸되지 않으나 채권계산서를 최초 매각기일 이전까지 제출하면 배당받고 소멸하는데, 선순위 전세권자의 채권계산서 제출여부를 입찰 전에 확인하여야 한다.

둘째, 말소기준권리 이전에 설정된 전세권

말소기준권리보다 선순위 전세권은 낙찰자에게 대항력이 있다. 즉, 원칙은 낙찰자가 전세권자의 보증금을 인수해야 하지만 전세권자(세입자)가 더 이상 현재의 주택에서 계속 거주하고 싶지 않다면 그 선순위 전세권자는 법원이 공고한 배당요구종기일(경매로 인하여 경매 물건에 관련된 채권자들이 법원에 자신의 채권을 배당받기 위해 배당을 요구하는 기간, 모든 채권자는 원칙적으로 배당요구종기일까지 배당요구를 해야 한다. 다음 사건에서는 2008년 11월 28일이 배당요구종기일이다)까지 채권계산서를 제출하면 낙찰대금에서 배당받고 소멸한다.

전세권(김문O씨)　　　　근저당권(한국자산관리공사)

원칙 : 인수　　　　말소기준권리
예외 : 소멸

임차인현황		말소기준권리 :2005.04.20 배당요구종기 :2008.11.28	보증금액 / 사글세 or 월세	대항력 여부	배당예상금액	기타	
권오병	주거용 전부	전 입 일 :1997.03.04 확 정 일 : 배당요구일:	보 480,000,000원	있음			근저당, 말소기준권리
김문선	주거용 전부	전 입 일 : 확 정 일 : 배당요구일:	보 260,000,000원			선순위 전세권등 기자	전세권 설정
기타참고	임차인수 : 2명 , 임차보증금합계 : 740,000,000원						

	건물등기부	권리종류	권리자	채권최고액 (계 :1,140,000,000원)	비고	소멸여부
1	1988.08.19	소유권이전(매매)	신진█			소멸
2	1997.02.12	전세권(전부)	김문█	260,000,000원	존속기간 : ~1999.02.11	인수
3	2005.04.20	근저당	하나은행 (개포동지점)	300,000,000원	말소기준등기	소멸
4	2005.10.14	근저당	송선█	360,000,000원		소멸
5	2008.09.24	임의경매	송선█	청구금액 : 360,000,000원	2008타경██	소멸
6	2008.10.08	근저당	김숙█	220,000,000원		소멸

🅿 Book in Book ··· **선순위 전세권자가 경매신청한 경우**

선순위 전세권자가 임의경매신청하고 후순위에 저당권이 설정되어 있다고 가정해보자. 이 경우 말소기준권리는 어느 것이 되며, 낙찰금액이 전세권자의 전세보증금보다 낮게 낙찰된 경우 낙찰자가 부족한 부분을 인수해야 할까? 결론부터 말하자면 가압류가 말소기준권리가 되고 선순위 전세권은 낙찰자의 인수 대상이 아니다.

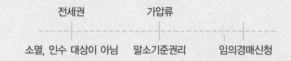

전세권　　　　가압류

소멸, 인수 대상이 아님　　말소기준권리　　　임의경매신청

선순위 전세권은 경매 낙찰자가 인수하는 것이 원칙이지만, 전세권자가 배당요구종기일(경매로 인하여 경매 물건에 관련된 채권자들이 법원에 자신의 채권을 배당받기 위해 배당을 요구하는 기간, 즉 배당요구를 할 수 있는 마지막 날을 배당요구종기일이라고 한다) 모든 채권자는 원칙적으로 배당요구종기일까지 배당요구를 해야 하며, 배당요구종기일 이후에는 배당요구를 할 수 없다. 배당요구를 하거나 경매를 신청한 경우는 매각(경매 입찰을 통하여 강제적으로 경매부동산을 입찰자 중 최고가매수인에게 낙찰(일종의 부동산을 파는 것)한 것)으로 소멸된다. 즉, 전세권자의 보증금이 경매 절차에서 전액 변제됨으로 인하여 소멸되는 것이 아니라, 매각으로 소멸하는 것이므로 배당여부와 무관하게 선순위 전세권자의 전세권은 말소된다. 전세권이 매각으로 말소되므로 선순위 전세권자라도 미배당보증금을 낙찰자에게 요구할 근원이 없게 된다.

다만, 선순위 전세권자가 주민등록전입신고를 하였을 경우 전세권뿐만 아니라, 임차권도 취득하게 되어 이 경우 임차권은 대항력이 있는 임차인이 된다. 이런 임차인은 비록 선순위 전세권은 배당요구로서 소멸되지만 대항력 있는 임차권은 보증금이 전액 변제되어야 소멸되는 것이므로, 임차권에 기하여 미배당보증금을 매수인에게 요구할 권리가 있게 되는 것이다.

따라서 배당요구를 한 선순위 전세권의 경우에는 주민등록 전입(상가 임차인은 사업자등록)도 동시에 하였느냐에 따라서 권리분석이 다르게 된다. 즉, 선순위 전세권자가 전입도 동시에 하여 대항력 있는 임차권도 취득하였다면 미배당보증금은 매수인이 인수하는 결과가 되며, 전입이 없이 단순히 선순위 전세권 등기만 하였다면 미배당보증금을 매수인이 인수하지 않는다.

즉, 말소기준권리는 가압류가 되며, 전세권이 소멸되는 이유는 말소기준권리는 아니지만 배당요구를 하였기 때문이다.

Book in Book ··· **전세권이 말소기준권리가 되기 위한 요건**

❶ 아파트 등 집합 건물에 설정

선순위 전세권이 임의경매신청을 하였다면 전세권과 저당권은 경매로 모두 소멸한다. 이 때 말소기준권리는 선순위 전세권이 되는데, 참고로 전세권에 기한 임의경매신청을 하였다는 것은 집합건물과 같이 건물 전부에 전세권이 설정된 경우에 한하며, 단독주택 등 건물 일부에 설정된 전세권은 전세권 그 자체만으로 경매신청할 수 없고, 소유자를 상대로 전세금반환청구소송에 의한 판결문으로 건물 전부를 강제경매신청하여 대지 매각대금을 제외한 건물 매각대금에서만 우선 변제받을 뿐이다. 이 경우의 전세권은 말소기준권리에 해당되지 않는다.

❷ 전세권이 다른 말소기준권리보다 제일 먼저 설정된 선순위일 경우

❸ 전세권자가 임의경매신청한 경우

만약 강제경매신청했다면 강제경매신청 그 자체가 배당요구를 한 것이나 마찬가지이며, 말소기준권리라 함은 그 권리를 포함해서 말소되는 권리이므로 낙찰금액이 적은 경우 나머지 금액에 대한 낙찰자의 인수 의무는 없는 것과 마찬가지이다.

(2) 인수되는 전세권 유형 살펴보기

말소기준권리보다 먼저 설정된 전세권이 경매 절차상에서 채권계산서를 제출하지 않으면 무조건 낙찰자가 인수해야 한다. 다음 경매 사건의 권리관계를 살펴보자. 등기부등본상의 권리관계에서 말소기준권리는 근저당권자(중소기업중앙회)(❶)고 이전에 선순위 전세권등기자인 신○○씨가 전세권(❷)을 설정한 상태에서 말소기준권리인 근저당권자(중소기업중앙회)가 임의경매(❸)를 신청한 상태다. 이 경우 선순위 전세권등기자인 신○○씨가 채권

계산서를 제출하지 않았기 때문에 신○○씨의 채권금액을 전액 낙찰자가 인수(④)해야 한다.

전세권(신○○씨)　저당권(중소기업중앙회)

전액 인수　　　말소기준권리　　　임의경매신청

🏠 임차인현황	• 말소기준권리 : 2006.07.06 • 배당요구종기 : 2009.03.17		보증금액 / 사글세 or 월세	대항력 여부	배당예상금액	예상배당표	
신⬛⬛	주거용 전체	전 입 일 : 2006.02.20 확 정 일 : 미상 배당요구일 : 없음	보115,000,000원	있음	전액낙찰자인수	선순위전세권등 기자	④

기타참고 ⑤ 현장조사보고서

건물등기부	권리종류	권리자	채권최고액 (계 : 635,000,000)	비고	소멸여부	
1	2006.06.26	전세권(전부)	신⬛⬛	115,000,000원	존속기간 : 2006.02.20-2008.02.19	인수	①
2	2006.07.06	근저당	중소기업중앙회	130,000,000원	말소기준등기	소멸	②
3	2007.11.12	근저당	하나은행	390,000,000원		소멸	
4	2008.05.08	소유권이전(매매)	윤지영			소멸	
5	2008.12.17	가처분	신용보증기금		사해행위 취소로 인한 원상회복 청구권	소멸	
6	2008.12.19	임의경매	중소기업중앙회	청구금액 : 130,000,000원	2008타경⬛⬛⬛	소멸	③

등기부 분석 ☞말소되지 않는 선순위 전세권 인수주의

🔵 Book in Book ··· **경매사건에 있어서 말소기준권리는 다음 4가지인데 그 이유는?**

● 근저당권 : 채권 당사자간에 돈을 빌려주고 빌렸기 때문에 금전 채권이다.
● 가압류 : 자신의 채권, 즉 돈을 회수하기 위해, 돈을 받을 권리를 보존하기 위한 금전 채권이다.
● 담보가등기 : 담보가등기는 저당권으로 보기 때문에 금전 채권이다.
● 강제경매기입등기 : 채권자가 자기 돈을 받기 위해 채무자의 부동산을 강제로 경매신청하기 때문에 금전 채권이다.

만약 대상이 금전 채권이라면, 즉 채권 회수를 목적으로 한다면 배당 절차에 참여할 수 지위를 가지는 반면 배당받고 그 권리는 소멸한다. 등기부등본상의 대상이 돈과 관련되어 있으면 소멸될 여지가 있고 권리와 관련 있다면 소멸될 여지가 없다. 즉, 낙찰자의 인수사항이다. 단, 말소권리보다 앞선다는 전제하에서다.

Book in Book ··· 전세권의 배당 범위

전세권은 아파트, 다세대주택 등 집합건물과 단독주택에 따라서 배당 범위가 달라지기 때문에 경매 물건의 배당표 작성 시 주의해야 한다.

❶ APT, 다세대, 빌라에 전세권이 설정된 경우
아파트 등 집합건물의 전유부분에 설정된 전세권의 경우 전세권은 전유부분의 종된권리(타권리에 대해서 종속관계에 있는 권리)인 대지권에까지 그 효력이 미쳐 대지 및 건물 매각대금 전부에 대하여 우선변제권을 가지게 된다. 예를 들어, 경매로 나온 아파트 1억 원의 전세금이 설정되어 1억 원을 배당받을 수 있다면 그 배당금액은 아파트 건물과 토지를 합산하여 배당받을 권리를 가진다.

❷ 단독주택에 전세권이 설정된 경우
집합건물이 아닌 단독주택 등에 전세권이 설정되었다면 전세권의 효력은 건물 부분에만 미쳐 건물 매각대금에서 우선변제 받을 수 있다. 다음 그림과 같이 단독주택의 건물에 전세권이 설정된 경우 건물에 설정된 효력은 토지에 효력을 미치지 못하는 것이 원칙이다. 단, 임차인이 전입신고하고 집주인과 임대차계약체결 후 건물에 대해서 전세권 등기를 하였다면 임대차계약 체결 시 확정일자를 받지 않아도 전세권 등기된 접수일자에 확정일자를 받은 것과 같은 효력이 발생되어 배당 시 토지 및 건물 경매대금 전부에 대하여 후순위 권리자보다 전세금을 우선해서 변제받을 권리(우선변제권)를 주장할 수 있다.

대구서부4계 2008-○○○○○타경 경매 사건을 예로 들어보자. 매각 전 물건이기 때문에 낙찰가격은 알 수 없지만 감정가인 최저매각가격(1억 2,000만 원)으로 낙찰된다고 가정하고 등기부등본상의 권리분석을 해보자.
우선 권리관계의 이해관계인들을 순서대로 나열해보자. 전세권자가 말소기준권리보다 앞선 선순위 전세권자이기 때문에 배당받아간다. 하지만 전세권자의 보증금 1억 3천만 원에서 1천만 원은 낙찰자가 인수할 필요가 없다. 왜냐하면 선순위 전세권자의 채권액은 인수하는 것이 원칙이지만 예외로 채권계산서를 제출하면 소멸되기 때문이다.
다음 사건의 경우 전세권자가 대지권을 포함하여(아파트이기 때문에 건물과 대지를 모두 경매신청할 수 있다) 임의경매를 신청했다.

이 전세권자는 왜 경매신청했을까?를 고민해보면 전세권자가 전세금을 받기 위함이라는 것을 알 수 있다. 즉, 전세권자가 자신의 보증금을 배당받기 위해서 경매신청한 것이기 때문에 '채권계산서를 제출했을 것이다'라고 추정할 수 있다.

> [민사집행법 91조 4항. 단서]에 의하면 선순위전세권은 낙찰자가 인수해야 한다. 다만 민법 88조에 의해 채권계산서를 제출하였다면 경매 시 매각으로 소멸된다. 매각시점은 경매잔금을 완납할 때가 된다.

전세권(권○○씨)　근저당권(대성산업)　가처분(대구신보)　압류(서대구세무서)　임의경매/신청

1억 3,000만 원　　　3천만 원
　　　　　　　　　말소기준권리

2008타경 ●●●● 대구지방법원 서부지원 > 매각기일 : 2009.05.14 (오전 10:00) >		담당계 : 경매 4계 (☎053-570-2304)					
소재지	대구광역시 달서구 성당동 525-1, 미래파크뷰 ●●● ●● ●●●						
물건종별	아파트	감정가	120,000,000원		[입찰진행내용] 입찰 5일전		
건물면적	전용84.47㎡(25.552평)	최저가	(100%) 120,000,000원	구분	입찰기일	최저매각가격	결과
대지권	31.94㎡(9.662평)	보증금	(10%) 12,000,000원	1차	2009-05-14	120,000,000원	
매각물건	토지·건물 일괄매각	소유자	남수용				
사건접수	2008-10-15(신법적용)	채무자	남수용				
입찰방법	기일입찰	채권자	권재연				

임차인현황	· 말소기준권리:2006.04.06 · 배당요구종기:2008.12.26	전 입 일:2006.03.16 확 정 일:미상 배당요구일:2008.10.16	보증금액 / 사글세 or 월세	대항력 여부	배당예상금액	예상배당표
권재연	주거용 전부		보100,000,000원	있음		선순위전세권등기자,경매신청인

기타참고 | ⑤ 현장조사보고서 |

건물등기부		권리종류	권리자	채권최고액 (계:160,000,000)	비고	소멸여부
1	2006.04.03	전세권(전부)	권재연	130,000,000원	존속기간: 2006.03.20-2008.03.19	소멸
2	2006.04.06	근저당	대성산업(주)	30,000,000원	말소기준등기	소멸
3	2008.01.14	소유권이전(매매)	남수용			소멸
4	2008.03.24	가처분	대구신용보증재단		사해행위취소로 인한소 유권이전등기말소청구권	소멸
5	2008.10.17 (114431)	압류	서대구세무서			소멸
6	2008.10.17 (114471)	임의경매	권재연	청구금액: 130,000,000원	2008타경 ●●●●	소멸

전세권
말소기준권리
전세권자의 임의경매신청

Chapter 05

쪽박과 대박 물건의 양면성을 가진
감춰진 특수권리 찾기

등기부등본에는 표시되지 않는 권리들이 있는데, 대표적으로 법정지상권, 분묘기지권, 유치권 등이 있다. 이 권리는 경매 투자에서 가장 주의해야 함과 동시에 눈여겨 볼 필요가 있는 권리이다. 하지만 이들 권리 속에는 쪽박과 대박의 양면성이 감춰져 있기 때문에, 초보자 시절에는 감춰진 것이 쪽박인지 대박인지 많이 혼동될 수 있다. 그렇기 때문에 이들 권리가 설정된 경매 물건은 초보자가 접근하는 것보다 어느 정도 고수의 반열에 들었을 때 접근하는 것이 바람직하다. 하지만 이 권리를 잘만 해결하면 분명 큰 수익을 얻을 수 있다.

지상권 vs 법정지상권 살펴보기

지상권은 남의 땅에 건물 기타 공작물이나 수목을 소유하기 위하여 그 토지를 사용할 수 있는 권리를 말하는데, 토지소유자(지상권 설정자)와 토지를 사용하려는 자(지상권자)간에 지상권을 설정한다는 물권적 합의와 부동산 등기부등본상에 지상권 등기를 설정함으로써 성립된다(지상권은 엄밀히 말하면 약정 지상권이라고 표기해야 한다. 토지소유자에게 일정 지료를 지불하고 사용하겠다고 쌍방간의 약속이기 때문에 '약정'이란 단어가 생략된 것이다).

지상권이 쌍방간의 합의와 등기에 의해 설정되는 반면, 법정지상권은 경매 낙찰로 인해 성립하는 지상권이다. 법정지상권은 등기부등본상에는 기재되지 않는다. 따라서 등기부등본만 살펴보고 권리분석을 마무리하면 법정지상권에 대한 분석을 제대로 하지 못하게 된다. 부동산 권

> 등기부등본상에 지상권등기가 설정되어 있는 경우 두 가지 측면에서 이해하면 된다. 즉, 순수하게 타인 토지를 이용할 목적으로 설정하는 것과 근저당권자가 담보권인 근저당권을 보다 확실하게 하여 자기 채권을 보전할 목적으로 설정하는 것이 있다.

리분석을 할 때 등기부만 살펴보고 권리분석을 끝내버리면 안되는 이유가 여기에 있다. 권리분석을 할 때는 등기부에 나타나지 않는 권리에 특히 신경을 써야 한다.

법원의 경매 공고 게시판을 보면 대지만 경매 물건으로 나오는 경우가 종종 있다. 이런 경우 그 지상에 건물이 있으면 경매 공고 게시판의 해당 물건에 '법정지상권 성립 여지 있음'이라고만 기재되어 있어 법정지상권이 성립되는지 안 되는지 판단하기 어렵기 때문에 최저입찰가도 많이 떨어진다.

법원의 매각물건명세서의 '※매각허가에 의하여 설정된 것으로 보는 지상권의 개요'란에 기재된다. 다음 매각물건명세서의 사례를 보면 '※매각허가에 의하여 설정된 것으로 보는 지상권의 개요'란에 '지상에 법정지상권 성립 여지 있을 수 있음(❶)'이라고 표기된 것은 이 매각물건이 법정지상권이 성립될 수 있음을 입찰자들에게 알려주는 것이다.

매각물건 명세서

사건	2008타경 ▨▨▨▨ 부동산강제경매	매각물건번호	1
작성일자	2009.04.30	담임법관(사법보좌관)	이기형
부동산 및 감정평가액 최저매각가격의 표시	부동산표시목록 참조	최선순위 설정일자	2008.11.3. 강제경매개시결정 [1, 2, 3]

부동산의 점유자와 점유의 권원, 점유할 수 있는 기간, 차임 또는 보증금에 관한 관계인의 진술 및 임차인이 있는 경우 배당요구 여부와 그 일자, 전입신고일자 또는 사업자등록신청일자와 확정일자의 유무와 그 일자

점유자의 성명	점유부분	정보출처 구분	점유의 권원	임대차 기간 (점유기간)	보증금	차임	전입신고일 자,사업자 등록신청일 자	확정일자	배당요구 여부 (배당요구 일자)
				조사된 임차내역 없음					

〈 비고 〉

※ 최선순위 설정일자보다 대항요건을 먼저 갖춘 주택,상가건물 임차인의 임차보증금은 매수인에게 인수되는 경우가 발행할 수 있고, 대항력과 우선 변제권이 있는 주택,상가건물 임차인이 배당요구를 하였으나 보증금 전액에 관하여 배당을 받지 아니한 경우에는 배당받지 못한 잔액이 매수인에게 인수되게 됨을 주의하시기 바랍니다.

※ 등기된 부동산에 관한 권리 또는 가처분으로 매각허가에 의하여 그 효력이 소멸되지 아니하는 것

해당사항 없음

※ 매각허가에 의하여 설정된 것으로 보는 지상권의 개요

2.지상에 법정지상권 성립여지 있을 수 있음.   ❶

※ 비고란

즉, 법정지상권(법에서 정한 지상권)이란 토지와 건물의 소유자가 동일했다가 어느 한쪽의 부동산(토지 또는 건물)을 처분함으로써 토지와 건물의 소유자가

달라진 경우 건물의 소유자에게 그 토지의 사용을 법적으로 인정해주는 지상권이다. 타인의 땅을 사용하고 수익할 수 있는 권리는 일반 지상권과 동일하나 법에서 정한 요건만 갖추면 남의 땅을 당연히 사용하고 수익할 수 있는 권리가 발생하는 것이 차이점이다. 법정지상권은 남의 토지 위에 건물을 소유한 사람이 토지소유자에게 토지사용료조로 일정 금액을 지급하고 최장 30년 동안 토지를 사용할 수 있는 권리로서 법률의 규정에 의해 법정지상권이 성립되면 이를 등기하지 않아도 당연히 취득되는 권리다.

> 법정지상권은 말소기준권리보다 나중에 성립하였다 하더라도 언제나 낙찰자에게 인수된다. 그래서 경매 입찰에 참여할 때는 해당 부동산에 법정지상권이 성립하고 있는지 여부를 잘 살펴야 한다.

법정지상권이 성립되기 위해서는 어떠한 조건을 갖추어야 하는가?

건물소유자가 타인의 토지를 적법하게 사용할 수 있는 법정지상권은 토지와 건물의 소유자가 동일인이었다가 경매로 인해 토지와 건물소유자가 달라졌을 때에 토지소유자는 건물소유자를 위해 지상권을 설정한 것으로 본다.

• 법정지상권의 성립 시스템

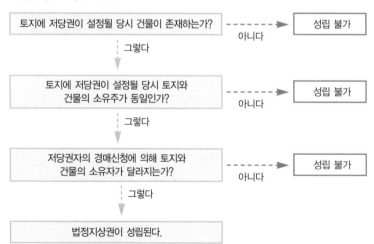

❶ 토지에 근저당권이 설정된 때에 건물이 존재해야 한다.

토지에 저당권이 설정될 당시 지상에 건물이 반드시 존재하여야 한다. 지상에 건물이 없는 상태에서 토지에 저당권을 설정할 경우 저당권자는 담보가치를 높게 평가하여 담보를 취득하는 것이 일반적인데, 만약 토지에 저당권을 설정한 후 신축된 건물에 대하여도 법정지상권을 인정한다면 토지의 담보가치가 떨어질 것이고, 그러면 나대지 상태에서 토지를 담보 취득한 저당권자의 이익이 침해되기 때문에 법정지상권이 인정되기 위해서는 저당권 설정 당시 지상에 건물이 반드시 있어야 한다. 또한 건물등기가 없더라도 건물이 존재하면 된다.

❷ 토지와 건물의 소유자가 동일해야 한다.

근저당권 설정 당시에 토지 및 건물의 소유자가 동일인이어야 한다. 따라서 근저당권 설정 당시 토지와 건물의 소유자가 다르다면 법정지상권은 성립되지 않는다.

❸ 경매 결과 토지와 건물소유자가 달라져야 한다.

토지 및 건물의 소유자가 동일하고, 토지에 저당권이 설정될 당시 지상에 건물이 존재한 상태에서 저당권자의 경매신청에 의해 토지와 건물의 소유자가 달라져야 한다.

다음 사건은 제시외 건물은 매각 제외되고 토지만 매각 물건(❶)으로 나왔다. 그 내용을 살펴보면 우선 토지소유자이자 채무자는 윤덕○씨(❷)이고, 건물 소유자는 윤귀○씨(❸)로 소유자가 서로 다른 상태다. 건축물관리대장을 살펴보면 소유자 등록 당시 미등기(❹) 상태임을 알 수 있다. 결론적으로 말하자면 법정지상권 성립 가능성이 불확실한 상태다.

2008타경		창원지방법원 밀양지원 > 매각기일 : 2009.06.22 (오전 10:00) >		담당계 : 경매 2계 (☎055-350-2533)		
소 재 지	경상남도 밀양시 삼문동					
물건종별	대지	감 정 가	51,653,000원	[입찰진행내용]	입찰 1일전	
토지면적	235㎡(71.087평)	최 저 가	(64%) 33,058,000원	구분	입찰기일	최저매각가격	결과
건물면적	건물은 매각제외	보 증 금	(10%) 3,310,000원	1차	2009-04-27	51,653,000원	유찰
매각물건	토지만 매각	소 유 자	윤덕	2차	2009-05-25	41,322,000원	유찰
사건접수	2008-09-16(신법적용)	채 무 자	윤덕	3차	2009-06-22	33,058,000원	
입찰방법	기일입찰	채 권 자	농협중앙회				

사진1 / 사진2 / 지적도 / 확대지적도 / 기타 / 위치도 / 개황도 / 사진 / 사진 / 전자지도

목록	지번	용도/구조/면적/토지이용계획		㎡당	감정가	비고
토지	삼문동 135-3?	대 235㎡ (71.087평)	* 제2종일반주거지역, 제1종지구단위계획구역, 정비구역, 배출시설설치제한지역, 상대정화구역	314,000원	73,790,000원	표준지공시지가 (㎡당)240,000원 제시외건물감안가격:51,653,000원
제시외 건물	1 삼문동 135-3?	단층	주택	78.7㎡(23.807평)	266,000원	20,934,200원	매각제외
	2 조적조스레트	단층	주택	50㎡(15.125평)	244,000원	12,200,000원	매각제외
	제시외건물 매각제외				소계 33,134,200원	
감정가	대한감정 / 가격시점: 2008-11-04				합계 51,653,000원	토지만 매각

일반건축물대장

고유번호	4527010400-1-●●●●●					G4C접수번호	20090513-●●●●●
대지위치	경상남도 밀양시 삼문동		지번	135-●	명칭 및 번호	특이사항	
대지면적	400㎡	연면적	105.78㎡	지역		지구	구역
건축면적	0㎡	용적률산정용연면적	0㎡	주구조	목조	주용도 주택	층 수 지하 0층/지상 1층
건폐율	0%	용적률	0%	높이	0m	지붕 스레트	부속건축물 0동 0㎡

건 축 물 현 황 / 소 유 자 현 황

구분	층별	구조	용도	면적(㎡)	성명(명칭) 주민등록번호(부동산등기용등록번호)	주소	소유권지분	변동일자 변동원인
주1	1층	목조/스레트	주택	40.99	윤귀● ③		/	1956.10.12 소유자등록
주2	1층	목조/기와	주택	35.04				
주3	1층	세면블럭조/스레트	주택	13.22	- 이하여백 - ※ 이 건축물대장은 현소유자만 표시한 것입니다.			
주4	1층	세면블럭조/스레트	주택	16.53				
		- 이하여백 -						

이 등(초)본은 건축물대장의 원본내용과 틀림없음을 증명합니다.
담당자 : 건축과   전화번호 : 055 - 359 - 5224
2009년 06월 13일

경상남도 밀양시장

소 유 자 현 황

성명(명칭) 주민등록번호(부동산등기용등록번호)	주소	소유권지분	변동일자 변동원인
윤귀생		/	1956.10.12 소유자등록 ④
	- 이하여백 - ※ 이 건축물대장은 현소유자만 표시한 것입니다.		

이 등(초)본은 건축물대장의 원본내용과 틀림없음을 증명합니다.
담당자 : 건축과   전화번호 : 055 - 359 - 5224
2009년 05월 13일

경상남도 밀양시장

왜냐하면 폐쇄등기부등본 *(토지)(⑤)을 보면 토지소유자는 윤귀○씨다. 하지만 현재 등기부등본(토지)의 갑구란을 살펴보면 소유자는 윤귀○씨에서 공유물 분할로 1993년 윤덕○씨에게 소유권이 이전(⑥)된 상태다. 그리고 1998년 10월 22일 농협중앙회로부터 근저당(⑦)이 설정되었고, 그 후 2008년 9월 17일(⑧) 근저당권자인 농협중앙회가 임의경매를 신청한 상태다.

다음 사건은 법정지상권이 성립될 수 있는 조건 세 가지 중 토지에 근저당권이 설정된 때에 건물이 존재해야 한다는 항목과 경매 결과 토지와 건물소유자가 달라져야 하는 항목은 성립될 수 있지만, 결정적으로 근저당권 설정 당시(1998년 10월 22일 농협중앙회로부터 근저당(⑦)이 설정) 토지와 건물의 소유자가 동일하지 않기 때문에 법정지상권의 성립 여부는 불투명한 상태다.

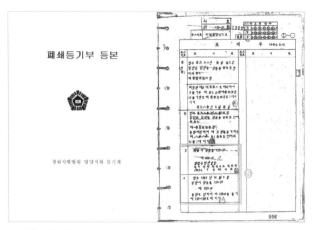

• 폐쇄등기부등본

• 현재 등기부등본(토지)

토지등기부		권리종류	권리자	채권최고액 (계 : 134,293,546)	비고	소멸여부	
1	1993.11.29		윤덕○		○○○ ○○	소멸	
2	1998.10.22 (24682)	근저당	농협중앙회 (밀양시지부)	21,000,000원	말소기준등기	소멸	❼
9	2008.09.17	임의경매	농협중앙회	청구금액: 21,000,000원	2008타경○○○	소멸	❽
등기부 분석	☞토지만 매각주의(건물은 매각제외)						

법정지상권의 성립 여부는 3가지 정도로 판단할 수 있다.

사례	경매신청된 부동산	법정지상권 성립 여부
나대지상에 저당권 설정 후 건물이 신축된 경우	토지	성립 불가능
	토지+건물 일괄	성립 불가능
토지 및 건물이 공동담보였으나 건물 멸실 후 신축된 경우	토지	성립 불가능
	토지+건물 일괄	성립 불가능
지상에 건물이 있었으나 토지만 단독으로 근저당권 설정된 경우	토지	성립 가능
	토지+건물 일괄	성립 불가능

법정지상권 물건을 낙찰받으면 건물소유자와 토지소유자 중 유리한 쪽은?

가상의 사례로 법정지상권 물건을 낙찰받으면 건물소유자와 토지소유자 중 누가 더 유리한지 살펴보자. 김놀부씨 소유의 건물과 토지가 있다. 그런데 김놀부씨가 개인적인 사정으로 박흥부씨에게 돈을 빌리면서 근저당권을 설정('조건 1. 토지와 건물의 소유자가 동일인이어야 한다.', '조건 2. 토지에 근저당권이 설정된 때에 건물이 존재해야 한다.'를 모두 충족시킨다)한다.

김놀부씨가 돈을 갚지 않자 근저당권자인 박흥부씨는 토지를 경매신청한다. 경매 결과 건물은 김놀부씨가 그대로 소유자가 되고 토지는 낙찰자(이부자씨)(조건 3. 경매결과 토지와 건물소유자가 달라져야 한다)가 소유하게 된다.

위 사례에서 만약 김놀부씨의 법정지상권이 성립된다면 어떻게 되겠는가? 우선 낙찰자 이부자씨가 김놀부씨의 건물을 소유하기 위해 합의를 제안할 것이다. 서로 합의가 이루어진다면 다행이지만 김놀부씨는 제안을 거절할 확률이 높다. 왜냐하면 건물소유자 김놀부씨는 토지낙찰자 이부자씨에게 30년간 계약개신청구권(건물 소유를 목적으로 한 토지의 기간의 만료, 이부자씨가 토지소유자와 임대차 계약이 종료된 경우 계약 갱신을 청구할 수 있다)과 지상물매수청구권(토지낙찰자가 갱신을 원하지 않으면 건물소유자는 상당한 가액으로 건물의 매수를 청구할 수 있다)을 행사할 수 있다고 생각하기 때문이다.

이럴 경우 원칙적으로 건물소유자 김놀부씨는 토지낙찰자 이부자씨에게 토지에 대한 사용료인 지료*를 지불하면 된다. 만약 건물소유자 김놀부씨가 법원에서 정한 지료를 주지 않는다면 건물소유자 김놀부씨는 토지낙찰자 이부자씨에게 채무불이행을 하기 때문에 채무불이행을 원인으로 하는 판결문을 토대로 김놀부씨의 지상물건을 강제경매신청할 수 있고 이 경우 당연히 이부자씨가 낙찰받을 확률이 매우 높게 된다. 왜냐하면 이런 물건은 타인이 입찰에 참여할 가능성이 희박하기 때문이다.

> ★지료 지료의 산정은 토지 및 건물 소유자간의 협의에 의해 결정하고, 협의가 안되면 법원에 청구하여 결정하고 1년 단위로 계약한다.

하지만 김놀부씨가 정상적인 상황이라면 토지가 이부자씨에게 낙찰되도록 내버려 두지 않았을 것이기 때문에 통상 지료는 지불하지 못할 확률이 높다. 그렇기 때문에 이런 사례의 경우 경매 입찰 전 건물소유주 김놀부씨에 대해서 임장활동으로 충분히 파악한 후 입찰에 참여한다면 상당히 큰 수익을 얻을 수도 있다. 통상 법정지상권 경매 물건은 유찰 횟수가 많기 때문이다.

즉, 법정지상권이라고 무조건 외면할 것은 아니며 신중히 고민해볼 필요가 있다. 법정지상권이 성립되면 지료청구를 하고, 성립되지 않는다면 건물철거소송 등의 절차를 밟아 토지낙찰자의 권리를 주장할 수 있으며, 토지만 경매로 나왔을 경우 시세의 절반 정도의 가격으로 취득할 수 있다면 주도권은 토지낙찰자에게 있기 때문에 이 또한 투자 대상으로 삼아도 괜찮을 것이다.

문패 없는 건축물, 제시외

경매부동산의 건축물관리대장상과 부동산 등기부등본상에는 기재되어 있지 않지만, 경매물건지 현장을 방문하면 어떠한 형태(옥탑이나 창고 등)의 건축물이 있는 경우 '제시외'라고 표기한다. 일반 경매 물건은 물론이고 토지만 매각물건으로 나온 법정지상권 물건 대부분은 제시외 건물이 포함되어 있다.

하지만 대부분 제시외 건물은 매각에서 제외된다. 왜냐하면 토지와 건물소유자가 다르기 때문이다.

제시외 표시된 부분의 면적이 상당히 협소하다면 낙찰자가 소유권을 취득할 수 있다. 즉, 제시외로 표시된 부분이 부합물 또는 종물이라면 민법 제358조(저당권의 효력이 저당부동산에 부합된 물(부합물)건과 종물에 미친다) 규정에 의해 낙찰자는 제시외에 대하여도 소유권을 취득할 수 있는 것이다.

다음 경매 사건은 토지만 매각 나온 물건이다. 그런데 목록을 보면 제시외 건물 목록란(❶)에 12.8㎡(3.827평) 면적의 단층 사무실로 사용 중인 건물이 있다.

2008타경●●●●●		창원지방법원 본원 > 매각기일 : 2009.05.14 (오전 10:00) >			담당계 : 경매 10계 (☎055-239-2120)			
소 재 지	경상남도 마산시 중성동 ●●							
물건종별	대지	감 정 가	88,354,750원		[입찰진행내용] 입찰 3일전			
토지면적	97.9㎡(29.615평)	최 저 가	(80%) 70,684,000원	구분	입찰기일	최저매각가격		결과
건물면적	건물은 매각제외	보 증 금	(10%) 7,070,000원	1차	2009-04-09	88,354,750원		유찰
매각물건	토지만 매각	소 유 자	허정천	2차	2009-05-14	70,684,000원		
사건접수	2008-11-27(신법적용)	채 무 자	허정천					
입찰방법	기일입찰	채 권 자	(주)정리금융공사					사진1

목록	지번	용도/구조/면적/토지이용계획		㎡당	감정가	비고	
토지	중성동 ●●●	대 97.9㎡ (29.615평)	* 일반상업지역,방화지구,도시계획구역,소로3류 (국지도로)(접합)	950,000원	93,005,000원	표준지공시지가: (㎡당)880,000원 *제시외건물감안가격:88,354,750원 *현황:주차장으로 이용중임	
제시외 건물	중성동 경량철골조	단층 사무실	12.8㎡(3.872평)			매각제외	❶
감정가	다라감정 / 가격시점: 2009-01-14			합계	88,354,750원	토지만 매각	
현황 위치	* 삼성생명빌딩 남서측 인근에 위치, 주위는 상업 및 업무용 빌딩, 근린시설등 혼재 * 차량접근 가능, 제반교통사정 보통, 사다리 평지, 북측으로 노폭 약 6m 포장도로와 접합						
참고사항	* 제시외건물 제외/* 위지상 목조스레트즙평가건 점포(위락시설)10.91㎡,목조와즙평가건 점포(위락시설) 19.83㎡ - 멸실						

• 제시외 건물 사례1

• 경매로 나온 대지(주차장으로 사용 중)　　　• 대지의 제시외 건물(사무실로 사용 중)

　제시외 건물이 존재할 때 법원은, 우선 이 부분이 경매에 부쳐진 대상물과 별개로 독립된 물건인지 아니면 부합물*이나 종물*인지를 파악해 주된 대상물과 함께 경매에 포함시킬지 여부를 판단하게 된다.

> ★부합물: 동산과 동산, 동산과 부동산이 결합하여 사회관념상 한 개의 부동산 또는 동산으로 되어 그 분리가 불가능하거나 곤란할 경우(부합물의 예로서는 주택 본체의 부엌) 이를 원상회복시키지 않고 한 개의 물건으로 특정인의 소유에 속하게 하는 것

　법원의 판단 결과, 부합물이나 종물 정도로 판단이 되면, 제시외 건물에 대해 별도로 감정을 하거나(다음의 제시외 건물 사례2의 경우 감정평가액이 표시되어 있지 않다) 감정하기

> ★종물: 주물의 일상적인 이용에 이바지하는 관계에 있어야 동산 또는 부동산, 주물과 종물의 예로서는 배(주물)와 노(종물), 자물쇠와 열쇠, 주택의 본채(주물)에서 떨어진 연탄 광(종물) 또는 화장실(종물)

가 애매한 경우에는 주된 경매 목적물과 함께 전체적으로 가격을 평가해(위 제시외 건물 사례1의 경우 감정평가액이 표시되어 있지 않다), 주된 경매 목적물과 함께 경매를 부치게 되고, 만약 별개의 독립된 물건으로 판단하면 경매 대상에서 아예 배제하게 된다. 다음 사건은 단층 창고(①)로 독립된 물건이기 때문에 제시외 건물로 표기된 사례다.

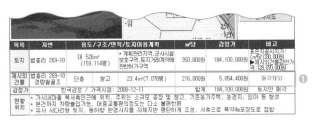

• 제시외 건물 사례2

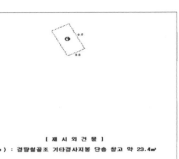

[제 시 외 건 물]
ㄱ) : 경량철골조 기타경사지붕 단층 창고 약 23.4㎡

　　경매 초보자들은 제시외 건물에 대해 법원이 별도든 전체적이든 간에 평가를 해서 경매를 부쳤다는 사실만을 보고, 제시외 건물의 법적인 성격에 대해 별다른 고려나 주의를 하지 않은 채 입찰에 임하는 경우가 적지 않지만, 상당한 주의가 필요하다고 할 수 있다.

　　예를 들어서, 다가구주택이 경매에 나왔는데 이 다가구주택에는 등기부등본상에 존재하지 않은(등기부등본상에 등기되지 않은) 물탱크실이라는 공간이 있어, 감정평가시 이를 제시외 건물이라고 하여, 5천만 원이라는 별도의 가격 평가까지 하여 법원이 경매에 부쳤다고 가정해보자.

　　다가구주택과 함께 물탱크실을 경매 대상으로 한 경매법원의 전제는, 위 옥탑이 물탱크실과 별개의 독립된 건물이 아니라 부합물이나 종물에 불과하다는 것이다. 만약 이와 같은 경매법원의 판단이 타당하다면 낙찰자는 위 물탱크실 부분에 대해서도 유효하게 권리를 취득한 셈이 된다.

　　부합물이나 종물은 피부합물이나 주물인 다가구주택의 소유권과 함께 하기 때문이다. 하지만, 만약 경매법원의 판단과 달리 위 물탱크실 부분이 다가구주택에 대한 부합물이나 종물이 아니라 독립된 별개의 건물이라면, 비록 감정평가까지 해 경매로 낙찰받았다고 하더라도 이 부분에 대한 소유권 취득은 유효하지 못하게 된다.

　　부합물이나 종물이 아닌 별개의 독립된 건물이라면 압류나 저당권의 효력이 미치지 못하게 되어 이를 경매에 부칠 수 없는데, 경매법원이 이를 잘못 판단하여 가격평가까지 하여 경매에 부쳤다고 하더라도 낙찰자가 유효하게 소유권을 취득할 수는 없기 때문이다. 바로 이 점에서 제시외 건물로 나온 부분이 경매의 주된 대상과의 관계에서 부합물 내지 종물인지 아니면 독립된 별개의 건물인지를 면밀히 살펴보아야 한다. 경매법원이 이를 일차적으로 판단한다고 하더라도, 법원에서 직접 현장을 보고 판단한 것이 아니라 감정평가서 등 서류를 위주로 한다는 점에서 판단이 정확하다고 기대하기는 무리일 수 있다.

다음 제시외 건물의 낙찰자 소유권 취득 가능성 파악 시스템을 사용하면 제시외 건물을 낙찰자가 경매부동산과 함께 소유권을 취득할 수 있는지 쉽게 확인할 수 있다.

• 제시외 건물의 낙찰자 소유권 취득 가능성 파악 시스템

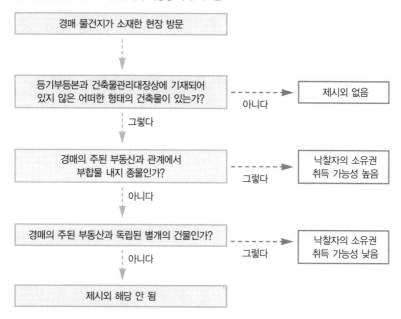

뜨거운 감자, 법정지상권이 설정된 토지

법정지상권은 경매에서는 '뜨거운 감자'로 표현한다. 바로 먹자니 뜨거워서 먹기가 곤란하지만 제대로만 먹는다면 맛있게 먹을 수 있기 때문이다. 즉, 법정지상권은 매우 위험한 경매 물건임에는 틀림없지만 설정되어 있는 법정지상권만 제대로 해결해나가면서 접근한다면 그야말로 바위가 황금으로 바뀌는 최고의 고수익 물건이 될 수 있다. 다음 사례로 법정지상권 경매 물건의 접근 방법을 살펴보자.

다음 물건은 토지만 매각되는 가장 일반적인 법정지상권의 물건 유형이다. 법정지상권 경매 물건에서 가장 먼저 위치와 면적을 살펴보자. 사실 위치는 거의 모든 부동산에서 중요하다. 면적은 감정평가서에서 확인할 수 있다. 이 물건의 토지 면적은 45㎡(13.613평)(①)으로 투자 대상으로 적합하지는 않은 면적이다. 건폐율을 60%로 계산했을 때 30평 이상은 되어야 18~20평 크기의 건물을 지을 수 있다. 그런데 이 물건의 제시외 건물의 면적은 44.65㎡(②)로 건폐율이 거의 100%에 가깝다. 토지이용계획란을 보면 일반상업지구(③)로 되어 있기 때문이다.

이때 토지의 모양을 잘 살펴보자. 정사각형 모양이 가장 좋으며, 일자형 모양은 일단 결격 사유에 해당된다. 그리고 토지이용계획을 확인한 후 향후 개발계획 등을 살펴본다. 토지이용계획에 따라서 용적율이 달라지기 때문이다. 건폐율과 용적율은 건물을 부수고 새로 지을 경우 건물의 크기와 높이가 결정된다. 그리고 지료(개별공시지가×면적×기대이율(건물은 4~5%, 상가는 7~8%)), 즉 땅 사용에 대한 기대이율을 계산해보는 것이다.

제시외 건물을 살펴볼 때는 등기부등본에 기재된 물건인가? 아닌가를 확인해야 한다. 만약 사용 승인이 안된 건물일 경우 왜 안되었는지 그 사유를 꼭 확인해야 하고 등기부등본에 기재되지 않은 무허가 불법건축물일 경우에는 명도 시 가격 협상에서 매우 중요한 하자 요소로 작용하여 낙찰자에게 유리

하다. 건물이 미등기일 경우 90%는 불법이다. 위
반 제시외 건물일 경우 명도 협상 시 철거비뻥튀기*
로 협상한다.

2008타경 ___	부산지방법원 본원 > 매각기일 : 2009.02.19 (오전 10:00) >			담당계 : 경매 5계 (☎051-590-1816)		
소 재 지	부산광역시 동구 수정동 ___					
물건종별	❶ 대지	감 정 가	23,940,000원	[입찰진행내용]		
				구분	입찰기일	최저매각가격	결과
토지면적	45m²(13.613평)	최 저 가	(41%) 9,806,000원	1차	2008-10-02	23,940,000원	유찰
				2차	2008-11-06	19,152,000원	유찰
건물면적	건물은 매각제외	보 증 금	(10%) 990,000원	3차	2008-12-11	15,322,000원	유찰
				4차	2009-01-16	12,258,000원	유찰
매각물건	토지만 매각	소 유 자	이__	5차	2009-02-19	9,806,000원	
사건접수	2008-04-29(신법적용)	채 무 자	이__	낙찰 : 9,837,000원 (41.09%) (입찰1명,낙찰:부산시 수영구 광안동 ___)		
입찰방법	기일입찰	채 권 자	수정2동새마을금고	매각결정기일 : 2009.02.26 - 매각허가결정 대금지급기한 : 2009.03.23		

현장사진

목록	지번	용도/구조/면적/토지이용계획		m²당	감정가	비고
토지	1 수정동 276-3	대 5.3m² (1.603평)	③ ＊일반상업지역,방화지구	760,000원	4,028,000원	※준지공시지가: (m²당)600,000원 ▶제시외건물감안 가격:2,820,000원 ＊현황:주거용건부지
	2 수정동 277-2	대 39.7m² (12.009평)	＊일반상업지역,방화지구	760,000원	30,172,000원	▶제시외건물감안 가격:21,120,000원 ＊현황:주거용건부지
		②			소계 34,200,000원	
제시외 건물	수정동 276-3,277-2 블록,슬래브	주택	44.65m²(13.507평)	280,000원	12,502,000원	매각제외

제대로 알면 큰 수익 나는 유치권

유치권이란 타인의 부동산 및 물건 등을 점유한 자가 그 부동산 및 물건에
관하여 발생된 채권이 있을 경우 그 채권을 변제받을 때까지 물건 등을 유치,
점유할 수 있는 권리다. 유치권은 썩은 충치에 비유할 수 있다. 썩은 충치의
통증 때문에 정상적인 생활이 힘들 때도 있다. 하지만 치료하거나 빼버리면
통증으로부터 해방된다. 유치권도 마찬가지이다. 잘만 해결한다면 그에 상
응하는 보상을 충분히 받을 수 있다. 유치권에 대해서 자세히 알아보자.

유치권은 등기부등본에는 표시되지 않지만 법원의 매각물건명세서의 '※비고란'에 기재된다. 앞서 매각물건명세서를 설명할 때 왜 매각물건명세서 열람이 중요한지 그 이유를 이해할 수 있을 것이다.

다음 매각물건명세서의 사례를 보면 '※비고란'에 'ㅇㅇㅇ로부터 ㅇㅇㅇ ㅇ년 ㅇ월 ㅇ일 공사대금 ㅇㅇㅇ원 유치권신고 있음.'이라고 표기된 것은 이 매각물건이 유치권 신고되었기 때문에 입찰자들에게 주의를 주는 것이다. 단지 유치권이 신고되었음을 알려주는 것이지 유치권의 성립 여부를 알려주는 것은 아니다.

> 부동산 유치권의 경우 등기를 요하지 않고 신고해야 변제 받는 것도 아니다. 따라서 유치권 신고가 되어 있지 않아도, 즉 평범한 신축 건물이나 공사가 중단된 부동산이 있고 유치권신고가 안 되어 있을 때는 꼭 확인할 필요가 있다. 만약 유치권신고가 안 되어 있는데, 낙찰 후 이 사실을 알았다면 낙찰자는 낙찰잔금 납부 전까지 '매각불허가신청'을 할 수 있다.

또한 등기부등본상에도 유치권 신고 내용은 기재되어 있지 않다. 유치권의 성립여부는 경매 물건 현장을 방문하여 유치권자와 주변 탐방을 통해 입찰자 스스로 판단해야 한다. 사설 경매정보지에서 유치권에 관한 내용을 유료 서비스로 확인할 수 있지만 100% 신뢰할 수 있는 것은 아니다.

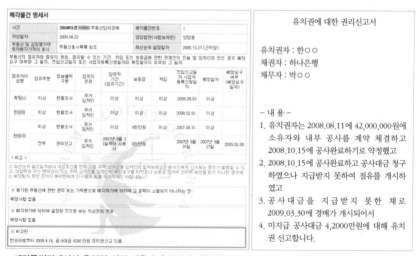

• 매각물건명세서의 유치권 설정 내용과 유치권에 대한 권리신고서 샘플

건축주가 노후된 건물을 유지하기 위해 건물을 보수하지 않고서는 안 되는 필요불가결한 상태에서 최소한의 비용으로 공사를 했을 경우와 건물을 신축하여 공사를 하였으나 건축주가 공사비를 지불하지 않았을 때 처음부터 공사비 청구를 받기 위해 건물을 단 한 차례도 건축주에게 건물을 명도나 인도해주지 않고 점유를 계속 유지해올 때 유치권이 성립된다. 유치권의 성립 시스템은 다음과 같다.

다음 유치권 성립 시스템에 경매 물건을 대입했을 때 하나라도 제외되면 유치권자는 공사채권을 낙찰자에게 변제받을 수 없고 해당 부동산의 명도를 거부할 수 없다. 따라서 낙찰자는 유치권이 있는 물건을 접했을 때 유치권이 성립되지 않은 부분을 발견하면 큰 기회가 될 수 있지만 이와는 반대로 유치권이 성립된다면 손실을 입을 수도 있다.

> 유치권은 대부분 서류를 살펴보면 반드시 하자부분(허점)이 발견되는 경우가 많다. 고도의 지능을 가진 유치권자도 있지만 신축 건물이 아닌 이상 공사업자가 경매가 진행될 것을 미리 예상하고 준비하는 것은 현실적으로 쉽지 않기 때문이다.

• 유치권 성립 여부 판단 시스템

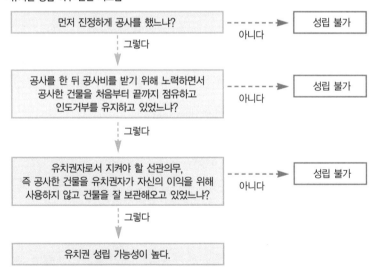

❶ 진정하게 공사를 했는가?

공사한 것이 틀림없는 경우는 약간 어려움이 따를 수 있다. 공사를 전혀 하지 않은 상태에서 유치권이 있다며 서류를 조작하고 이를 행사하기 위해 행동으로 옮겼다면 경매방해죄와 동시에 사기죄가 성립된다. 여기에서 유치권 비용으로 일부라도 지불했다면 사기죄가 성립되고 유치권이 허위라고 주장하면서 소송이나 기타의 수단으로 허위 사실이 밝혀지게 되면 사기미수죄가 성립된다.

> 허위유치권이며, 경매를 조금 아는 사람이나 경매 브로커들 중 경매 물건을 고의로 유찰시켜 저가에 낙찰 받을 목적이거나 명도를 힘들게 하여 이사비를 많이 받을 목적으로 유치권을 허위로 신고하는 사례가 많다.

❷ 공사를 한 뒤 공사비를 받기 위해 노력하면서 공사한 건물을 처음부터 끝까지 점유하고 인도거부를 유지하고 있었는가?

사실상 공사를 진행하였으나 순간적이든 한시적이든 건축주에게 공사한 건물의 열쇠를 자의적으로 넘겨준 사실이 있거나 건축주가 점유를 한 사실이 있으면 그 유치권의 권리는 상실되어 유치권 성립이 어렵다.

> 점유는 아무 때나 한다고 인정되는 것은 아니다. 반드시 경매기입등기 전에 점유를 개시하여야만 낙찰자에게 대항할 수 있다. 공사업자가 경매되는 것을 뒤늦게 알고 급하게 유치권 신고를 하고 점유를 시작하는 경우가 많은데, 이런 경우 유치권이 성립되지 않는다.

바로 이 부분(점유 부분)에 초점이 있다. 유치권을 처음부터 주장하면서 점유를 했느냐 아니면 점유를 하지 않고 있다가 중간에 들어와 점유를 하면서 유치권을 주장하느냐로 결정된다. 또 하나는 아예 점유는 하지 않고 공사비가 있다며 유치권을 주장하느냐 하는 것이다. 만약 유치권을 주장하는 업자가 유치권을 설정한 부동산을 처음부터 건축주에게 부동산을 넘기지 않고 점유를 하면서 공사비를 청구하면 유치권이 존속된다. 그러나 공사한 건물을 건축주에게 넘겨준 경매 물건으로 나오자 다시 점유를 주장하고 유치권을 주장하면 이 유치권은 상실되어 유치권이 성립되지 않는다. 어떤 경우가 되더라도 처음부터 해당 건물을 점유하고 공사비 청구를 지속적으로 요청한 경우에만 유치권이 존속된다.

❸ 유치권자로서 지켜야 할 선관의무[*]를 지켰는가? (공사한 건물을 유치권자가 자신의 이익을 위해 사용하지 않고 건물을 잘 보관해오고 있었는가?)

> ★ 선관의무 유치권자는 선량한 관리자의 주의로 유치물을 점유하고, 채무자의 승낙 없이 유치물을 사용 및 대여, 담보제공할 수 없다. 단, 보존을 위해 사용한 경우는 예외다.

선관의 의무에서, 진정한 유치권자라 해도 건물을 자신의 필요에 의해 사용하고 있다면 유치권자로서 지켜야할 선관의무를 이행하지 않아 유치권은 상실하게 된다.

따라서 유치권의 성립 여부는 위의 3가지로 판단할 수 있다.

ⓐ Book in Book ··· 영업을 위해 리모델링하거나 건물을 개조할 경우 유치권이 성립되나요?

영업을 위해 리모델링하거나 건물을 개조할 경우 유치권이 성립되지 않는다. 즉, 임차인은 유치권을 주장할 수 없다. 다만 건물주를 상대로 임차한 건물을 사용하기 위해 임대차계약을 체결한 뒤 건물 내부의 상태가 도저히 영업을 할 수 없을 정도로 화장실이 고장났다든지, 수도나 배관파이프가 고장이 나서 수리를 하지 않고서는 안 될 때 건축주에게 수리 요청을 할 수 있다. 이때 건축주가 수리를 해주지 않으면 해약을 통지하거나 그 책임을 물어야 한다. 그런데 임대인에게 수리할 공사비가 없어 임차인이 부득이 먼저 수리를 했다면 그에 따른 공사비 중에 꼭 필요한 부분은 유치권이 아니라 필요비, 유익비 상환청구권으로 그 권리를 행사해야 한다.

임차인이 수리하는 경우, 문이 망가져 사용할 수 없거나 화장실, 부엌가구 등 일상생활을 위해 꼭 수리하지 않으면 안 되는 부분에 해당된다. 그런데 문을 고치는데 20만 원이면 충분한데도 200만 원을 들여 수리했다든지 배관을 수리하는데 50만 원이면 되는데 300만 원을 들여 임차인의 영업이익을 위해 먼저 고려한 부분은 유치권이 성립되지 않는다.

Part 02

부동산 경매
실천하기

Chapter 06

착한 임차인 vs 나쁜 임차인 분석과
배당표 작성하기

임차인은 크게 주택임차인과 상가임차인이 있다. 주택임차인의 특징을 파악하면 상가임차인은 상가라는 특수성만 적용시켜 큰 무리 없이 이해할 수 있다. 여기서는 주택임차인에 한해, 착한 임차인은 누구이고 나쁜 임차인은 누구인지, 또한 임차인을 포함한 채권자들이 어느 정도 배당을 받아가고 낙찰자가 얼마를 인수해야 하는지 등에 대해서 알아보도록 하겠다. 이 특징을 모르고서는 앞으로 배울 입찰가격 책정이 불가능하기 때문에 완벽하게 이해하고 있어야 한다.

누가 살고 있는지 한눈에 알 수 있는 주민등록전입세대 열람

물건을 입찰하기 전에 물건 소재지를 직접 현장답사해야 한다. 현장답사를 할 때는 신분증, 사건내역서 사본(사설 또는 법원 경매정보지 사본 또는 출력물)을 준비해야 한다. 그리고 물건지 관할 동사무소를 방문하여 주민등록전입세대 열람신청서를 제출하면 주민등록전입세대 열람이 가능하다. 주민등록전입세대 열람 내역에는 매각물건명세서나 현황조사서에서 누락된 점유자를 확인할 수도 있다. 그렇기 때문에 위험요소(낙찰 후 미리 발견하지 못한 임차인 또는 대항력 있는 임차인이 발견되는 경우, 즉 입찰 기일 당시의 매각 조건과 실제 임차인 현황이 다를 경우)를 미리 발견하는 취지에서도 반드시 확인하도록 한다.

주민등록전입세대 열람 내역은 경매 참가 예정자, 신용정보업자, 감정평가업자, 금융기관 등이 관련 업무 목적으로만 발급받을 수 있다. 특히 경매

예정자는 경매정보지나 사건 내역서를 통해 이 부동산이 경매에 진행 중임을 입증하는 자료로 사용해야 되기 때문에 사본을 제출해야 한다.

전입세대 열람 내역에서 확인해야 할 사항은 세대주 전입일자(❶)와 세대원 중 최초 전입자의 전입일자(❷)다. 임차인의 대항력은 전입일자 기준이 아니라 세대 구성원 중에서 최초 전입자의 전입일자가 기준이 되기 때문이다. 특히 최초 전입자의 전입일자는 매각물건명세서상의 전입일자와 비교하여 내용이 일치하는지 반드시 확인해야 한다.

전입세대 열람 내역과 매각물건명세서를 비교한 결과 그 내용이 일치하면 다행이지만 만약 다르거나 매각물건명세서에는 존재하지 않은 거주자를 발견한 경우 매우 심각한 문제일 수 있기 때문이다.

대항력이 발생하는 일자가 최선순위 설정일자보다 빠르면 낙찰자가 인수해야 하는 임차인이기 때문에 큰 낭패를 볼 수 있다.

주민등록전입세대 열람신청서

❈ 아래 유의사항을 읽고 굵은 선 안쪽의 사항만 적어 주시기 바랍니다.

열람대상 물건소재지		서울시 강남구 대치동 ○○아파트 ○○○동 ○○○호			
용도 및 명 칭 적					
증명자료		사건내역서			
개 인 신 청 인	성 명	아무개 (서명 또는 인)	주민등록번호	123456-1234567	
	주 소	서울 송파구 문정동 ○○번지	전화번호	011-123-4567	
법 인 신 청 인	법인명		사업자등록번호	-	
	대표자명	(서명 또는 인)	기관전화번호		
	소재지				
	방문자	성명 ( ), 주민등록번호 ( ), 직위 ( )			

「주민등록법 시행규칙」 제14조제1항에 따라 주민등록전입세대 열람을 신청합니다.

년 월 일

읍·면·동장 또는 출장소장 귀하

〈유의사항〉
1. 열람사항을 출력하여 줄 수는 있으나 성명·날인하여 줄 수는 없습니다.
2. 경매참가자는 경매입찰시 당 물건소재지가 나타나 있는 (신문)공고문, 신용정보업자는 신용조사 의뢰서, 감정평가업자는 감정평가 의뢰서, 금융기관은 담보채택 근저당설정 관계서류(해당 물건소재지가 나타나 있는 근저당설정계약서, 대출약정서 등)를 첨부하여야 하며 물건 소유자 및 임차로 등록 그 사실을 증명하여야 합니다.
3. 전입세대 열람신청은 다른 사람에게 위임할 수 없습니다.
4. 법인의 경우에는 "대표자성명"란에 대표자가 서명하거나 법인인감(사용인감 포함)을 찍고, 방문자는 사원증(또는 재직증명서)과 주민등록증 등 신분증명을 함께 제시하여야 합니다.
5. 동일 신청자가 동일 증명자료에 따라 동일 목적으로 여러 물건지에 대한 전입세대 열람을 신청하는 경우에는 법지 제15호서식과 별지 제16호서식을 함께 사용할 수 있으며, 이 경우 별지 제15호서식과 별지 제16호서식 사이에는 신청인의 확인(간인)이 있어야 합니다.

주민등록전입세대 열람신청 접수증		
접 수 번 호 :	접수일자 :	
신청인 성명 :		○ ○ ○ 장 (인)

❈ 접수증은 온라인장애 등으로 인하여 즉시 처리가 안되는 경우에만 교부하여 드립니다.

210㎜×297㎜ (보존용지(1종) 70g/㎡)

전입세대열람 내역(동거인포함)

행정기관 : 서울특별시 강동구 ○○동   작업일시 : 2009년 06월 12일 09:29   페이지 : 1

주소 : 서울특별시 강동구 명일동 (일반산) ○○○

순번	세대주성명	전입일자 / 거주상태 주 소	최초전입일자	전입일자 / 거주상태	동거인 수	동거인사항 순번 성명 / 전입일자 / 거주상태
1	김**	❶ 1998-09-03 거주자 강**	❷ 1998-09-03 거주			
		서울특별시 강동구 명일동 44 (1층) ○○○○				

- 이하여백 -

주택임차인을 분석할 때는 대항요건, 확정일자, 소액보증금, 즉 주택임차인 분석요건을 점검해야 한다. 주택임차인 분석요건에서 우선 권리를 갖춘 임차인은 경매에서 낙찰자에게 최우선적으로 변제받을 권리(최우선변제권)를 가진다.

대항요건

주택임차인의 대항요건에 의한 대항력의 발생일이 말소기준권리보다 하루라도 빠르면 낙찰자 인수사항이다. 주택임차인은 주택을 임차하면서 주민등록과 거주를 하면 그 다음날부터 제3자에게 대항할 수 있는 힘으로서 대항력이 발생되는데, 대항력이란 임차목적물을 사용하고 수익할 수 있는 권리를 제3자에게 주장할 수 있는 힘으로써 대항력이 발생되는 정확한 시점은 주민등록전입신고와 거주를 한 다음 날의 오전 0시부터다.

주택임차인의 대항요건＝주민등록전입신고＋거주(주택의 인도)

⇒ 다음 날부터 대항력 발생

확정일자＝임차권의 물권화＝우선변제권

주택임차인이 집주인과 맺은 임대차계약서상에 확정일자를 받으면(동사무소 또는 공증사무소 또는 등기소에서 받을 수 있다) 자신이 거주하는 주택이 경매나 공매로 넘어가더라도 경매대금(토지 경매대금을 포함)에서 후순위 채권자보다 우선하여 임차인의 보증금을 변제받을 권리(우선변제권)가 발생한다. 즉, 확정일자를 받아 놓으면 확정일자 이후에 근저당권이 설정되더라도 이 권리보다 우선해서 자신의 보증금을 변제받을 권리를 가지게 된다. 여기서 확정일자의 효력인 우선변제권은 전입신고를 하여 대항력을 갖춘 상태에서 발생되는 것이지 대항력을 갖추지 않은 상태에서 확정일자만 받아 놓는다면 우선변제권이라는 효력은 발생되지 않는다.

다음 경매 물건의 권리관계를 살펴보면 말소기준권리는 2008년 12월 3일이다. 임차인 현황을 살펴보면 조○○씨를 제외한 김동○, 김두○, 김삼○ 임차인들은 말소기준권리보다 앞서 전입신고를 했기 때문에 낙찰자에게 대항력을 갖춘 선순위 임차인이지만, 조○○씨의 전입신고일은 말소기준권리보다 늦은 12월 12일이기 때문에 대항력을 갖추지 못한 후순위 임차인이다.

임차인현황	· 말소기준권리:2008.12.03 · 배당요구종기:2009.04.13		보증금액 / 사글세 or 월세	대항력 여부	배당예상금액	예상배당표	
김동●	주거용	전 입 일:2005.03.28 확 정 일:2005.03.28 배당요구일:2009.02.09	보40,000,000원	있음	소액임차인		대항력 있음
김두●	주거용	전 입 일:2001.10.08 확 정 일:2001.07.02 배당요구일:2009.02.09	보35,000,000원	있음	소액임차인	현황조사서상 보:4000만원	
김삼●	주거용	전 입 일:1999.10.25 확 정 일:1999.11.12 배당요구일:2009.02.09	보37,000,000원	있음	소액임차인		
조●●	주거용	전 입 일:2008.12.12 확 정 일:2008.12.12 배당요구일:2009.02.09	보30,000,000원	없음	소액임차인		대항력 없음

건물등기부		권리종류	권리자	채권최고액 (계:3,867,269,356)	비고	소멸여부	
1	1996.02.03	소유권보존	이민계			소멸	
2	2008.12.03	근저당	박순주	520,000,000원	말소기준등기	소멸	말소기준권리
3	2009.01.13	가압류	신용보증기금	1,327,000,000원		소멸	
4	2009.01.16	가압류	서울보증보험(주)	15,940,700원		소멸	

임차인	전입신고와 확정일자		투자 관점	대항력
김두○	전입신고	2005. 03. 28	2005. 03. 29. 0시 이후	있음
	확정일자	2005. 03. 28		
김두○	전입신고	2001. 10. 08	2001. 10. 09. 0시 이후	있음
	확정일자	2001. 07. 02		
김삼○	전입신고	1999. 10. 25	1999. 10. 25. 0시 이후	있음
	확정일자	1999. 11. 12		
조○○	전입신고	2008. 12. 12	2008. 12. 12. 0시 이후	없음
	확정일자	2008. 12. 12		

위의 사례로 대항력과 확정일자 연습을 해보자. 우선 대항할 수 있는 선순위 임차인(김동○, 김두○, 김삼○)을 A그룹이라 하고, 대항할 수 없는 후순위 임차인(조○○)을 B그룹이라 하자. A그룹은 대항할 수 있으므로 법원에

채권계산서를 제출할 필요가 없다. 하지만 B그룹은 무조건 권리 신고 및 배당요구 신청을 해야 한다. 만약 하지 않으면 대항하지 못하기 때문이다.

주거용 부동산이 경매신청되면 법원은 A그룹과 B그룹 주택임차인에게 배당요구종기일까지 '권리신고 및 배당요구신청'을 하라고 통보하는데, 낙찰자에게 대항할 수 있는 A그룹 임차인들은 낙찰자에게 보증금 전액을 반환받을 수 있기 때문, 즉 보증금 회수에 문제가 없기에 배당신청을 하지 않더라도 관계가 없다.

그러나 낙찰자에게 대항할 수 없는 B그룹 임차인은 법원이 공고한 배당요구종기일까지 반드시 배당신청을 하여야 한다. 이는 대항력 없는 임차인이 배당신청을 하지 않으면 배당 절차에 참여하지도 못하고, 낙찰자에게 보증금의 반환을 요청하지도 못하기 때문이다.

임차인의 대항력과 우선변제권 살펴보기

임차인들이 낙찰자에게 대항할 수 있는 대항력과 우선해서 자신의 보증금을 변제받을 수 있는 우선변제권에 대해서 자세히 알아보자.

첫 번째 사례

임차인A는 전입신고를 2009년 1월 1일, 확정일자는 1월 2일에 했고, 근저당권은 1월 2일에 설정되었다면 임차인A의 대항력과 우선변제권은 어떻게

될까? 위 사건의 경우 A그룹의 임차인들이 이에 해당된다.

임차인A의 대항력이 생겨나는 시점은 전입신고 다음날 0시부터기 때문에 2009년 1월 2일 0시다. 확정일자에 의한 우선변제권의 효력 발생 시기는 1월 2일 주간(확정일자는 임차인이 동사무소나 공증사무소를 통해서 신청을 하며 동사무소의 업무가 시작되는 시간이 9시이기 때문에 주간이라고 표현한다. 정해진 시간은 없지만 통상 오후 늦게 확정일자를 받지 않을 것이기 때문이다)이고 확정일자에 의한 우선 변제권 효력 발생 시기는 2009년 1월 1일 주간이다. 근저당권의 우선 변제권 효력 발생 시기는 1월 2일 주간이다. 결국 임차인A는 낙찰자에게 대항력과 우선 변제권을 모두 갖추게 된다.

두 번째 사례

임차인이 2009년 1월 1일에 전입신고 후 1월 3일 확정일자를 받았다. 근저당은 1월 2일에 설정되었다면 임차인 A의 대항력과 우선변제권은 어떻게 될까?

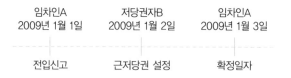

임차인A의 대항력은 전입신고 다음날 0시부터 발생하기 때문에 2009년 1월 2일 0시부터 발생하고 확정일자에 의한 우선변제권의 효력 발생 시기는 1월 3일 주간이다. 근저당권의 우선 변제권 효력 발생 시기는 1월 2일 주간이다. 이 경우의 권리분석은 말소기준권리인 근저당권보다 먼저 대항력을 갖추어 경매 시 낙찰자에게 대항할 수 있으나(말소기준권리(위에서 저당권)와 임차인의 대항력을 비교해서 임차인이 말소기준권리보다 우선하면 대항력을 갖추게 되어 낙찰자의 인수사항이다), 확정일자를 근저당권보다 나중에 받아 우선변제 순위가 근저당권보다 후순위이기 때문에 배당순위는 '근저당권 → 확정일자' 순으로 배당(임차인 배당금이 얼마인지 파악해야 한다)이 진행된다.

예를 들어 임차인의 보증금과 근저당권의 채권액이 각 6천만 원이고 배당 금액이 1억 원인 경우 임차인A는 최우선변제 받을 수 있는 보증금액(서울 및 과밀역세권의 최우선변제금은 1,600만 원, 광역시는 1,400만 원, 기타지역은 1,200만 원임)을 초과하였기에 '저당권자B 6천만 원(우선변제 1순위) → 임차인A 4천만 원(우선변제 2순위)' 순으로 배당이 이루어지나, 임차인A의 대항력이 저당권자B보다 우선하기 때문에 낙찰자에게 대항할 수 있어 배당받지 못한 잔여 보증금 2천만 원은 낙찰자가 인수하여야 한다.

세 번째 사례

임차인A는 2009년 1월 1일에 전입신고와 확정일자를 받았다. 그리고 근 저당이 그 다음날인 1월 2일에 설정되었다면 임차인A의 대항력과 우선변제 권은 어떻게 될까?

임차인A의 대항력은 발생 시기와 확정일자 효력 발생 시기는 모두 1월 2일 오전 0시고, 저당권자 B의 효력 발생 시기는 1월 2일 주간이다. 권리분석 을 해보자. 임차인A는 말소기준권리인 저당권B보다 먼저 대항력을 갖추어 경매 시 낙찰자에게 대항할 수 있으며, 우선변제순위는 근저당권보다 빨라 배당순위는 '확정일자 → 근저당권' 순으로 배당이 진행된다.

만약 임차인A 보증금과 저당권자B의 채권액이 각 6천만 원이고 배당금액 이 1억 원일 경우 '확정일자 6천만 원 → 근저당권 4천만 원' 순으로 배당되 며, 임차인A는 낙찰자에게 대항할 수 있으나, 배당 절차에서 보증금을 전액 배당 받아 낙찰자가 임차인의 보증금을 인수하지 않아도 된다. 즉, 세입자를 내보내는 명도가 수월하게 진행될 수 있는 매우 좋은 조건의 물건이라 할 수 있다.

네 번째 사례

임차인A는 2009년 1월 1일에 확정일자를 받았고 1월 2일 전입신고를 하였다. 그리고 근저당은 1월 2일에 설정되었다면 임차인 A의 대항력과 우선변제권은 어떻게 될까?

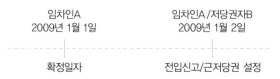

임차인A의 대항력 발생 시기는 1월 3일 오전 0시며, 확정일자 효력 발생 시기는 1월 3일 오전 0시다. 저당권자B의 효력 발생 시기는 1월 2일 주간이다. 권리분석을 해보자. 임차인A는 말소기준권리인 저당권자B보다 확정일자를 먼저 받았음에도 불구하고 저당권이 설정된 날에 전입신고하여 대항력은 그 다음 날에 발생되기에 낙찰자에게 대항할 수 없고, 따라서 배당 절차에서 보증금을 전액 회수하는 것과는 별개로 낙찰자에게 주택을 비워주어야 한다.

배당절차에서 임차인A의 보증금과 근저당권자B의 채권액이 각 6천만 원이고 배당금액이 1억 원일 경우 저당권 6천만 원 → 확정일자에 의한 임차인 4천만 원 순으로 배당되며, 배당받지 못한 잔여 보증금 2천만 원은 낙찰자에게 대항할 수 없어 경매 절차에서 보증금을 전액 회수하지 못하고, 임차인A의 계약 상대방이었던 임대인에게 잔여 보증금의 반환을 요청할 수 있을 뿐이다.

나쁜 임차인인 가장 임차인은 어떻게 만들어지고 어떻게 가려내야 할까?

소액보증금에 대한 최우선변제금을 배당받기 위하여 채무자와 짜고 임대차계약서를 허위로 작성하여 경매기입등기 전에 전입신고함으로써 채권자들의 배당액이 줄어들게 하는 등 경매의 골칫거리인 나쁜 임차인의 횡포는 점점 지능화되어가고 조직적으로 나타나기도 한다. 하지만 낙찰자 입장에서는 가장 임차인이 골칫거리, 즉 나쁜 임차인이 될 수도 있고 때로는 좋은 임차인이 될 수도 있다.

경매 브로커가 집주인과 짜고 허위 소액임차인(전세금 4,000만 원 이하 세입자)을 만들어낸 것을 입찰 후에야 아는 경우가 종종 발생한다. 이럴 경우 입찰자는 입찰보증금을 포기하거나 울며 겨자먹기 식으로 가짜 임차인들에게 이사비 명목으로 수백만 원씩 주게 된다. 주택임대차보호법이 소액임차인에게 우선적으로 경매대금을 배당하도록 규정하고 있지만 이들의 실제 거주여부를 가늠하기는 어렵다는 점을 경매 브로커들이 이용하고 있는 것이다.

만약 가장 임차인으로 인해 낙찰자가 추가적인 금전적 부담을 지지 않는다면 배당에 참가하는 것을 묵인하는 것이 바람직하다. 배당을 받음으로 인해 명도가 수월해지기 때문이다. 하지만 가장 임차인의 존재로 인해 낙찰자에게 추가적인 금전적 부담이 발생한다면 배당에 참여하지 못하도록 해야 한다. 그 방법으로는 이해관계에 있는 채권자가 배당배제신청이나 배당이의소송 등을 통해 가장 임차인들이 배당에 참여하지 못하게 하는 것이 가장 일반적으로 많이 사용하는 방법이다.

가장 임차인에 대한 진위 여부와 그 입증은 낙찰자가 해야 한다. 따라서 가장 임차인(가짜 세입자 또는 위장 임차인이라고도 함)이라 판명이 나면 이미 받은 최우선변제액에 대하여는 채권자들에게 추가 배당이 된다.

통상 경매로 물건이 나오기 전 해당 물건 소유자는 채권자로부터 수차 변제를 촉구받았을 것이고, 그 후 경매등기가 되기 수개월 전에 자신의 부동산이 경매에 들어가는 것을 자연히 알고 있을 것이다. 강제경매는 통상 가압류하여 판결하고 경매신청의 과정을 거친다. 임의경매인 경우 은행 등 채권자가 사전에 대금 납부를 독촉하기 때문에 시간적으로 가장 임차인을 만드는 것은 그리 어려운 일은 아니다. 주민등록전입신고만 하면 되기 때문이다.

가장 임차인이 맺는 가장 임대차의 대표적인 특징은 ❶ 경매개시 직전에 주민등록전입신고하는 경우, ❷ 확정일자가 경매압류등기일 전후로 늦게 신고된 경우(전입신고일과 확정일자일이 차이가 많이 나면 전입신고만 한 후 실제 거주는 하지 않다가 경매시점에 임박해서 부랴부랴 확정일자를 받은 경우로 의심할 수 있다), ❸ 임차기간이 상당기간 흘렀는데도 임차보증금이 인상되지 않은 경우, ❹ 임대차계약서가 없거나 고의로 숨기는 경우, 임대차계약서에 중개인이 개입되지 않은 경우 등이라 할 수 있고, 가장 임차인의 대표적인 특징은 ❺ 소유자와 특수한 관계(가족, 친척, 형제, 장인/장모와 사위, 동거인 등)(임차인의 이름이 소유자(채무자)와 비슷하다면 무상으로 거주하는 친인척일 가능성이 크다), ❻ 감정가, 근저당 금액, 주변 시세에 비해 임차인의 보증금액이 지나치게 높은 경우(은행이 근저당을 설정할 때 임차인 조사를 하기 때문에 근저당과 보증금을 더한 금액이 감정가를 넘기기는 힘들기 때문이다), ❼ 전 소유자가 임차인인 경우, ❽ 재경매 물건인 경우(경매로 낙찰받은 물건이 다시 경매로 나온 경우), ❾ 방 하나에 다중 세입자가 설정된 경우(방 하나에 여러 명이 세입자로 되어 있다면 소액보증금을 노린 경우라고 추정할 수 있다), ❿ 경매 컨설팅 업체 중 가장 임차인을 전문적으로 만들어주는 경우 등이 있다.

가장 임차인의 진위 여부 확인 시 조사할 내용은 ❶ 임대차계약서에 기재된 내용이 누락되거나 잘못되었는지를 검토하고, ❷ 주민등록상 변동된 내용과 수요자와의 관계를 확인하고, ❸ 관리사무소나 물건지 주변 탐문 등으로부터 조사, ❹ 물건 소재지 앞으로 송달된 각종 청구대금 및 우편물의 수취인 명의 확인, ❺ 설정 은행의 임대차조사서(무상임대차 각서 등)나 관련 자료 확인과 저당권 등 권리 설정 당시의 상황 확인 등을 종합하여 판단한다.

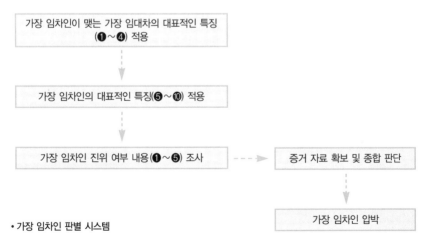

• 가장 임차인 판별 시스템

확정일자만으로 가장 임대차를 만드는 경우 후순위가 되기 때문에 임차인 측면에서는 큰 실익이 없고, 소액임차인을 만드는 것은 쉽지만 권리관계의 채권자에 의해 배당배제될 가능성이 높다. 이러한 가장 임차인 사례는 말소 기준권리보다 늦은 후순위기 때문에 낙찰자가 인수할 필요가 없고 경매로 모두 소멸된다.

가장 임차인이라도 일부 배당을 받는다면 낙찰자는 명도 문제가 한층 더 수월해질 수 있기에 심증은 있어도 모르는 척 넘어가는 경우가 많다. 특히 임차인이 법원에 임차인이라는 것만 밝히고 계약서, 배당요구 등을 하지 않은 경우가 종종 있는데 이럴 경우 가장 임차인일 가능성이 매우 높다. 앞서 설명했듯이 소송(명도 소송)까지 대비해 관련 증거물을 수집하는 것이 무엇보다도 중요하다.

배당표 작성하기

경매부동산에 대한 권리분석을 마친 후 예상 낙찰금액을 결정했다면 경매 부동산에 관련된 채권자들에게 각각 얼마의 금액이 배당되는지를 입찰 전에 미리 따져봐야 한다. 채권자들의 배당 금액을 따져봐야 투자자가 인수해야 될 금액이 얼마인지, 임차인들의 명도 난이도를 가늠할 수 있다.

왜 배당표를 작성해야 하는가?

권리분석을 통해서 채권자들의 권리관계를 파악했다면 이제 채권자들이 얼마의 금액을 배당받아 가는지를 미리 계산해야 한다. 이것을 예상 배당표 라고 하는데, 예상 배당표를 작성할 때는 우선 내가 낙찰받을 금액을 미리 계산하면 좋다. 물론 예상 배당표의 결과에 따라서 낙찰받을 금액은 변동될 수 있고, 또는 가상의 낙찰 금액으로 예상 배당표를 작성한 후 그 결과에 따라서 내가 입찰할 금액을 결정할 수도 있다.

어느 방법을 사용하든 예상 배당표에서 임차인들의 미배당금 중 낙찰자가 인수하는 금액이 크면 입찰가격을 낮게 조정해야 하고 임차인들이 자신의 보증금 전액을 배당받아 간다면 명도가 수월하기 때문에 입찰가격을 조금 높게 조정할 수 있다. 반대로 자신의 보증금을 한 푼도 받지 못하는 임차인이 발생할 경우 입찰가격을 충분히 반영하여 낮게 조정해야 한다. 만약 임차인이 없는 부동산을 입찰한다면 배당표를 작성할 필요가 없을 것이다.

배당 당사자와 배당 절차

경매개시결정에 따른 압류의 효력이 생긴 때에는 배당요구를 할 수 있는 종기(終期)를 첫 매각기일 이전으로 정하여 이를 공고한다. 다시 말하면 경매기입등기가 된 후 7일 이내 관련자들에게 '배당신청을 하라'는 공고를 내라는 말이다. 그리고 배당신청기간은 첫 매각(경매)기일 이전으로 한다는 것이다.

배당종기일이란 경매로 인하여 부동산에 관련된 채권자들이 경매집행법원에 배당을 요구하는 기간을 말하며 관련채권자는 배당요구종기일까지 배당요구를 신청하여야 한다. 이미 경매신청당시 등기부상에 등기된 권리자는 배당요구를 하지 않아도 되지만 그렇지 않은 채권자는 반드시 배당요구를 하여야 한다. 매각물건명세서를 보면 배당요구종기일(❶)을 알 수 있다.

매각물건 명세서

사건	2008타경████ 부동산강제경매		매각물건번호	1	담임법관(사법보좌관)	박호
작성일자	2009.05.27		최선순위 설정일자	2008.10.2.가압류(토지.건물)		
부동산 및 감정평가액 최저매각가격의 표시	부동산표시목록 참조		배당요구종기	2009.03.09 ❶		

부동산의 점유자와 점유의 권원, 점유할 수 있는 기간, 차임 또는 보증금에 관한 관계인의 진술 및 임차인이 있는 경우 배당요구 여부와 그 일자, 전입신고일자 또는 사업자등록신청일자와 확정일자의 유무와 그 일자

점유자의 성명	점유부분	정보출처 구분	점유의 권원	임대차 기간 (점유기간)	보증금	차임	전입신고일자.사업자등록신청자	확정일자	배당요구 여부 (배당요구일자)
							주거		
기████ 이██	지층	권리신고	주거 임차인	2002.6.29. -	4,000만원		2009.1.30.	2009.1.30.	2009.01.30

〈비고〉

특히 전세권설정을 하지 않고 전입신고와 확정일자만 받은 세입자는 필히 배당요구를 하여야 한다. 만약에 배당요구를 하지 않는다면 배당을 전혀 받을 수가 없다. 비록 남는 금액이 있어도 배당은 되지 않으며 특히 배당요구를 하지 않은 채권자가 본인이 받을 돈을 가져간 후순위 권리자를 상대로 부당이득반환청구소송을 제기하는 것도 허용되지 않고 있으므로 배당요구종기일까지 배당요구를 하여야 한다. 그러니까 배당요구를 할 수 있는 마지막 날을 배당요구종기일이라 하는 것이다. 배당요구종기일 이후에는 배당요구를 할 수 없으며 또한 배당요구를 하더라도 받아주지 않는다.

배당요구종기는 일정한 날짜를 정하고 그날까지만 배당요구 신청을 받아준다는 의미이며 배당요구를 할 수 있는 날짜를 정할 때 첫 경매기일 이전으로 배당요구종기 날짜를 정하여야 한다는 의미다. 예를 들면 첫 경매기일이 2009년 6월 5일인 경우 배당요구종기를 2009년 5월 7일로 정해졌다면 채권자는 2009년 5월 7일까지는 배당요구 신청을 하여야만 배당을 받을 수 있다.

채권자 중에는 배당의 당사자로서 배당요구를 해야 자신의 채권이 배당되는 채권자가 있는 반면 배당요구를 하지 않아도 배당되는 채권자가 있다.

배당요구하지 않아도 배당되는 채권자	투자 관점
• 경매신청 채권자 • 중복 경매신청으로 압류채권자된 채권자 • 경매신청기입등기 전에 등기한 가압류권자 • 경매신청기입등기 전에 등기한 저당권자, 전세권자 등으로 낙찰로 인하여 소멸되는 권리자 • 배당일 전에 채권신고를 한 국세, 지방세 채권자	• 절대적 우선변제청구권이 있는 채권자 • 주택임차보호법의 대항요건(점유와 전입신고)과 확정일자를 갖춘 임차권자 • 가등기권자 • 채무명의를 가진 채권자 • 경매신청기입등기 이후에 등기된 가압류권자, 저당권자, 전세권자 • 경매신청기입등기 전에 설정한 근저당권의 채권최고액이 초과하여 초과된 채권에 대한 배당을 받고자 하는 채권자 • 일반채권자

배당 절차는 다음과 같은 순서에 의해서 진행된다.

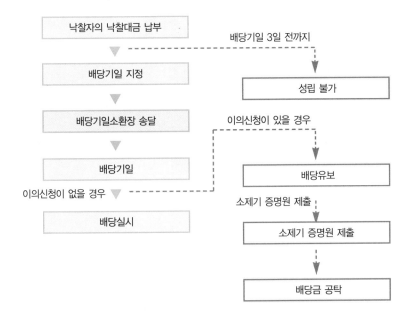

굿옥션에서 예상배당표 확인하기

사설 경매정보서비스 제공업체인 굿옥션을 이용하여 채권자들과 임차인들의 예상배당표를 확인해보자. 사설 경매정보서비스 제공업체에서 제공하는 예상배당표를 이용하면 시간과 노력을 절약할 수 있다. 하지만 100% 신뢰하기보다 참고 자료로 활용한다.

★ 따라하기

1 굿옥션 사이트(http://www.good auction.co.kr)에 접속한 뒤 책 속 부록으로 제공하는 '굿옥션 무료 이용권'에 인쇄된 쿠폰번호(아이디와 패스워드)를 입력한 뒤 [로그인] 버튼을 클릭한다. 상단 메뉴에서 '종합검색'을 클릭한다.

② 물건 상세검색 페이지에서 물건 종류와 검색 조건을 설정한 후 [검색] 버튼을 클릭한다.

③ 검색 결과에서 관심 있는 물건을 클릭한다.

④ 클릭한 물건의 물건요약 페이지가 나타난다. 오른쪽 메뉴에서 [예상배당표]를 클릭한다.

⑤ 예상배당표 페이지가 나타나면 '낙찰예
상가 설정하기'의 금액 입력란에 낙찰
예상가를 입력한 후 [낙찰예상가 적용
하기] 버튼을 클릭한다.

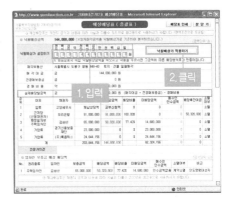

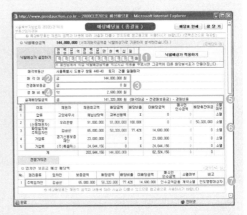

Book in Book … 예상배당표 페이지 구성 내용과 배당순위

예상배당표의 페이지는 다음과 같이
크게 7가지로 구성되어 있다.

❶ 낙찰예상가 설정하기 : 입찰자가 직접 낙찰 예상가격을 입력할 수 있다. 초기 낙찰예상
가는 입찰최저가격이 자동으로 입력된다.

❷ 매각대금 : 입찰자가 입력한 낙찰예상가격이 표시된다.

❸ 전경매보증금 : 경매보증금으로 신건 기준으로 한 번 유찰마다 보통 10%씩(경매 법정
마다 차이가 있음) 늘어난다.

❹ 경매비용 : 법원에서 경매를 진행하는데 소요되는 비용이다.

❺ 실제배당할금액 : 매각대금에서 전경매보증금과 경매비용을 제한 나머지 금액이다.
실제배당할금액＝매각대금－전경매보증금－경매비용

❻ 배당순위 : 등기부등본상의 권리관계를 기준으로 배당순위와 배당금액, 소멸여부 등이
표시된다.

❼ 임차인 보증금 예상 배당액 : 경매 물건 부동산 임차인들의 보증금에서 얼마의 채권을
배당받는지 배당금액이 표시된다.

예상배당표 분석

이미 언급했듯이 예상배당표는 입찰 전 낙찰자가 인수해야 하는 임차인 보증금과 배당금액에 따른 임차인 명도의 난이도를 미리 가늠하고 수익률을 분석해보기 위함이다. 이 내용은 '임차인 보증금 예상 배당액' 란에서 확인할 수 있다.

다음 사건의 임차인 보증금 예상 배당액 내용을 보면 대항력이 있는 임차인 김○○씨, 임○○씨, 이○○씨 모두 임차 보증금 전액 배당받는다(❶). 즉, 낙찰자(매수인)는 인수할 금액은 없는 상태(❷)고 임차인 3명은 모두 배당 받은 후 권리가 소멸(❸)된다.

매각부동산	경기도 수원시 팔달구 고등동 ■■-■ 토지·건물 일괄매각							
매 각 대 금	금		183,720,000 원					
전경매보증금	금		0 원					
경 매 비 용	약		3,048,000 원					
실제배당할금액	금		180,672,000 원 (매각대금 + 전경매보증금) - 경매비용					

순위	이유	채권자	채권최고액	배당금액	배당비율	미배당금액	매수인 인수금액	배당후잔여금	소멸 여부
0	주택소액임차인	김옥■	25,000,000	16,000,000	64.00%	9,000,000		164,672,000	
0	주택소액임차인	임남■	10,000,000	10,000,000	100.00%	0		154,672,000	
0	주택소액임차인	이경■	20,000,000	16,000,000	80.00%	4,000,000		138,672,000	
1	확정일자부 주택임차인	김옥■	9,000,000	9,000,000	100.00%	0	0	129,672,000	소멸
2	근저당 (신청채권자)	윤옥■	45,000,000	45,000,000	100.00%	0	0	84,672,000	소멸
3	근저당	김선■	30,000,000	30,000,000	100.00%	0	0	54,672,000	소멸
4	확정일자부 주택임차인	이경■	4,000,000	4,000,000	100.00%	0	0	50,672,000	소멸
5	가압류	황국■	41,000,000	0	%	41,000,000	0	50,672,000	소멸
	계		171,000,000	133,048,000		41,000,000	0	50,672,000	
전문가의견									

⑧ 임차인 보증금 예상 배당액 (금액단위:원)

No.	권리종류	임차인 ❶	보증금액	배당금액	배당비율	미배당금액 ❷	매수인 인수금액	소멸여부 ❸	비고
1	주택임차인	김옥■	25,000,000	25,000,000	100.00%	0	인수금액없음	계약소멸	전액배당
2	주택임차인	임남■	10,000,000	10,000,000	100.00%	0	인수금액없음	계약소멸	전액배당
3	주택임차인	이경■	20,000,000	20,000,000	100.00%	0	인수금액없음	계약소멸	전액배당

다음 사건의 경우 임차인 김○○씨는 말소기준권리보다 늦어 대항력 없는 임차인이다. 이 임차인의 임차인 보증금 예상 배당액 내용을 살펴보면 자신의 보증금 6,500만 원에서 77.42%인 5,032만 원만 배당받게 된다. 하지만 낙찰자에게 대항할 수 없는 후순위 임차인이기 때문에 낙찰자는 나머지 미배당금액을 인수할 필요는 없다. 상황에 따라서 약간의 이사비용으로 협상한 후 명도하면 될 것이다.

매각부동산	서울특별시 도봉구 창동 ███-██ 토지 건물 일괄매각								
매 각 대 금	금		144,000,000 원						
전경매보증금	금		0 원						
경 매 비 용	약		2,680,000 원						
실제배당할금액	금		141,320,000 (매각대금 + 전경매보증금) - 경매비용						

순위	이유	채권자	채권최고액	배당금액	배당비율	미배당금액	매수인 인수금액	배당후잔여금	소멸 여부
1	압류	고양세무서	체납상당액	교부신청액	%	0	0		소멸
2	근저당 (신청채권자)	우리은행	91,000,000	91,000,000	100.00%	0		50,320,000	소멸
3	확정일자부 주택임차인	김██	65,000,000	50,320,000	77.42%	14,680,000	0	0	소멸
4	가압류	경기신용보증재단	23,000,000	0	%	23,000,000	0	0	소멸
5	가압류	(주)록음██	24,644,156	0	%	24,644,156	0	0	소멸
	계		203,644,156	144,000,000		62,324,156			
전문가의견									

■ 임차인 보증금 예상 배당액 (금액단위 : 원)

No.	권리종류	임차인	보증금액	배당금액	배당비율	미배당금액	매수인 인수금액	소멸여부	비고
1	주택임차인	김██	65,000,000	50,320,000	77.42%	14,680,000	인수금액없음	계약소멸	인도명령대상자

다음 사건의 경우 임차인 이○○씨와 최○○씨는 낙찰자에게 대항력 있는 임차인이다. 이들이 배당요구를 했지만 배당비율이 이○○씨는 임차 보증금 3,800만 원 중 1,600만 원만 배당받고 미배당금의 2,200만 원, 최○○씨는 임차 보증금 3,000만 원 중 1,600만 원만 배당받고 미배당금이 1,400만 원 발생한다. 이 미배당금은 모두 낙찰자가 인수해야 한다. 즉, 낙찰자는 입찰금액 453,869,000원에 미배당된 이○○씨와 최○○씨의 임차 보증금 3,600만 원을 인수하여 총 489,869,000원에 매입하는 결과가 된다.

매각부동산	경기도 고양시 일산서구 대화동 ███-█ 토지·건물 일괄매각								
매 각 대 금	금		453,869,000 원						
전경매보증금	금		0 원						
경 매 비 용	약		5,358,000 원						
실제배당할금액	금		448,511,000 원 (매각대금 + 전경매보증금) - 경매비용						

순위	이유	채권자	채권최고액	배당금액	배당비율	미배당금액	매수인 인수금액	배당후잔여금	소멸 여부
0	주택소액임차인	이██	38,000,000	16,000,000	42.11%	22,000,000		432,511,000	
0	주택소액임차인	최██	30,000,000	16,000,000	53.33%	14,000,000		416,511,000	
0	주택소액임차인	임██	30,000,000	16,000,000	53.33%	14,000,000		400,511,000	
1	근저당 (신청채권자)	일산농협	228,580,276	228,580,276	100.00%	0		171,930,724	소멸
2	근저당	변██	600,000,000	171,930,724	28.66%	428,069,276	0	0	소멸
─	가압류	현대캐피탈(주)	██,███,218	0		26,866,218		0	소멸
8	주택임차인	이██	22,000,000	0	%	22,000,000	22,000,000	0	최우선변제금액
8	주택임차인	최██	14,000,000	0	%	14,000,000	14,000,000	0	최우선변제금액
8	주택임차인	임██	14,000,000	0	%	14,000,000	0	0	소멸
	계		1,910,940,047	453,869,000		1,462,429,047	36,000,000		
전문가의견									

■ 임차인 보증금 예상 배당액 (금액단위 : 원)

No.	권리종류	임차인	보증금액	배당금액	배당비율	미배당금액	매수인 인수금액	소멸여부	비고
1	주택임차인	이○구	38,000,000	16,000,000	42.11%	22,000,000	22,000,000		잔액인수
2	주택임차인	최██	30,000,000	16,000,000	53.33%	14,000,000	14,000,000		잔액인수
3	주택임차인	임██	30,000,000	16,000,000	53.33%	14,000,000	인수금액없음	계약소멸	인도명령대상자

배당순위

경매에서 배당이란 낙찰대금이 각 채권자를 만족시키지 못할 때 권리의 우선순위에 따라 매각대금을 배분하는 절차다. 집행법원은 경매에서 성공한 낙찰을 위해서는 수익분석이 필수다. 수익분석을 위한 가장 기본적인 사항이 배당표를 작성하는 것이다. 응찰 전 빈드시 직접 배당표를 작성해보고, 작성 후에도 잘못 작성한 부분이 없는지 꼼꼼히 체크해야 한다.

사설 경매정보지는 각 물건에 대한 배당표를 만들어 서비스해주고 있지만 절대로 100% 신뢰는 금물이다. 배당표를 정확하게 작성하지 못하면 수익률 분석 자체가 불가능하기 때문에 본인 스스로 경매 물건에 대한 배당표를 작성할 수 있어야 한다. 배당표를 작성해야 채권자들의 배당금액, 소액 임차인들의 배당금액, 또한 낙찰자가 인수해야 하는 임차인이 누구인지, 낙찰자가 인수해야 되는 금액이 얼마인지 등을 알 수 있다.

이러한 항목들을 토대로 내가 입찰 가능한 금액이 어느 정도인지, 또한 어느 정도의 수익을 발생시킬 수 있을 지 예측할 수 있다. 배당표 작성은 대항력 있는 임차인뿐만 아니라 대항력 없는 임차인에 대해서도 작성해보아야 한다.

경매 낙찰 시 배당순위는 다음 표와 같다.

순위	내용
0	경매비용, 민법 제367조 규정에 의한 필요비 및 유익비(유치권적인 부분으로 예를 들어 아파트의 베란다 확장 공사를 했거나 하면 유익비에 해당된다)
1	주택 및 상가임차인의 최우선변제금(소액보증금 등), 근로자의 임금채권
2	우선변제권자(근저당권, 확정일자, 당해세(국세와 지방세 및 가산금))
3	보통변제권자(일반 채권자)

배당순위에서 당해세 우선원칙이 적용된다. 즉, 당해세는 우선변제권자 중 그 어떤 권리보다 가장 먼저 배당을 받게 된다. 당해세는 경매 물건에 부과된 국세 또는 지방세 및 가산금으로 국세에는 상속세, 증여세, 재평가세, 종합부동산세가 있고 지방세에는 재산세, 자동차세, 도시계획세, 공동시설세, 재산세와 자동차세분, 지방교육세 등이 있다. 국세와 지방세 중 당해세는 우선변제권을 가지는 권리보다 먼저 배당받는다.

Book in Book ··· 배당순위를 정확히 알아야 되는 이유

배당순위를 정확히 알아야 전략적 접근이 가능하다. 배당금액이 많고 적음에 따라 낙찰자인 매수인의 대응전략도 달라질 수 있기 때문에 반드시 배당순위와 배당금액을 알아둘 필요가 있다. 그 이유는 대항력이 없는 임차인이 배당을 받았지만 처음 입주할 때 임대인에게 지급한 임대보증금 전부를 받지 못하는 경우 매수인은 임차인을 내보내기 위해 임차인과 어려운 협상을 해야 하기 때문이다. 만약 임차인이 배당을 많이 받았다면 매수인의 입장에서는 협상이 순조롭게 진행될 수 있다. 배당을 받은 임차인은 이미 자기 채권을 만족했기 때문에 협상에 적극적일 수밖에 없기 때문이다.

배당은 최우선변제권 내지 우선변제권에서 모두 돌아가지 않는 경우가 대부분이기 때문에 보통변제권자에게는 돌아갈 배당액이 전혀 없는 경우가 많다. 즉, 0순위와 3순위는 고려 대상에서 접어둔 후 1순위와 2순위를 가지고 배당표를 작성하는 것이 바람직하다.

다음 두 가지 예제로 배당순위와 배당표를 작성해보자.

첫 번째 사례로 서부1계 2008타경 ○○○○○ 낙찰 전 상태의 물건을 예로 들어보자. 배당표는 최저가인 4억 30,874,000원을 기준으로 작성해보자.

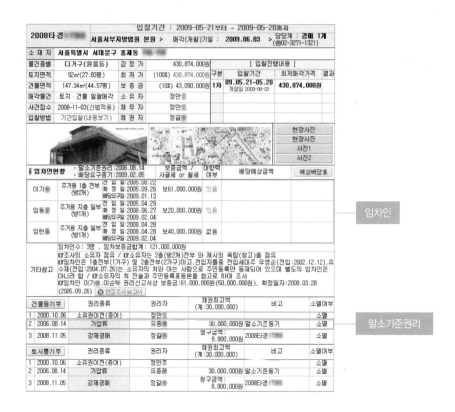

우선 말소기준권리를 찾아보자. 건물등기부 상의 가압류권자인 유종○씨가 말소기준권리다. 이것을 기점으로 부동산 등기부상의, 부동산상의 권리분석을 해보면 채권자의 대항력과 배당금액을 파악할 수 있다.

순위	이유	채권자	배당금액
0	법원	경매비용	약 5백만 원
1	최우선변제권자들(주택소액임차인)	임헌○, 임동○, 이기○	각 1,600만 원
2	우선변제권자(가압류)	유종○	3천만 원
3	주택임차인(확정일자 1순위)	임헌○	2,400만 원
4	주택임차인(확정일자 2순위)	임동○	4천만 원
5	강제경매(신청채권자)	정길○	8천만 원
경매비용을 제외한 전체 배당금액 합계			1억 5,980만 원

낙찰 예상가격이 4억 30,874,000원, 즉 2억 7천만 원 정도의 잔여배당금액이 남아있게 된다. 즉, 무혈입성할 수 있는 물건이다. 이런 물건은 명도 시 임차인들에게 명도확인서를 받고 내보내면 모두 끝난다. 별도의 이사비용도 지불할 필요가 없다.

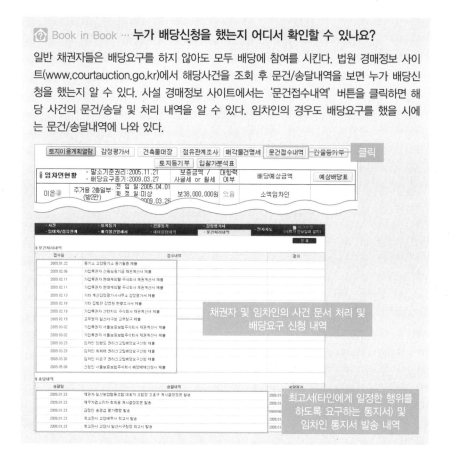

Book in Book ··· 누가 배당신청을 했는지 어디서 확인할 수 있나요?

일반 채권자들은 배당요구를 하지 않아도 모두 배당에 참여를 시킨다. 법원 경매정보 사이트(www.courtauction.go.kr)에서 해당사건을 조회 후 문건/송달내역을 보면 누가 배당신청을 했는지 알 수 있다. 사설 경매정보 사이트에서는 '문건접수내역' 버튼을 클릭하면 해당 사건의 문건/송달 및 처리 내역을 알 수 있다. 임차인의 경우도 배당요구를 했을 시에는 문건/송달내역에 나와 있다.

두 번째 사례로 다음 의정부지법 고양지원 4계 2009타경 ○○○○○ 낙찰 전 상태의 물건을 예로 들어보자. 배당표는 1회 유찰되어 최저가인 4억 53,869,000원을 기준으로 작성해보자. 참고로 해당 물건 주소지인 일산시는 과밀억제구역에 해당되기 때문에 주택임차인의 최우선변제금은 1,600만 원이다.

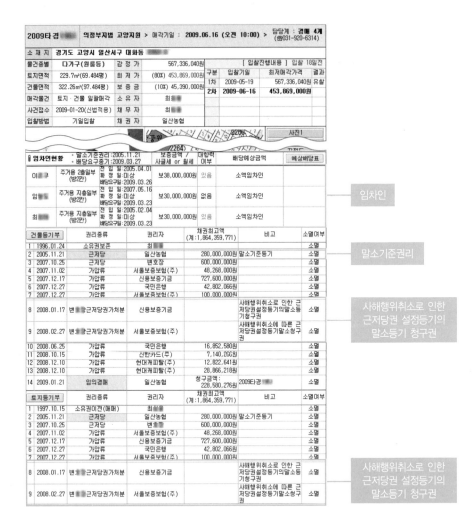

2009타경	의정부지법 고양지원 > 매각기일 : 2009.06.16 (오전 10:00) >				담당계 : 경매 4계 (☎031-920-6314)		
소 재 지	경기도 고양시 일산서구 대화동						
물건종별	다가구(원룸등)	감 정 가	567,336,040원	[입찰진행내용] 입찰 18일전			
토지면적	229.7㎡(69.484평)	최 저 가	(80%) 453,869,000원	구분	입찰기일	최저매각가격	결과
건물면적	322.26㎡(97.484평)	보 증 금	(10%) 45,390,000원	1차	2009-05-19	567,336,040원	유찰
매각물건	토지·건물 일괄매각	소 유 자	최○○	2차	2009-06-16	453,869,000원	
사건접수	2009-01-20(신법적용)	채 무 자	최○○				
입찰방법	기일입찰	채 권 자	일산농협				사진1

임차인현황 말소기준권리:2005.11.21 / 배당요구종기:2009.03.27

		전입일/확정일/배당요구일	보증금액/사글세 or 월세	대항력 여부	배당예상금액	예상배당표	임차인
이○○	주거용 2층일부(방2칸)	전 입 일 :2005.04.01 확 정 일 :미상 배당요구일:2009.03.26	보38,000,000원	있음	소액임차인		
임○○	주거용 지층일부(방2칸)	전 입 일 :2007.05.16 확 정 일 :미상 배당요구일:2009.03.23	보30,000,000원	없음	소액임차인		
최○○	주거용 지층일부(방2칸)	전 입 일 :2005.02.04 확 정 일 :미상 배당요구일:2009.03.23	보30,000,000원	있음	소액임차인		

건물등기부

		권리종류	권리자	채권최고액 (계:1,864,359,771)	비고	소멸여부	
1	1996.01.24	소유권보존	최○○			소멸	
2	2005.11.21	근저당	일산농협	280,000,000원	말소기준등기	소멸	말소기준권리
3	2007.10.25	근저당	변호장	600,000,000원		소멸	
4	2007.11.02	가압류	서울보증보험(주)	48,268,000원		소멸	
5	2007.12.17	가압류	신용보증기금	727,600,000원		소멸	
6	2007.12.27	가압류	국민은행	42,802,066원		소멸	
7	2007.12.27	가압류	서울보증보험(주)	100,000,000원		소멸	
8	2008.01.17	변○○근저당권가처분	신용보증기금		사해행위취소로 인한 근저당권설정등기의말소등기청구권	소멸	사해행위취소로 인한 근저당권 설정등기의 말소등기 청구권
9	2008.02.27	변○○근저당권가처분	서울보증보험(주)		사해행위취소에 따른 근저당권설정등기말소청구권	소멸	
10	2008.06.25	가압류	국민은행	16,852,580원		소멸	
11	2008.10.15	가압류	신한카드(주)	7,140,000원		소멸	
12	2008.12.10	가압류	현대캐피탈(주)	12,822,641원		소멸	
13	2008.12.10	가압류	현대캐피탈(주)	28,866,218원		소멸	
14	2009.01.21	임의경매	일산농협	청구금액: 228,580,276원	2009타경○○	소멸	

토지등기부

		권리종류	권리자	채권최고액 (계:1,864,359,771)	비고	소멸여부	
1	1997.10.15	소유권이전(매매)	최○○			소멸	
2	2005.11.21	근저당	일산농협	280,000,000원	말소기준등기	소멸	
3	2007.10.25	근저당	변○○	600,000,000원		소멸	
4	2007.11.02	가압류	서울보증보험(주)	48,268,000원		소멸	
5	2007.12.17	가압류	신용보증기금	727,600,000원		소멸	
6	2007.12.27	가압류	국민은행	42,802,066원		소멸	
7	2007.12.27	가압류	서울보증보험(주)	100,000,000원		소멸	
8	2008.01.17	변○○근저당권가처분	신용보증기금		사해행위취소로 인한 근저당권설정등기의말소등기청구권	소멸	사해행위취소로 인한 근저당권 설정등기의 말소등기 청구권
9	2008.02.27	변○○근저당권가처분	서울보증보험(주)		사해행위취소에 따른 근저당권설정등기말소청구권	소멸	

　　부동산상의 권리분석을 해보자. 우선 말소기준권리를 찾아보면 등기부등본 상의 근저당권자인 일산농협이 말소기준권리(근저당 설정일 2005. 11. 21)다(부동산상의 권리분석은 모두 말소기준권리를 기준으로 채권자의 채권을 인수해야 하는지 소멸되는지 결정되기 때문이다). 말소기준권리를 기점으로 부동산 등기부상의, 부동산상의 권리분석을 해보면 채권자의 대항력과 배당금액을 파악할 수 있다.

낙찰 예상가격을 매각대금이라고 가정해보자. 낙찰 예상가격은 453,869,0 00원인데 반해 채권최고액은 무려 19억 1천만 원 정도다. 하지만 우선변제 권자인 근저당권 일산농협과 변○○ 외 나머지 채권자들은 모두 소멸된다. 문제는 주택임차인들인데, 이들이 얼마를 배당받아 갈지에 따라 인수할 금 액을 예측하고 수익률 계산이 나올 수 있다. 배당표를 작성해보자.

순위	이유	채권자	배당금액	
0	법원	경매비용	5백 5십만 원	
1	최우선변제권자들(주택 소액임차인)	이○○, 최○○, 임○○	각 1,600만 원	
2	우선변제권자(근저당)	일산농협	228,580,276원(228,580,276원)	
3	우선변제권자(근저당)	변○○	171,930,724원(6억 원)	
4	가압류	서울보증보험(주)	0원(48,268,000원)	
5	가압류	신용보증기금	0원(700,027,600원)	
6	가압류	국민은행	0원(42,802,066원)	
6	가압류	서울보증보험(주)	0원(1억 원)	
7	가압류	국민은행	0원(16,852,580원)	
8	가압류	신한카드	0원(7,148,266원)	
9	가압류	현대캐피탈	0원(12,822,641원)	
9	가압류	현대캐피탈	0원(2,886,218원)	
9	주택임차인	이○○	0원(2,200만 원)	2,200만 원(인수)
9	주택임차인	최○○	0원(1,400만 원)	1,400만 원(인수)
9	주택임차인	임○○	0원(1,400만 원)	0원(소멸)
경매비용을 제외한 전체 배당금액 합계			453,869,000원(1,910,940,047원)	

근저당은 일반적으로 금융권에서 대출을 해주고 설정한다. 하지만 개인 또한 근저당을 설정할 수 있다. 배당 3순위에 있는 변○○씨는 개인이 근저당을 설정한 경우다. 그런데 바로 밑 4순위 서울보증보험과 5순위 신용보증기금이 '사해행위취소로 인한 근저당권 설정등기의 말소등기 청구권'을 신청한 상태 다. 이들은 근저당권자 변○○씨가 배당을 받아가면 자신들이 배당을 전혀 받 을 수 없기 때문에 변○○씨의 근저당이 '가짜 근저당'이라는 것을 신청한 것 이다. 만약 가짜 근저당으로 판결되면 서울보증보험(주)과 신용보증기금도 배

당을 받을 수 있게 된다.

선순위 주택임차인인 이○○, 최○○씨는 인수사항이다. 이들에게 명도확인서를 받고 인수금액을 주면 이들의 명도가 끝난다. 문제는 주택임차인 임○○씨의 전입신고 날짜가 말소기준권리보다 늦은 후순위이기 때문에 명도가 쉽지 않을 것이라는 것을 알 수 있다.

만약 임차인 3명 중 3명이 모두 배당을 받지 못한다면 임차인들끼리 똘똘 뭉쳐서 낙찰자에게 공동 대항할 수 있다. 이럴 경우 명도에 있어서 쉽지 않음을 예측할 수 있기 때문에 이들에 대한 명도비용을 충분히 감안해야 한다. 하지만 이 물건에서는 2명이 배당과 낙찰자 인수로 모두 채권(보증금)을 받을 수 있기 때문에 명도에 어려움이 없을 것이다. 하지만 임형도씨는 자신의 총 채권액(3천만 원) 중 일부(1,600만 원)만 배당받기 때문에 이 사람은 약간의 이사비용을 주는 조건으로 1:1 협상하는 것이 바람직하다.

❓ Book in Book ㅡ 선순위세입자의 배당요구철회

다음 사건을 예로 들어보자. 말소기준권리보다 우선하는 선순위세입자(임차인) 류○○씨는 권리신고 및 배당요구 신청서를 제출했다가, 같은 날 배당요구철회서를 제출한 상태다(이 내용은 매각물건명세서를 보면 확인할 수 있다).

매각물건 명세서

사건	2008타경 ▨▨▨ 부동산강제경매		매각물건번호		1		담임법관(사법보좌관)	정혜숙
작성일자	2009.05.19		최선순위 설정일자		2002. 06. 10. 가압류			
부동산 및 감정평가액 최저매각가격의 표시	부동산표시목록 참조		배당요구종기		2009.02.13			

부동산의 점유자와 점유의 권원, 점유할 수 있는 기간, 차임 또는 보증금에 관한 관계인의 진술 및 임차인이 있는 경우 배당요구 여부와 그 일자, 전입신고일자 또는 사업자등록신청일자와 확정일자의 유무와 그 일자

점유자의 성명	점유부분	정보출처 구분	점유의 권원	임대차 기간 (점유기간)	보증금	차임	전입신고일 자.사업자 등록신청일 자	확정일자	배당요구 여부 (배당요구 일자)
류○○	전체	현황조사	주거 임차인	미상	3,000만원	없음	1997.04.28.	미상	
	전부(방2 칸)	권리신고	주거 임차인	1997.04.26. 부터	3,000만원	없음	1997.04.28.	1997.04.29.	

〈 비고 〉
류한주 : 임차인 류○○는 2009. 02. 13.자로 상기와 같은 내용으로 권리신고및배당요구신청서를 제출하였다가, 같은 날인 2009. 0 2. 13.자로 배당요구철회서를 제출함.

> 배당요구란이 공란 상태임

> 배당요구철회 내용이 기재됨

선순위세입자임에도 불구하고 예상배당표의 배당금액란에 0원으로 표시된 것은 배당요구철회를 했기 때문이다. 이런 경우 낙찰자가 류○○씨의 보증금을 전액 인수해야 한다.

경매브로커가 마음만 먹으면 얼마든지 낙찰을 포기시킬 수 있기 때문이다. 선순위 세입자는 경매대금을 배당받거나 낙찰자에게 전세금을 돌려받는 방법 중 하나를 선택할 수 있는데, 경매브로커들은 이 점을 악용해 당초 배당요구를 한 세입자를 비밀리에 협상하여 배당요구를 철회하도록 만든다. 이 경우 낙찰자는 전세금만큼 추가부담을 떠안게 되기 때문에 낙찰을 포기할 수밖에 없다. 선순위 세입자가 있는 주택은 경매브로커에게 가장 인기 있는 물건이며 초보자들은 임장활동을 통해 세입자들을 분석할 때 각별한 주의를 기울여야 한다.

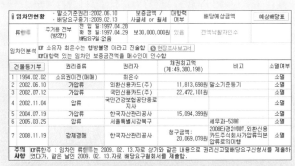

배당금액 0원,
낙찰자 100% 인수

Chapter 07

입찰가격
얼마로 작성해야 할까?

초보자들이 가장 난감해하는 부분이 입찰가격을 결정하는 것이다. 수익을 높이기 위해서는 입찰가격을 낮게 해야 하고, 하지만 너무 낮게 책정하면 떨어질 것 같고, 그렇다고 입찰장에서 입찰 참여자의 동태를 살핀 후 눈치작전으로 할 수 있는 것은 더욱 아니다(하지만 실제로 의외로 많은 입찰자들이 이렇게 하고 있다). 이 장에서는 무엇을 기준으로 어떻게 입찰가격을 결정해야 하는지 입찰가격 산정 시스템을 토대로 알아보자.

입찰가격 결정하기

입찰가격에 따라서 낙찰여부가 결정되고, 경매 투자 수익률이 달라지기 때문에 경험이 부족할수록 결정하기 힘들어지는 것이 사실이다. 수익성을 높게 책정하여 입찰가격을 낮게 결정하면 다른 입찰자들이 더 높은 입찰가격으로 인해 떨어질 것 같고, 그렇다고 수익률을 고려하지 않고 높은 금액으로 입찰할 수도 없기 때문이다. 그래서 입찰가격을 결정하기 위해서는 사전에 반드시 임장활동* 이 필요하다.

> *임장활동 경매 물건 소재지를 직접 방문하여 부동산의 상태와 임차인 및 점유자들에 대해서 조사하는 것

부동산 중개업소나 경매컨설팅업체, 그리고 초보자들 대부분은 경매입찰가격을 산정할 때 기존 낙찰가를 참조한다. 하지만 기존 낙찰가에 너무 흔들릴 필요는 없고 입찰 전 낙찰선을 스스로 정하면 된다. 무엇을 기준으로 정해야 할까? 고수들이 입찰가격을 산정 참조하는 7가지 방법을 대입하여 자신

이 얻고자 하는 수익률과 가장 근사치를 입찰가격으로 정한다. 다음은 입찰가격 산정 시스템이다. 여러분들이 이 시스템에 대입한 후 자신이 원하는 수익률과 가장 근사치를 입찰가격으로 정하면 된다. 단, 입찰가격을 써넣을 때 세금을 따로 계산할 필요가 있다. 1억 원짜리 주택을 경매로 취득할 경우 세금 등 이전비용과 부대비용(등기비용, 중개수수료, 기타 등)을 생각하지 않고 자칫 수중의 돈을 모두 사용할 경우 낭패를 당할 수 있으니 주의해야 한다.

감정가를 검증한다.	법원의 감정평가서 참조
국토해양부 공시지가를 확인한다.	공시지가는 통상 일반 매매가의 70~80%선
시세를 조사한다.	경매 물건 지 인근의 공인중개사 사무소 (최소 3곳 이상), 아파트인 경우는 국민은행 부동산시세(일반평균가 기준)
급매물 가격을 조사한다.	경매 물건 지 인근의 공인중개사 사무소 (최소 3곳 이상)
실거래가를 확인한다.	경매 물건 지 인근의 공인중개사 사무소 (최소 3곳 이상)
낙찰통계를 확인한다.	경매 물건 지 인근의 공인중개사 사무소 (최소 3곳 이상)
유사 낙찰사례 및 진행물건의 진행 상태를 확인한다.	인근 지역에 유사한 물건의 낙찰사례와 진행물건 확인
임장을 통한 임차인의 특성을 반영한다.	임차인, 점유자 등의 명도에 따른 추가 비용 포함
리스크와 위험성을 반영한다.	명도가 길어지거나, 특수물건(유치권, 법정지상권 등)에 따른 추가 비용 또는 지연에 따라 대출 이자 등
나의 최초 수익률과 비교하여 입찰가격을 결정한다.	최종 결과를 내가 처음 생각했던 수익률과 비교

• 입찰가격 산정 시스템

이외에도 입찰가격을 써넣을 때 투자에 따른 부동산의 현재와 미래의 경제적 가치를 판정하여 입찰가격을 결정해야 한다. '입찰가격을 결정할 때 무조건 감정가의 90%다'는 식은 곤란하다. 경매 물건의 지역이 재개발지역이라면 감정가의 100%를 상회하는 경우가 다반사기 때문이다. 한 번 봐서는 그 부동산의 제대로 된 가치를 파악하기 힘들다. 부동산에 대한 권리분석을 하고 수익성이나 투자에 따른 미래의 경제 가치를 판단하기 위해서는 수차례 살펴봐야 한다.

관심 있는 물건을 발견한 후 현장에 방문하다보면 다른 예비입찰자들과 마주치거나 먼저 다녀간 경우를 종종 경험할 수 있다. 즉, 내가 관심을 가진 물건을 다른 사람들도 관심을 가지고 있는 것이다. 이런 경우 출발할 때의 편안한 마음은 금세 불안과 초조함으로 바뀌게 된다. 원래 생각했던 입찰 예상 가격을 조금 더 높게 책정해야 하는 생각이 들기도 한다. 이럴 때는 원래 계획했던 대로 입찰가격을 작성하는 것이 좋다. 특히 초보자의 경우는 더욱 그리히다. 예상 입찰가격을 경쟁 입찰자의 숫자에 의해서 결정한다면 평정심을 잃어버리기 쉽고 분위기에 휩싸여 손해를 입을 수 있기 때문이다.

> 특히 입찰 당일 법원에 가서 쓸데없는 불안감이나 초조함 때문에 입찰가격을 올려 적는 것도 삼가야 한다. 지난 며칠 동안 혹은 몇 주 동안 합리적으로 검토하고 추산해본 금액을 근거 없는 불안감 때문에 휴지통에 던져 넣는 것은 현명하지 못한 일이다. 자신이 합리적으로 산출한 금액에 확신을 가지고 소신껏 적는 것이 좋다. 설사 그렇게 해서 입찰에서 떨어졌다 하더라도 이런 습관을 길러나가야 한다.

입찰가격 분석해보기

사설 경매정보 사이트에서는 기존 낙찰가격을 토대로 낙찰 사례와 시세분석 정보를 제공한다. 여기서는 굿옥션 경매정보 사이트를 이용하여 입찰가격 분석 방법을 익혀보자.

■ 굿옥션 경매정보 인터넷 사이트 (www.goodauction.co.kr)에 접속한 후 상단 메뉴에서 [종합검색] 메뉴를 선택한다. 상세검색 항목을 설정한 후 [검색] 버튼을 클릭한다. 검색된 물건 목록에서 관심 있는 물건을 클릭한다.

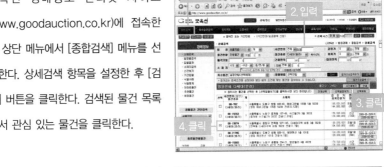

■ 물건요약 페이지에서 [입찰가분석표] 버튼을 클릭한다.

■ 굿옥션에서 제공하는 적정 입찰가격 분석표 페이지가 나타난다. 이 페이지에는 최근 낙찰사례와 시세분석 정보와 함께 명도비용과 인수보증금의 포함 유무를 설정할 수 있고 나의 입찰 희망가격 또는 요율을 설정하여 가상의 수익률을 분석할 수 있다.

입찰가격별 분석표

입찰가격별 분석표를 살펴보면 감정가 대비 최근 1년간, 최근 2개월간, 전체 평균 입찰가격과 해당 물건의 최저가가 표시된다. 이 지역의 평균 입찰가격이 감정가 대비 90%임을 감안했을 때 이 물건의 입찰가격은 80%임을 알 수 있다. 또한 이 지역의 일반 매매가 시세와 평균 입찰가격을 감안할 때 이 물건은 평균 이하의 시세로 입찰할 수 있음을 알 수 있다. 이때 중요한 것은 명도비용이다. 명도비용은 법적으로 정해진 금액이 아니기 때문에 권리분석과 임장활동으로 세입자 분석을 통해 이사비용 등을 고려하여 계산해야 한다.

	구분	낙찰건수	평균감정가	평균낙찰가	평균유찰	평균입찰	낙찰률	사례분석가격
낙찰사례분석	최근1년간	15건	₩131,733,333	₩122,656,193	0회	3.93명	98%	₩127,400,000
	6개월간	11건	₩148,272,727	₩130,603,082	0회	2.45명	90%	₩117,000,000
	3개월간	8건	₩147,875,000	₩134,916,737	0회	2.88명	94%	₩122,200,000
	1개월간	3건	₩186,666,667	₩165,235,967	0회	2.33명	90%	₩117,000,000
	낙찰사례 분석에 의한 본건 예상가격						90%	₩117,000,000
	낙찰사례는 대상 부동산과 같은 지역, 조건에 소재하는 동류의 부동산만을 대상으로 하였습니다.							

	일반매매가(시세)	이전비용 부대비용			일반매매시 취득가액	비고
시세분석		등기비	중개수수료	소계		
	130,000,000	3,019,000	650,000	3,669,000	133,669,000	감정가기준
	감정가격을 기본으로 하였으며, 정확한 분석을 위하여 회원님이 직접 시세를 등재하며 분석하시기 바랍니다.					

Book in Book ··· **국토해양부에서 공시지가 확인하는 방법**

다음 경매 물건(서울 성북구 장위동 ○○○-○○, ○○하이빌 3층 ○○○호)의 공시지가를 확인해보자.

1 국토해양부 공동주택 열람 시스템 사이트(aao.kab.co.kr/aaofx)에 접속한 후 [2009 공동주택 가격 열람] 아이콘을 클릭한다.

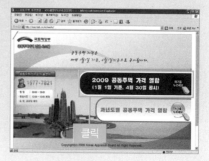

2 공동주택가격 열람 검색 페이지에서 지역 입력 상자 옆의 [검색] 버튼을 클릭한다.

3 열람하고자 하는 물건의 시도, 시군구, 읍면동을 클릭한 후 [확인] 버튼을 클릭한다. 여기서는 [서울] [성북구] [장위동] 버튼을 클릭해보았다.

4 공동주택가격 열람 검색 페이지에서 검색조건의 '지번' 체크 버튼을 클릭하고 지번을 입력한 후 [Search] 버튼을 클릭한다.

5 검색 결과 해당 주택이 표시된다. 해당 주택을 클릭한다.

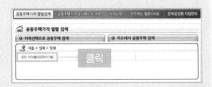

6 동 선택 항목 중 '동명없음'을 선택하고 호 선택 항목 중 검색하고자 하는 호수 버튼을 클릭한 후 [확인] 버튼을 클릭한다.

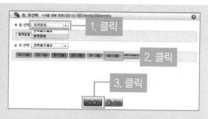

7 실명확인 창이 나타나면 여러분의 주민등록번호와 이름을 입력하고 [확인] 버튼을 클릭한다.

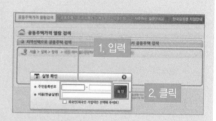

8 해당 주택의 공시지가 내용(공시기준일자, 단지명, 동명, 호명, 공동주택가격, 전용면적)이 표시된다.

경매 과정에서 나타날 수 있는 위험요소

법원 경매는 법으로 정해진 기본적인 절차에 의해서 진행되고, 국가기관에서 진행하는 것이기 때문에 안전하다. 물론 경매를 진행하는 절차와 법원에서 제공하는 권리분석 자료 등은 경매 물건에 관련된 모든 이해관계인들에게 평등하고 안전하게 제공하고 운영되지만, 경매 절차상 발생할 수 있는 위험요소나 권리관계에서 발생할 수 있는 위험요소들까지 보장해주지는 않는다. 또한 사설 경매정보 사이트나 컨설팅 업체도 입찰자의 투자에 대해 책임져주지 않는다. 그런 위험요소들은 오로지 입찰자의 몫이 된다. 그러면 경매 투자를 할 때 경매 절차상과 권리관계를 파악함에 있어서 위험요소와 조치사항에는 무엇이 있는지 살펴보자.

경매 절차상 낙찰자에게 불리한 위험요소와 조치사항

법원 경매는 기본적인 경매 절차에 의해 진행되기 때문에 안전하다. 하지만 경매에 나온 물건은 모두 사연을 담고 있다. 그런 위험요소만 잘 파악하고 대처하면 일반 매매보다 안전하고 경제적인 이득을 취할 수 있다. 하지만 모든 일이 계획했던대로 진행되면 안정성과 경제성 두 마리 토끼를 모두 잡을 수 있지만 계획했던 대로 진행되지 않은 경우도 발생할 수 있다. 즉, 경매 절차 과정 단계마다 낙찰자에게 불리한 위험요소가 있다. 이런 위험요소에는 어떠한 것들이 있는지 알아보자.

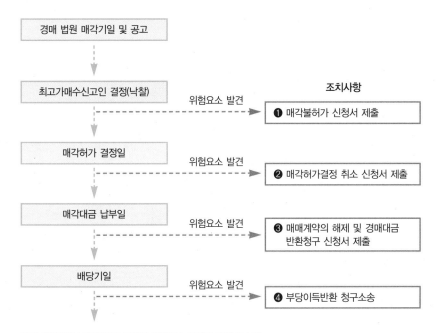

• 경매 절차에서 낙찰자에게 불리한 위험요소 발견과 대처 시스템

(1) 매각기일 이후 매각허가기일 이전에 낙찰자에게 불리한 위험요소를 발견한 경우

사전에 대항력 있는 임차인은 주소별 세대 열람으로 입찰자가 미리 확인할 수 있다. 입찰 기일 당시의 매각 조건과 실제 임차인 현황이 다를 경우 미리 예측하고 조치를 취할 수 있다. 하지만 매각기일 이후 매각허가기일 이전에 낙찰자에게 불리한 경우 보증금을 쉽게 포기하지 말고 '매각불허가신청서'를 작성하여 가까운 법무사 사무실이나 변호사 사무실에 들러 상담하거나 관할 경매계에 상담한 후 법원에 제출한다.

> 법원에서 제공하는 감정평가서만 믿고 낙찰받았는데 시세가 터무니없이 차이나는 경우, 실제 현장을 방문하니 감정평가서와 다르게 지하실이 없는 경우, 예고등기를 확인하지 못한 경우, 선순위등기를 미처 확인하지 못한 경우, 후순위가처분을 확인하지 못한 경우 등이 있다.

❓ Book in Book ··· 매각기일과 매각허가기일이란?

매각기일이란 집행법원이 매각부동산을 매각하는 날을 말하며, 집행법원이 부동산을 매각하기 위해서는 매각기일(입찰기일)과 매각결정기일(낙찰허가기일)을 지정해서 공고해야 한다. 매각결정기일이란 진행된 입찰절차의 하자유무, 최고가 입찰자의 하자유무, 최고가입찰자의 자격, 민사집행법에 의한 경매 취소여부, 입찰일이후의 권리변동 등을 심사하여 법률에 저촉되거나 신의칙에 반하거나 하는 경우에는 '매각불허가결정'을, 그러하지 아니한 경우에는 '매각허가결정'을 선고한다(매각결정기일은 보통 매각기일부터 1주일 후에 한다). 매각허가결정은 법원게시판에 공고되거나 상당한 방법으로 고지되지만 이해관계인 및 최고가매수신고인 등에게 송달되지는 아니한다. 이 매각허가결정 후부터 비로소 최고가매수신고인(입찰자)은 낙찰자로 불리게 된다.

법원경매정보 사이트에서 물건상세검색 페이지 하단의 '기입내역'란을 보면 물건의 매각기일과 매각결정기일이 표시되어 있다. 유찰되면 다시 매각기일이 결정되고 매각결정기일도 결정된다.

예를 들어 법원에서 작성하는 '매각 물건명세서'에 낙찰자에게 대항력이 있는 갑을 표시하지 않은 경우 이를 발견하지 못하고 낙찰(최고가매수신고인으로 결정) 받았다면 갑의 채권액을 인수해야 되는 경제적 손실이 발생하기 때문에 매각 불허가신청을 할 수 있다. 이외에도 부동산에 관한 권리관계가 매각기일 당시의 매각 조건과 다르게 변동된 경우에도 예측할 수 있고 설사 낙찰받았다 하더라도 매각 불허가신청서를 제출하면 법원으로부터 매각불허가결정이 나오는 경우도 있다.

갑 전입신고	을 근저당	을 경매신청
2008년 1월 1일 인수사항	2009년 1월 1일 말소기준권리	

(2) 매각허가기결정일 이후 대금납부 이전에 낙찰자에게 불리한 위험요소를 발견한 경우

매각허가결정 후 항고를 한다고 생각하는 경우가 많은데, 이는 잘못되고 비경제적인 생각이다. 법원은 판결을 다시 뒤집는 데는 매우 인색하고 또한 항고를 하면 항고보증금의 문제도 발생할 수 있기 때문이다.

법원에서 낙찰자에게 경매 물건의 매각을 허가한 경우 낙찰대금납부 이전에 낙찰자에게 불리한 경우가 발생되었을 경우 '매각허가결정취소신청서'를 법원에 제출한다.

(3) 대금납부 이후 배당기일 이전에 낙찰자에게 불리한 위험요소를 발견한 경우

이미 낙찰대금을 법원에 지불하고 채무자에게 배당되기 이전, 즉 배당기일 이전에 낙찰자에게 불리한 경우가 발생되었을 경우 '매매계약 해제 및 경매대금의 반환청구서'를 작성하여 법원에 제출한다.

(4) 배당기일 이후(말소된 가저분의 회복)

배당기일 이후 낙찰자에게 불리한 경우가 발생되었을 경우, 예로서 낙찰자가 소유권을 상실하게 되었을 경우 민법 제578조(경매와 매도인의 담보책임) 규정에 의해 채무자에게 계약의 해제요청을 할 수 있으나, 채무자가 자력이 없다면 배당채권자에게 '부당이득반환청구서'를 작성하여 법원에 제출한다.

권리관계에서 나타날 수 있는 위험요소

경매부동산의 권리관계를 확인할 때 등기부등본상의 권리에만 입각하여 따지다보면 등기부등본상에 나타나지 않는 위험요소를 만날 수 있다. 즉, 채무자에 의해 경매가 취하되는 경우, 잉여주의에 의해 경매가 취소되는 경우, 임차인에 의한 대위변제의 경우가 대표적인 위험요소다.

채무자가 채권자에게 채무를 변제하여 경매가 취하되는 경우다. 경매가 취하되면 소위 없던 일이 되어버린다. 입찰자에게 경제적인 손실은 없으나 고생한 보람이 없는 '닭 쫓던 개 지붕만 쳐다보는 격'이 된다. 이런 경우 경매 물건의 채무액 대비 감정가의 비율을 살펴보면 미리 알 수 있다.

다음 경매 사건의 경우 채무자 채권액이 약 1억 1천만 원 정도인데, 경매 물건의 감정가격은 약 12억 7천만 원이다. 이 경우 채무자는 채권자에게 채무를 변제하는 것이 자신에게 이익이 되기 때문에 채권자에게 채무를 변제하고 경매를 취하하여 경매 절차가 중도에 종결된 사건이다.

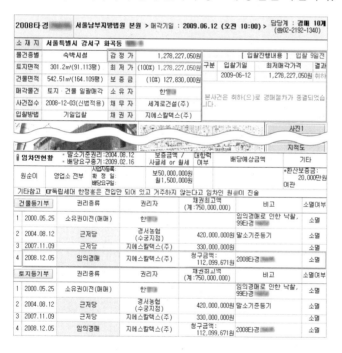

만약 채권액의 합계가 20억 원이고 경매 물건의 감정가가 약 12억 7천만 원이라면 채무자는 채권자에게 채무를 변제하는 것이 자신에게 이익이 되지 않기 때문에 경매를 취하할 가능성이 매우 낮아지게 된다. 즉, 채권액 대비

감정가 비율이 100%를 기준으로, 낮을수록 경매 취하 가능성이 낮고 높을수록 경매 취하 가능성이 높다.

(2) 잉여주의에 의해 경매가 취소되는 경우

경매는 경매신청채권자(압류채권자)에게 배당될 배당액이 있어야 경매를 진행하는 것이 원칙이다. 하지만 낙찰대금을 채무자에게 배당할 때 경매신청채권자가 배당받는 금액이 없다면 경매를 진행해도 실익이 없기 때문에 이런 경우 법원이 직권으로 경매를 취소시킬 수 있다. 이것을 잉여주의라고 한다.

다음 사건의 경우 경매신청채권자인 한국자산관리공사는 선순위 근저당 우리은행과 윤○씨로 인해 배당받는 금액이 전혀 없는 상태다. 이 경우 경매신청채권자는 경매를 실행해도 실익이 없기 때문에 법원의 직권으로 취소된다.

2008타경 ○○○		전주지방법원 본원 > 매각기일 : 2009.04.20 (오전 10:00) >			담당계 : 경매 4계 (☎063-259-5534)		
소 재 지	전라북도 전주시 완산구 평화동2가 ○○○						
물건종별	아파트	감 정 가	140,000,000원	\[입찰진행내용 \]			
건물면적	84.51㎡(25.564평)	최 저 가	(80%) 112,000,000원	구분	입찰기일	최저매각가격	결과
대 지 권	60.39㎡(18.268평)	보 증 금	(10%) 11,200,000원	1차	2009-03-16	140,000,000원	유찰
매각물건	토지·건물 일괄매각	소 유 자	이동업		2009-04-20	112,000,000원	취소
사건접수	2008-09-29(신법적용)	채 무 자	이동업	본사건은 취소(으)로 경매절차가 종결되었습니다.			
입찰방법	기일입찰	채 권 자	한국자산관리공사				

매각부동산	전라북도 전주시 완산구 평화동2가 ○○○ 토지·건물 일괄매각						
매 각 대 금	금	112,000,000 원					
전경매보증금	금	0 원					
경 매 비 용	약	2,348,000 원					
실제배당할금액	금	109,652,000 원 (매각대금 + 전경매보증금) - 경매비용					

순위	이유	채권자	채권최고액	배당금액	배당비율	미배당금액	매수인인수금액	배당후잔여금	소멸여부
1	근저당	우리은행	65,000,000	65,000,000	100.00%	0	0	44,652,000	소멸
2	근저당	윤■	50,000,000	44,652,000	89.30%	5,348,000	0	0	소멸
3	강제경매(신청채권자)	한국자산관리공사	148,778,011	0	%	148,778,011	0	0	소멸
	계		263,778,011	112,000,000		154,126,011	0	0	

(3) 임차인에 의한 대위변제의 경우

대위변제란 채무자가 변제해야 할 채무액을 채무자가 아닌 자(경매에서는 대부분 대항력을 확보하지 못한 임차인)가 선순위 채권액을 대신 변제하고 대항력을 확보하는 것이다. 말소기준권리인 최초근저당 또는 담보가등기,

가압류 등의 금액이 소액인 경우 대위변제 가능성이 매우 높고, 후순위 임차인이 많은 주거용 주택의 경우 여러 임차인들이 공동으로 대위변제 가능성이 있다.

다음 경매 사건을 통해서 대위변제를 알아보자.

매각부동산	서울특별시 양천구 신월동 ●●● 토지·건물 일괄매각							
매 각 대 금	금		30,720,000 원					
전경매보증금	금		3,072,000 원					
경 매 비 용	약		1,306,000 원					
실제배당할금액	금		32,486,000 원 (매각대금 + 전경매보증금) - 경매비용					
순위	이유	채권자	채권최고액	배당금액	배당비율	미배당금액	매수인인수금액	배당후잔여금	소멸여부
1	압류	양천세무서	체납상당액	교부신청액	%	0	0		소멸
2	근저당	고촌농업협동조합	13,000,000	13,000,000	100.00%	0	0	19,486,000	소멸
3	확정일자부주택임차인	이●●	50,000,000	19,486,000	38.97%	30,514,000	0	0	소멸
4	강제경매(신청채권자)	(주)롯데카드	4,459,000	0	%	4,459,000	0	0	소멸
5	가압류	(주)서울보증보험	5,018,820	0	%	5,018,820	0	0	소멸
6	가압류	국민은행	30,179,180	0	%	30,179,180	0	0	소멸
	계		102,657,000	33,792,000		70,171,000	0	0	

☑ 임차인 보증금 예상 배당액 (금액단위:원)

No.	권리종류	임차인	보증금액	배당금액	배당비율	미배당금액	매수인인수금액	소멸여부	비고
1	주택임차인	이●●	50,000,000	19,486,000	38.97%	30,514,000	인수금액없음	계약소멸	인도명령대상자

채권자들을 나열해보면 다음과 같다.

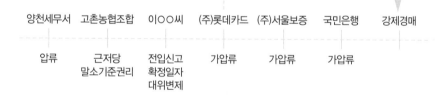

말소기준권리는 최초근저당권자인 고촌농협협동조합이고 채권금액이 1,300만 원이다. 하지만 주택임차인 이○○씨는 자신의 보증금이 5,000만 원임에도 불구하고 자신의 보증금 중 약 1,900만 원만 배당받고 말소기준권리인 고촌농협협동조합보다 늦어 대항할 수 없다. 이 경우 주택임차인 이○○씨는 말소기준권리인 고촌농협협동조합의 채권금액인 1,300만 원을 대신 변제하면 대항력이 발생하여 자신의 보증금 전액을 변제받을 수 있기 때문에 대위변제 가능성이 매우 높다.

Chapter 08

법원 경매,
입찰에서 낙찰 후 대금 납부까지

법원 경매를 할 때는 법원 입찰장이 편안하게 느껴질 정도로 자주 방문해봐야 한다. 실제 입찰하지 않더라도 입찰장의 분위기를 체험하고 느끼다보면 입찰장에서 나올 수 있는 실수를 줄이고 좋은 결과를 얻을 수 있기 때문이다. 그리고 낙찰 후 낙찰대금을 납부할 때 비용을 어떻게 계산해야 하는지도 알아보자.

입찰에서 낙찰까지 전 과정 살펴보기

입찰 시 준비해야 될 것들이 무엇인지부터 경매 법정에 도착하여 입찰 게시판 확인, 사건 기록 열람, 입찰 서류 작성, 입찰, 개찰 등 낙찰 또는 비낙찰 되기까지의 일련의 경매 과정에 대해서 살펴보자.

입찰 전 준비사항

수많은 물건을 검색하고 권리분석과 현장 탐문의 결실을 맺는 날이 바로 법원 경매에 입찰하는 날이다. 지금까지의 노력이 한순간의 실수로 물거품이 되지 않기 위해서는 법원 입찰 전에 꼼꼼히 준비해야 한다. 입찰 시 필수적으로 준비해야 될 것은 입찰보증금, 입찰자의 신분증 및 도장, 위임받은 경우에는 매수자 인감이 날인된 위임장을 준비해야 한다. 만약 법인인 경우 법인 인감증명과 법인 등기부등본을 준비해야 한다.

입찰보증금은 최저매각대금의 10%를 준비해야 한다. 입찰보증금보다 낸 금액이 적다면 문제가 되지만, 많은 것은 문제가 되지 않는다. 단돈 백 원이 모자라 입찰이 취소되는, 말도 안 되는 경우도 겪을 수 있으니 철저하게 준비한다. 입찰보증금은 수표 또는 현금으로 준비할 수 있지만 가볍게 수표로 준비하자. 예를 들어 입찰보증금이 1,350만 원이라면 1,350만 원짜리 수표 1장이나 천만 원 수표 1장, 백만 원 수표 3장, 십만 원 5장으로 준비하는 것이 좋다. 만약 1,350만 원을 십만 원권이나 만 원권만으로 준비하면 법원 직원이 돈을 세느라 경매 진행이 지연될 수 있기 때문이다.

입찰 과정 살펴보기

입찰자가 법원에 도착하여 낙찰자 발표에 이르는 과정을 살펴보면 다음과 같다.

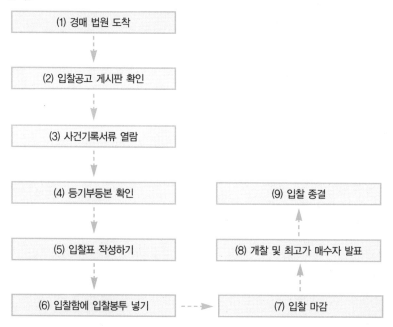

(1) 경매 법원 도착

경매 법원은 오전 10시부터 입장할 수 있지만 1시간 정도 여유 있게 도착하는 것이 좋다. 입찰할 물건의 경매 법정을 확인한 후 누락된 서류가 없는지도 확인한다.

(2) 입찰공고 게시판 확인

가장 먼저 해야 할 일이 입찰공고 게시판을 확인하는 일이다. 앞서 설명했듯이 경매는 매각기일 바로 전일까지도 경매 물건을 취하, 변경, 연기될 수 있기 때문에 법정 입구 입찰공고 게시판에 게시된 매각물건의 목록 내용을 반드시 확인해야 한다. 당일 진행되는 사건에 대해서 간단하게 사건번호만 기재되어 있으며, 이곳에서 입찰하고자 하는 물건의 사건번호를 확인해야 한다. 만약 기재되어 있다면 진행이 되는 것이고, 기재되어 있지 않다면 취하나 변경 또는 연기된 것이다. 법원 직원에게 그 사유를 물어보고 나중에 다시 경매로 나올 가능성이 있는지 여부를 확인해보는 것이 좋다.

(3) 사건기록서류 열람

사건기록서류(매각물건명세서, 현황조사서, 감정평가서 등)를 열람하여 권리변동이 있는지, 미처 확인하지 못했던 임차인 등이 있는지, 유치권 등이 설정되어 있지 않은지 등을 확인한다. 가능하면 먼저 열람한 후 그 자리를 떠나지

> 만약 많은 사람들이 열람한다고 그 자리에서 입찰가를 수정하는 것은 어느 정도 경험을 쌓은 후에 하도록 권하고 싶다. 초보자가 처음 입찰부터 소신 없이 따라가다간 낙찰 후 후회하는 일이 발생할 수 있기 때문이다.

말고 이후로 어떤 사람들이 열람하는지 유심히 살펴보면 어느 정도 경쟁률을 예측할 수 있다.

(4) 등기부등본 확인

만약 입찰 바로 전날 인터넷을 통해서 등기부등본을 발급 또는 확인하지 않았다면 반드시 법원에서 물건의 등기부등본을 다시 발급받아 살펴봐야 한

다. 등기부등본을 확인해본 시점이 수일 전이라면 유치권 등의 권리관계 설정이 바뀌었을지도 모르니 반드시 확인한다. 바로 전날 또는 당일 오전에 등기부등본을 발급받아보면 의외로 많은 물건에 유치권이 설정되어 있다.

> 이런 유치권의 대부분은 허위 유치권으로 낙찰받는 데 큰 어려움이 없다. 하지만 허위 유치권이 아닌 실존하는 유치권인 경우 큰 낭패(입찰보증금을 포기하는 사태 등)를 볼 수 있다.

(5) 입찰표 작성하기

법정 내부에는 입찰자들이 앉아 입찰표를 작성할 수 있는 입찰 기지대가 비치되어 있다. 초보자들은 이곳에 앉아서 차분하게 한자 한자 작성한다. 하지만 입찰 기지대에서 작성하는 것은 경쟁 입찰자들의 표적이 될 수 있다. 내가 작성하는 입찰가격을 유심히 살펴보는 경쟁자들이 어딘가에 분명 있기 때문이다. 그래서 입찰 기지대에서 작성하기보다는 남들이 보지 않는 곳에서 작성한 후 바로 반을 접어서 노출되지 않도록 한다.

<table>
<tr><td colspan="9" align="center">입 찰 표</td></tr>
<tr><td colspan="5">○○지방법원 집행관 귀하</td><td colspan="4">20○○년 월 일</td></tr>
<tr><td colspan="2">사건번호</td><td colspan="3">❶ 2009 타경 12345 호</td><td>물건번호</td><td colspan="3">❷ 1</td></tr>
<tr><td rowspan="6">❸ 입 찰 자</td><td rowspan="3">본 인</td><td colspan="2">성 명</td><td colspan="5">김 개 똥 ㊞</td></tr>
<tr><td colspan="2">주민등록번호</td><td colspan="3">123456-0000000</td><td>전화번호</td><td>011-000-0000</td></tr>
<tr><td colspan="2">주 소</td><td colspan="6">서울 강남구 개포동 ○○아파트 ○○○동 ○○호 ㊞</td></tr>
<tr><td rowspan="2">대리인</td><td colspan="2">성 명</td><td colspan="3"></td><td>전화번호</td><td></td></tr>
<tr><td colspan="2">주 소</td><td colspan="5"></td></tr>
<tr><td colspan="8"></td></tr>
</table>

보증금을 반환받았습니다.

❻ 제출자 김 개 똥 ㊞

❶ 사건번호 : 입찰할 경매 물건의 사건번호를 작성한다. 물건기본정보의 사건번호란에 표시된 사건번호, 예를 들어 '2009타경 1234'와 같이 작성하면 된다.

❷ 물건번호 : 해당 사건의 경매 물건번호다. 경매 물건이 한 개인 경우 1, 두 개인 경우 2, 이런 식으로 표시된다. 다음 경매 물건의 경우 물건번호란에 3이라고 표시되어 있다. 즉, 1개의 사건번호에 3개의 경매 물건이 있는 경우이다. 만약 입찰표에 물건번호를 누락하면 입찰이 무효될 수 있기 때문에 꼭 기재해야 한다.

❸ 입찰자 : 입찰자가 본인일 경우 본인 작성란에 본인의 신상을 기재하고 날인하고, 대리인일 경우 대리인란에 대리인 신상을 기재하고 날인한다.

❹ 입찰가액 : 입찰금액을 아라비아 숫자로 기재한다. 단, 입찰가액은 최저매각가격(최저가) 이상으로 기재해야 한다. 다음 물건의 경우 최저가 2억 1

천만 원 이상을 입찰가액으로 작성해야 한다. 입찰가액은 백 원 단위까지 작성하면 100원의 차이로 낙찰받을 수 있다. 예를 들어 입찰

가액을 3,500만 원이라면 3,573,300원으로 작성하는 것이다. 입찰가액은 수정해서는 안 된다.

2008타경 ▮▮▮▮	서울중앙지방법원 본원 > 매각기일 : 2009.05.19 (오전 10:00) >			담당계 : 경매 1계 (☎02-530-1813)		
소 재 지	서울특별시 성북구 장위동 230-64, 토암트윈스빌 ▮▮▮ ▮▮ ▮▮▮					
물건종별	다세대(빌라)	감 정 가	210,000,000원	[입찰진행내용]		
건물면적	54.16㎡(16.383평)	최 저 가	(100%) 210,000,000원	구분	입찰기일	최저매각가격	결과
대 지 권	30.125㎡(9.113평)	보 증 금	(10%) 21,000,000원	1차	2009-05-19	210,000,000원	
매각물건	토지·건물 일괄매각	소 유 자	▮▮▮▮	낙찰 : 231,600,000원 (110.29%) (입찰1명,낙찰:오태우)		
사건접수	2008-11-06(신법적용)	채 무 자	▮▮▮▮▮▮	매각결정기일 : 2009.05.26 - 매각허가결정		
입찰방법	기일입찰	채 권 자	더블유상호저축은행	대금지급기한 : 2009.06.26		

❺ 보증금액 : 최저매각가격의 10%에 해당하는 금액을 아라비아 숫자로 기재한다. 예를 들어 아래 물건의 경우 최저가 2억 1천만 원의 10%인 2,100만 원을 보증금액으로 작성해야 한다.

2008타경 ▮▮▮▮	서울중앙지방법원 본원 > 매각기일 : 2009.05.19 (오전 10:00) >			담당계 : 경매 1계 (☎02-530-1813)		
소 재 지	서울특별시 성북구 장위동 230-64, 토암트윈스빌 ▮▮▮ ▮▮ ▮▮▮					
물건종별	다세대(빌라)	감 정 가	210,000,000원	[입찰진행내용]		
건물면적	54.16㎡(16.383평)	최 저 가	(100%) 210,000,000원	구분	입찰기일	최저매각가격	결과
대 지 권	30.125㎡(9.113평)	보 증 금	(10%) 21,000,000원	1차	2009-05-19	210,000,000원	
매각물건	토지·건물 일괄매각	소 유 자	▮▮▮▮	낙찰 : 231,600,000원 (110.29%) (입찰1명,낙찰:오태우)		
사건접수	2008-11-06(신법적용)	채 무 자	▮▮▮▮▮▮	매각결정기일 : 2009.05.26 - 매각허가결정		
입찰방법	기일입찰	채 권 자	더블유상호저축은행	대금지급기한 : 2009.06.26		

❻ 보증금 반환란 : 입찰 시에는 기재하지 않고 공란으로 제출한다. 만약 최고가 매수인으로 낙찰되지 않아 입찰 보증금을 반환받아야 할 경우 본인 이름을 기재하고 날인한다.

입찰 보증금을 경매 보증보험으로 납부하는 방법

경매에 참가할 때 법원에 내야 하는 입찰 보증금을 보증보험증권으로 대신할 수 있게 해주는 보험 상품을 '경매 보증보험'이라고 한다. 경매 보증보험을 이용하면 큰 돈을 준비하지 않고도 경매에 참가할 수 있다. 또한 보험가입도 매우 간편하다.

경매 물건의 최저매각가격이 5억 원 이하일 경우에는 본인 신분증만 지참하고 보증보험 지점이나 법원 인근에 있는 보증보험 대리점을 방문하면 된다. 보증보험료는 보증보험 대리점과 경매부동산마다 약간의 차이는 있지만 평균 보증보험료는 다음과 같다.

부동산 종류	보증보험료(건당)
아파트	0.5%
주거용 건물(아파트 제외)	1.0%
비주거용 건물(상가나 오피스텔 등)	1.8%

가령 최저매각가격이 1억 원, 입찰 보증금 10%, 아파트인 물건에 입찰하고자 하는 경우 당일에 1,000만 원을 준비해야 한다. 그러나 경매 보증보험을 이용하면 5만 원(1,000만 원 ×0.5%)만 있으면 입찰에 참가할 수 있다.

문제는 보증보험증권을 가지고 입찰에 참여 후 낙찰받고 잔대금을 납부하지 않는 경우가 많다는 것이다. 입찰자의 책임은 보증보험료 납부로 소멸되고 나머지 책임은 보증보험사가 부담하는 것으로 오해하는 경우가 있다.

• 경매 보증보험증권의 유효기간은 : 잔금 납부 시까지
• 잔금 미납 시 : 보증보험사 또는 해당 법원에서 구상권(보증보험사에서 비용을 대신 지불해주고, 후에 원래 지불해야 할 사람(입찰 보증금을 경매보증보험으로 입찰에 참가한 입찰자)에게 그 돈을 청구하는 것) 행사

낙찰자가 재매각기일 3일 전까지 잔금을 납부하지 않으면 보증보험회사가 보험금을 지급하고 보험계약자 또는 연대 보증인에게 구상권 행사를 하고 있다. 또한 보증금에 대한 연체이자, 법정비용이 추가로 발생하므로 보험금 지급일로부터 3개월 이후 전국은행연합회에 연체정보를 통보하는 점도 유의해야 한다.

(6) 입찰함에 입찰봉투 넣기

❶ 매수신청보증금 봉투 작성하기

입찰보증금을 입찰보증금봉투(작은 흰색 봉투)에 넣고 봉한 후, 봉투의 앞

면에는 사건번호, 물건번호(매각공고에 물건번호가 있을 경우), 제출자의 성명을 기재하고 날인한다. 대리입찰의 경우에는 대리인이 제출자로 되며, 사건번호, 물건번호의 기재요령은 입찰표와 같다. 또한 보증금봉투의 뒷면에는 날인의 표시가 되어 있는 곳에 날인해야 한다.

② 입찰봉투(황색 큰 봉투) 작성하기

입찰표, 입찰보증금 봉투를 입찰봉투에 넣고 봉한 후, 입찰봉투의 앞면에는 사건번호, 물건번호(매각공고에 물건번호가 있을 경우) 및 입찰자의 성명을 기재해야 한다. 입찰봉투는 접는 선을 따라서 스테이플러로 찍고 가운데 접는 선은 입찰함에 넣을 때 사건번호를 다른 사람이 볼 수 없도록 앞면이 속으로 들어가게 반으로 접어서 넣는다(기재 외에 접거나 스테이플러로 찍는 것은 대부분 접수하는 집행관이나 사무원이 처리해준다). 입찰하고자 하는 물건마다 1개의 봉투를 사용해야 하며, 집행관에게 제출하여 입찰봉투에 일련번호를 부여받고, 입찰자용 수취증에 집행관의 날인을 받은 후 수취증(수취증은 보증금과 교환 시 집행관에게 제출하여야 하므로 잘 보관하도록 한다)을 교부받아 보관한다.

(7) 입찰 마감

입찰시간은 보통 오전 10시에서 10시 30분에 시작하여 11시에서 11시 30분 정도에 마감한다. 마감시간이 되면 마감방송과 함께 벨을 울린다. 그 이후부터는 입찰할 수 없으며, 진행 상황을 지켜보고 있으면 된다.

(8) 개찰 및 최고가 매수자 발표

개찰은 입찰 사건번호 순서대로 진행한다. 입찰자들의 매수신고가격을 호창하고 그 중에서 최고가격을 제시한 입찰자를 최고가 매수신고인으로 결정한다. 결정된 사람이 낙찰자가 된다.

(9) 입찰 종결

집행관이 최고가 매수자와 차순위 매수자의 성명과 매수신고가격을 발표하고 입찰 진행의 종결을 선언한다. 최고가 매수자로 낙찰되었다면 집행관이 최고가 매수인을 확인한 다음 매수신청보증금을 수취하며, 낙찰되지 않은 경우 매수신청보증금을 입찰자들에게 반환한다.

매각대금 납부하기

낙찰을 받았다면 이제 다음 단계는 잔금을 마련하는 일이다. 최고가 매수인으로 결정되었다고 경매 물건의 소유자가 되는 것은 아니다. 낙찰일로부터 7일 후 법원으로부터 '매각허가결정확인서'를 받아야 한다. 매각허가결정확인서를 받으면 드디어 법적으로 낙찰인으로 인정된 것이다. 그 후 30일이내에 잔금을 납부하라고 통보가 온다. 그러면 그 기간 내에 대금을 납부해야만 소유권을 취득할 수 있게 된다.

그런데 최고가 매수인으로 결정되고, 즉 낙찰일로부터 7일이 지났는데도 매각허가결정이 나지 않았다면 이때는 매각불허가결정이 내려지는 경우가 종종 발생한다. 해당 경매계에 전화를 걸어 문의를 해보면 왜 매각불허가결정이 나왔는지 그 사유를 알 수 있다. 손해를 보았다고 주장하는 사람들, 즉 이해관계인들이 매각허가결정일로부터 7일 이내에 항고를 했거나, 법원 서류 미비로 입찰 자체가 취소되는 경우가 있기 때문이다.

만약 낙찰불허가결정이 내려진 사유가 법원 서류 미비일 경우 대부분이 공시송달 오류로 나온다. 이 경우 경매 물건에 살고 있는 세입자가 경매가 진행되고 있다는 사실을 미처 통보받지 못했기 때문에 취소된 것이다. 이럴 경우 해당 경매 물건은 다음번에 다시 매각 물건으로 나올 수도 있고, 그렇지 않을 수도 있다.

법원으로부터 불허가결정을 받게 되는 경우가 있다. 다음은 낙찰불허가가 나는 경우다.

- 매각물건명세서 등 법원의 사건 기록 서류에 중대한 하자가 발생한 경우
- 채무자가 낙찰받은 경우(강제경매와 임의경매 모두) 또는 소유자가 낙찰받은 경우(강제경매의 경우)
- 경매 절차에 중대한 잘못이 있을 경우(경매개시 결정을 하면서 그 결정을 채무자에게 송달하지 않은 경우)
- 재입찰의 경우 전 낙찰자가 다시 낙찰받은 경우
- 입찰 후 천재지변 또는 그 밖의 책임질 수 없는 사유로 부동산이 훼손되거나 권리가 변동되어 최고가 입찰자의 낙찰불허가신청이 있는 경우
- 이해관계인의 정당한 항고가 받아들여지는 경우

경락잔금 납부 절차와 소유권이전비용 산출

낙찰허가를 최종 통보받은 상황으로 돌아가 보자. 법원으로부터 [대금납부통지서]를 받으면 이제 잔금을 치러야 한다. 여유자금으로 잔금을 납부할 사람이라면, 법원에 가서 매수인 확인 절차를 거친 뒤 대금지급기한 내에 법

원 내 은행을 통해 언제라도 매각대금을 지급할 수 있으며, 지급한 날에 소유권을 취득할 수 있게 된다. 매각대금납부 통보부터 납부 절차와 소유권 취득까지의 과정은 다음과 같다. 만약 매각대금을 납부하지 못하면 소유권 취득은 불가능하고 입찰 보증금도 돌려받을 수 없게 된다.

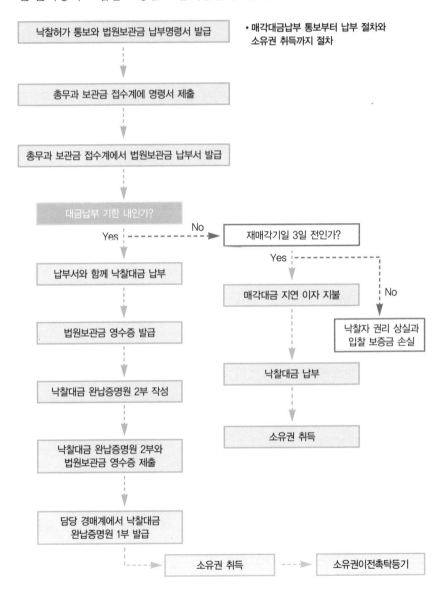

낙찰받은 부동산의 소유권을 이전하려면 낙찰대금 이외에도 소유권이전에 따른 비용이 들어간다. 소유권이전 비용에는 취득세(85㎡ 이하는 낙찰가의 1%, 85㎡ 이상은 낙찰가의 1%+농어촌특별세 0.3%), 등록세(85㎡ 이하는 낙찰가의 1%+지방교육세 0.2%, 85㎡ 이상은 낙찰가 1%+0.4%(비장교육세+농어촌특별세)), 교육세(등록세액의 20%), 증지세(14,000원), 말소등록세(말소등기건수×(말소등록세+대법원수입증지대)가 포함된다.

예를 들어 85㎡ 이하의 아파트를 낙찰받았고, 낙찰 매각대금은 271,890,000원이라고 가정하여 소유권이전 비용을 계산해보자.

낙찰 매각대금	271,890,000원
취득세	2,718,900원
등록세	2,718,900원
교육세	543,780원
증지세	14,000원
말소등록세	39,600원
소유권이전 비용 합계	약 6,035,180원(+국민주택채권)

국민주택채권은 시가표준액을 기준으로 매입률을 적용하여 국민은행에서 매입(국민주택채권을 매입하고 5년간 보유한 뒤 원금과 이자를 받는 것) 또는 할인(국민주택채권을 매입한 즉시 채권발행번호를 받고 다시 국민은행에 할인하여 되파는 것)하면 된다. 국민주택채권 매입률은 다음과 같으며, 지역에 따라 금액이 약간 차이가 있고 할인율은 약간씩 바뀐다. 용도별 국민주택채권 매입률 표(자세한 내용은 대법원 인터넷 등기소(www.iros.go.kr)의 등기비용안내 페이지에서 확인할 수 있다)는 다음과 같다.

용도	과세시가 표준액(단위 : 만 원)	매입률	
		특별시 및 광역시	그 밖의 지역
주택 (아파트 포함)	2,000 ~ 4,999 5,000 ~ 9,999 10,000 ~ 15,999 16,000 ~ 25,999 26,000 ~ 59,999 60,000 이상	13/1,000 19/1,000 21/1,000 23/1,000 26/1,000 31/1,000	13/1,000 14/1,000 16/1,000 18/1,000 21/1,000 26/1,000

토지	500 ~ 4,999 5,000 ~ 9,999 10,000 이상	25/1,000 40/1,000 50/1,000	20/1,000 35/1,000 45/1,000
주택 및 토지 외의 부동산	1,000 ~ 12,999 13,000 ~ 24,999 25,000 이상	10/1,000 16/1,000 20/1,000	8/1,000 14/1,000 18/1,000

예를 들어 271,890,000원에 서울 소재의 아파트를 낙찰받았고, 이 주택의 공시지가(시가표준액)이 2억이라고 가정하여 국민주택채권을 매입과 할인 비율을 계산해보자.

이 주택의 국민주택채권 매입율은 2.3%가 적용되어 460만 원(2억×0.023=460만 원)이 된다. 이 국민주택채권을 매입하고 5년 후 상환받을 수 있는 금액은 약 584만 원(국민주택채권의 보유 이자율은 약 5%, 460×5%=483만 원… 이런 식으로 5년 적용)이다. 비용부담이 적지 않기 때문에 5년 후 이자와 원금을 상환받기보다는 할인해서 다시 파는 경우가 많다. 할인율은 시세에 따라서 차이가 있으면 약 12% 전후로 계산된다. 힐인율은 약 55만 원(460×0.12=55.2) 정도 필요하게 된다. 매입 또는 할인 금액을 소유권이전 비용 합계에 포함시키면 소유권이전에 따른 전체 비용이 계산된다.

Chapter 09

소유권이전등기와
명도

낙찰받고 낙찰대금을 치렀다면 이제 경매 물건을 법적인 소유권을 인정받기 위한 마지막 절차로 낙찰자 앞으로 소유권을 이전등기해야 한다. 하지만 문제는 명도라는 마지막 관문이 남아있다. 만약 인도명령이 계획대로 잘 진행되지 않는다면 법적인 강제집행을 선택해야 하고 그렇게 되면 완전한 소유권을 행사하기까지 상당기간 소요된다. 그렇다면 어떻게 해야 짧은 기간, 최소의 비용으로 명도를 마칠 수 있는지 함께 알아보자.

소유권이전등기 촉탁 신청하기

경매 물건은 매각대금을 납부하면 그 시점으로부터 별도의 등기 없이도 소유권을 취득하게 된다. 하지만 소유권을 취득했다고 매매나 임대할 수 있는 것은 아니다. 소유권이전등기를 해두어야 그 부동산을 담보로 대출도 받을 수 있고 매매나 임대도 할 수 있다. 경매부동산의 소유권이전은 경매법원에 부동산소유권이전등기 촉탁 신청을 해야 한다. 이때 만약 낙찰받은 물건의 권리관계 중 낙찰자가 인수하지 않은 권리를 찾아서 부동산상의 권리도 함께 말소촉탁하게 된다.

부동산 소유권이전등기 촉탁 신청을 하기 위해서는 관할구청이나 은행, 법원을 차례로 거쳐야 한다. 소유권이전등기 촉탁신청은 법무사(만약 대출을 받은 경우 은행에서 지정한 법무사를 통해 대행해주며, 대행 비용은 기본 보수액+누진 수수료+교통비를 합산한 금액으로 협의가 가능하다)를 통해서 대행 신청할 수 있다. 대금 납부 후 소유권이전등기 및 말소등기 촉탁신청서를 의뢰하여 제출하기까지는 약 1~2일 정도가 소요되고, 그 후 소유권이전등기 완료까지는 2~3일 정도 소요된다. 등기필증을 교부받으려면 10일 정도 소요된다.

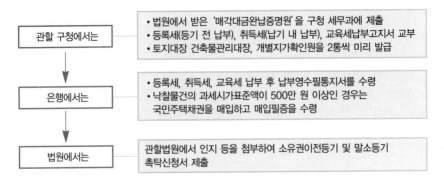

법원에 제출해야 하는 서류들은 다음과 같다.

- 부동산소유권이전등기 촉탁신청서
- 별지기재목록
- 말소할 권리목록
- 세액계산목록
- 등록세영수필통지서
- 등록세영수필확인서
- 매각허가결정등본(잔금납입 후 담당 경매계에서 교부)
- 부동산 등기부등본
- 토지대장
- 건축물관리대장
- 매수자주민등록등본
- 국민주택채권매입필증
- 위임장(본인 아닌 경우)

명도는 소유자 겸 채무자의 경우, 임차인의 경우에 따라서 다르고 또한 임차인의 경우에도 임차금을 전액 배당받는 세입자인가, 임차금 중 일부만 배당받는 세입자인가, 배당을 전혀 못 받는 세입자인가 등에 따라서 명도 전략을 달리 해야 한다.

명도가 어려운 이유

부동산 소유권이전등기 촉탁신청 후 법적 소유권을 취득한 이후 낙찰자는 집주인으로서의 권리를 갖게 되며, 낙찰받은 부동산에 직접 거주하거나 매매 및 임대를 줄 수도 있다. 하지만 그 주택에 점유자(세입자, 소유자, 채권자 등)가 집을 비워주지 않고 거주하고 있다면 어떻게 될까? 그 사람들을 이사 보내야 된다. 이것이 명도다. 즉, 명도란 단순히 얘기하면 현재 경매부동산에 살고 있는 사람을 내보내는 것이다. 하지만 점유자를 내보내는 것이 내 맘같이 잘 되는 것은 아니다.

명도는 어떤 규칙에 의해서 정해진 것이 아니다. 상황에 따라 워낙 다양하기도 하고 법률이나 판례처럼 명시되어 있지도 않기 때문이다. 물건을 팔 때 고객의 취향, 성격, 특성에 따라서 물건을 설명하고 접근하는 방식이 달라야 하듯이 명도도 명도 대상자가 처한 상황이나 성격, 점유 사유 등에 따라서 천차만별이다. 이것이 초보자뿐만 아니라 고수까지 명도를 어려워하는 이유이다. 또한 그만큼 어렵기 때문에 명도를 경매의 종착역이라고도 한다.

명도가 어렵고 시간이 오래 걸려 경매라고 하면 고개를 절레 흔들거나 낙찰 후 명도 과정을 거친 후에는 두 번 다시 경매에 관심을 갖지 않기도 한다. 이처럼 경매에서 명도에 대해 어려움을 느끼는 이유는 크게 2가지로 나눠볼 수 있다.

첫 번째 이유로는 경매 물건을 선정하고 현장답사하고 응찰해 낙찰까지 받은 상황에서 처음으로 낙찰자에게 적대감을 가질 수 있는 세입자들과 직접적으로 대면이 필요하기 때문이다.

두 번째로는 명도대상자와 협상 또는 협의의 어려움이다. 낙찰자는 최소의 비용으로 최대한 빠른 시간에 명도대상자를 이주시키려고 할 것이고, 세입자는 최대한 많은 보상을 받기 위해 최대한 이주하지 않으려고 하기 때문이다. 서로의 입장이 상반되기 때문에 어려울 수밖에 없다.

두 가지 이유 모두 사전 분석을 거치면 조금 더 수월하게 명도할 수 있다. 그렇기 때문에 입찰 참여 전에 사건의 명도대상자에 대한 사전 분석은 매우 중요하다. 명도대상자의 나이와 직업 그리고 임차인일 경우 배당표를 작성해 보아 그 사람이 얼마를 배당받는지에 대한 사전분석이 필요하며, 임차인의 면담이 필요할 경우 보증금을 많이 배당받아 가는 임차인을 대상으로 삼기 위함이다.

명도 진행 방법

명도 진행 방법은 협의와 합의로 해결하는 방법, 인도명령으로 해결하는 방법, 명도소송을 통한 강제집행하는 방법 등이 있다. 이 중 명도에서 가장 좋은 방법 명도 대상자와 협의와 합의를 통해서 서로(낙찰자와 점유자)가 조금씩 양보하여 원만히 해결하는 것이 가장 이상적이다. 만약 서로 간에 협의와 합의가 이루어지지 않고 명도소송까지 진행된다면 그에 들어가는 비용과 시간으로 인해 낙찰자나 점유자 모두 적지 않은 피해를 보게 될 뿐이다. 때문에 경매 물건을 고를 때 등기부등본상의 권리관계와 부동

> 낙찰자는 시간 지연으로 인한 손실과 투자 자금이 묶이거나 손실로 인해 재투자 기회가 그만큼 적어지게 된다. 그렇기 때문에 명도소송으로 인한 명도는 가급적 고려하지 않는 것이 최선의 방법이다.

산상의 권리관계에서 명도소송까지 진행여부가 있는 물건은 고려 대상에서 배제시키는 것이 좋다(실제로 경매로 나온 물건 중 대부분이 협의와 합의 또는 인도명령을 통한 명도로 소유권을 취득할 수 있는 물건이 80% 이상이다). 초보자의 경우는 더욱 그러하며, 어느 정도 경매 고수의 경지에 오른 후 여유자금이 축적되고 높은 수익률을 원할 때 시작해도 늦지 않다.

다음 두 사건으로 인도명령과 명도에 대해서 알아보자. 이범○씨는 말소기준권리인 근저당보다 앞서는 낙찰자에게 대항력 있는 임차인이며, 보증금 전액을 배당받기 때문에 명도에서 큰 문제점이 없을 것이다. 이범○씨로부터 명도확인서를 받고 명도 완료하면 된다. 명도확인서는 낙찰자가 배당을 받는 세입자

> 이범○씨는 자신의 계약기간이 만료되면 그 때 배당받고 이주하겠다고 할 수 있다.

에게 맞설 수 있는 큰 힘이 된다. 세입자가 배당기일에 법원에서 자신의 배당금(배당금이 이범○씨와 같이 전액 배당이든 혹은 일부 배당이든)을 받기 위해서는 낙찰자(소유권자)의 인감증명과 함께 명도확인서가 필요하기 때문이다. 이는 낙찰자가 배당받는 점유자와 협상에 내밀 수 있는 가장 큰 히든카드다. 소위 낙찰자의 명도확인서와 점유자의 이사일자(이사예정일. 경우에 따라서 이사비용도 포함) 확답을 바꾼다고 생각하면 될 것이다. 세입자가 100% 배당받는 경우는 보통 이사비용을 지불하지 않지만 만약 이사비용을 요구하면 이사 날짜를 앞당겨달라고 요구하면서 적당한 금액으로 합의하면 될 것이다.

하지만 이종○씨는 말소기준권리인 근저당보다 늦기 때문에 낙찰자에게 대항력이 없는 임차인이며, 1억원 보증금 중 한 푼도 배당받지 못한다. 이종○씨는 배당을 받지 못하고 현재 부동산을 점유하고 있기 때문에 인도명령* 대상자다. 그러므로 점유자인 임차인 이종○씨와 협상할 때 지급할 수 있는 이사비용의 상한선(대략 인도명령에 소요되는 비용)을 미리 정한 후 협상한다. 만약 이종○

> 한 푼도 배당받지 못하기 때문에 순순히 집을 비워주지 않을 것으로 예상되며, 협의와 합의(이사비용 등)가 이루어지지 않으면 명도소송을 통한 강제집행할 수밖에 없다.

> ★ 인도명령 : 2002년 7월 1일 새로운 민사집행법에는 경매사건에는 낙찰 후 전 소유자와 세입자 모두 인도명령을 통한 점유 획득이 가능하고 이를 방해하는 자는 인도명령을 통해 최소 절차비용으로 점유를 빼앗을 수 있다고 명시되어 있다.

씨에게 충분한 협상을 요구했음에도 불구하고 협상에 응할 생각이 없다고 판단되면 인도명령을 진행할 수밖에 없다.

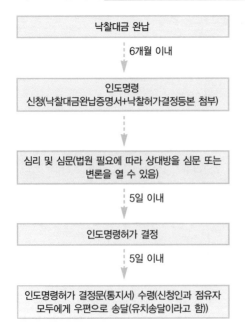

매각부동산	서울특별시 송파구 송파동 *** 토지·건물 일괄매각								
매각대금	금	880,000,000 원							
전경매보증금	금	0 원							
경매비용	약	7,353,000 원							
실제배당금액	금	872,647,000 원 (매각대금 + 전경매보증금) - 경매비용							

순위	이유	채권자	채권최고액	배당금액	배당비율	미배당금액	매수인인수금액	배당후잔여금	소멸여부
1	압류	송파세무서	체납상당액	교부신청액	%	0	0		소멸
2	압류	서울특별시송파구	체납상당액	교부신청액	%	0	0		소멸
3	전세권	이범**	100,000,000	100,000,000	100.00%	0	0	772,647,000	소멸
4	근저당(신청채권자)	에이치케이상호저축은행	882,866,917	772,647,000	87.52%	110,219,917	0	0	소멸
5	가압류	한국상호저축은행	200,000,000	0	%	200,000,000	0	0	소멸
6	가압류	한국외환은행	3,156,390	0	%	3,156,390	0	0	소멸
7	주택임차인	이종**	100,000,000	0	%	100,000,000	0	0	소멸
계			1,286,023,307	880,000,000		413,376,307	0	0	

말소기준권리

전문가의견

◎ 임차인 보증금 예상 배당액 (금액단위:원)

No.	권리종류	임차인	보증금액	배당금액	배당비율	미배당금액	매수인인수금액	소멸여부	비고
1	전세권	이범**	100,000,000	100,000,000	100.00%	0	인수금액없음	계약소멸	전액배당
2	주택임차인	이종**	100,000,000	배당금없음	0.00%	100,000,000	인수금액없음	계약소멸	인도명령대상자

> 감정의 골이 깊게 되면 점유자가 강제집행 과정에서 과격한 행동(보일러를 고장나게 하거나, 싱크대의 문짝을 부수거나, 하수구를 막거나 등)을 보일 수도 있다.

이종○씨를 상대로 인도명령 절차를 진행해보자. 인도명령이 집행되는 것보다 이사비용을 어느 정도로 협상하는 것이 유리하다는 점을 낙찰자와 점유자 모두 알고 있기에 협상과 협의에서 절대 감정을 앞세우지 말아야 한다.

낙찰대금 완납

↓ 6개월 이내

인도명령
신청(낙찰대금완납증명서+낙찰허가결정등본 첨부)

↓

심리 및 심문(법원 필요에 따라 상대방을 심문 또는 변론을 열 수 있음)

↓ 5일 이내

인도명령허가 결정

↓ 5일 이내

인도명령허가 결정문(통지서) 수령(신청인과 점유자 모두에게 우편으로 송달(유치송달이라고 함))

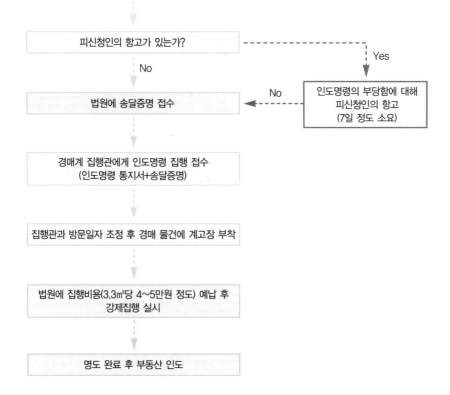

이번에는 앞 사례와 약간 다른 경우다. 다음 사건에서 이중○씨는 말소기준권리인 근저당보다 늦기 때문에 낙찰자에게 대항할 수 없기 때문에 인도명령 대상자다. 하지만 자신의 보증금 5천만 원 중 38.97%인 약 1,950만 원을 배당받기 때문에 이사비용 상한선을 정한 후 합의하는 것이 바람직하다. 앞서 설명했듯이 인도명령 집행이나 가처분 집행보다는 협의와 협상이 가장 좋은 방법이다.

매각부동산	서울특별시 양천구 신월동 ●●● 토지 건물 일괄매각
매각대금	금 30,720,000 원
전경매보증금	금 3,072,000 원
경매비용	약 1,306,000 원
실제배당할금액	금 32,486,000 원 (매각대금 + 전경매보증금) - 경매비용

순위	이유	채권자	채권최고액	배당금액	배당비율	미배당금액	매수인인수금액	배당후잔여금	소멸여부
1	압류	양천세무서	체납상당액	교부신청액	%	0	0		소멸
2	근저당	고촌농업협동조합	13,000,000	13,000,000	100.00%	0	0	19,486,000	소멸
3	확정일자부 주택임차인	이중●	50,000,000	19,486,000	38.97%	30,514,000	0	0	소멸
4	강제경매 (신청채권자)	(주)롯데카드	4,459,000	0	%	4,459,000	0	0	소멸
5	가압류	(주)서울보증보험	5,018,820	0	%	5,018,820	0	0	소멸
6	가압류	국민은행	30,179,180	0	%	30,179,180	0	0	소멸
계			102,657,000	33,792,000		70,171,000	0	0	

말소기준권리

◎ 임차인 보증금 예상 배당액

(금액단위:원)

No.	권리종류	임차인	보증금액	배당금액	배당비율	미배당금액	매수인인수금액	소멸여부	비고
1	주택임차인	이중●	50,000,000	19,486,000	38.97%	30,514,000	인수금액없음	계약소멸	인도명령대상자

만약 임차인 이중○씨와 미배당금액에 대한 협의나 합의(미배당금액이 소액이라면 낙찰자가 인수할 수 있지만 이 사건과 같이 약 3천만 원의 고액이라면 인수여지가 없다)가 이루어지지 않을 경우 인도명령을 진행해야 하는데, 이때 부동산 점유이전 금지 가처분*을 함께 신청하는 것이 좋다.

★ 부동산 점유이전 금지 가처분 : 경매부동산의 점유자가 기준일자 이후에 다른 제3자에게 그 점유를 넘겨주는 것을 금한다는 결정문이다.

가처분을 신청하는 섯은 만약 점유자(여기서는 이중○씨)가 고의로 자신은 다른 곳으로 이사한 후 다른 사람이 거주하도록 하는 경우, 인도명령허가 결정이 나도 인도명령 대상자가 달라 집행이 어려울 수 있기 때문에 이를 미연에 방지하기 위해서 인도명령과 함께 신청을 함께 하는 것이 좋다(부동산 점유이전 금지 가처분 결과가 먼저 나올 수 있다).

부동산 점유이전 금지 가처분 판결 이후에는 점유자가 달라진다 하더라도 기존의 점유자와 동일한 점유자로 보기 때문에 인도명령을 집행할 수 있다. 부동산 점유이전 금지 가처분을 하는 또 다른 이유는 점유자에 대한 심리적인 압박을 가하기 위해서다.

부동산 점유이전 금지 가처분이 결정되면 법원의 집행관들이 정해진 날짜에 경매부동산을 방문하여 부동산 내부 곳곳에 압류딱지를 부착한다.

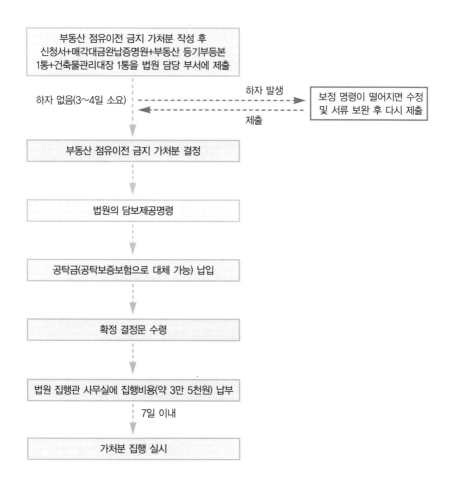

부동산 점유이전 금지 가처분 작성 후
신청서+매각대금완납증명원+부동산 등기부등본
1통+건축물관리대장 1통을 법원 담당 부서에 제출

하자 없음(3~4일 소요)　　　　　하자 발생

보정 명령이 떨어지면 수정
및 서류 보완 후 다시 제출

제출

부동산 점유이전 금지 가처분 결정

법원의 담보제공명령

공탁금(공탁보증보험으로 대체 가능) 납입

확정 결정문 수령

법원 집행관 사무실에 집행비용(약 3만 5천원) 납부

7일 이내

가처분 집행 실시

　다음 사건에서 임차인 정명○씨는 낙찰자에게 대항력이 있지만 배당순위에서 밀려 보증금 일부만 배당받는다. 낙찰자는 주택양수인의 지위를 가졌기 때문에 정명○씨의 미배당금액(1,320만 원)을 인수해야 한다. 낙찰자가 1,320만 원 지불하면서 임차인 정명○씨에게 집을 비워달라고 요청했지만 임차인 정명○씨는 기존 소유자와 계약했던 기간까지 거주한 후 나중에 1,320만 원을 받고 집을 비워주겠다고 대항한다고 가정해보자. 물론 임차인 정명○씨는 낙찰자에게 대항할 수 있다. 그렇기 때문에 인도명령신청 대상이 아니다. 1,320만 원을 지급함에도 불구하고 수령을 거절하고 나가지 않을 시에는 1,320만 원에 대해서 법원에 공탁을 하면 낙찰자는 A에 대한 채무이행을 하게 되는 것이다. 결국 낙찰자는 A에 대해 채무불이행으로 한 명도소송을 진행할 수 있다.

순위	이유	채권자	채권최고액	배당금액	배당비율	미배당금액	매수인 인수금액	배당후잔여금	소멸여부
0	주택소액임차인	모현※	5,000,000	3,303,000	66.06%	1,697,000		66,728,000	
0	주택소액임차인	양다½	23,000,000	7,928,000	34.47%	15,072,000		58,800,000	
0	주택소액임차인	손차※	25,000,000	7,928,000	31.71%	17,072,000		50,872,000	
0	소액임차인	정명½	24,000,000	7,928,000	33.03%	16,072,000		42,944,000	
0	주택소액임차인	정미※	24,000,000	7,928,000	33.03%	16,072,000		35,016,000	
1	압류	부산광역시금정구	체납상당액	교부신청액	%	0	0		소멸
2	확정일자부 주택임차인	양다½	15,072,000	15,072,000	100.0%	0	0	19,944,000	소멸
3	확정일자부 주택임차인	손차※	17,072,000	17,072,000	100.0%	0	0	2,872,000	소멸
4	주택임차권 (신청채권자)	정명½	16,072,000	2,872,000	17.87%	13,200,000	13,200,000	0	잔액인수
5	가압류 (신청채권자)	정명½	24,000,000	0	%	24,000,000	0	0	소멸
6	확정일자부 주택임차인	정미※	16,072,000	0	%	16,072,000	0	0	소멸
7	주택임차인	모현※	1,697,000	0	%	1,697,000	0	0	소멸
	계		125,000,000	72,042,000		54,969,000	13,200,000	0	
전문가의견									

■ 임차인 보증금 예상 배당액 (금액단위 : 원)

No.	권리종류	임차인	보증금액	배당금액	배당비율	미배당금액	매수인 인수금액	소멸여부	비고
1	주택임차인	양다※	23,000,000	23,000,000	100.0%	0	인수금액없음	계약소멸	전액배당
2	주택임차인	손차※	25,000,000	25,000,000	100.0%	0	인수금액없음	계약소멸	전액배당
3	주택임차권	정명½	24,000,000	10,800,000	45.00%	13,200,000	13,200,000	잔액인수	
4	주택임차인	정미※	24,000,000	7,928,000	33.03%	16,072,000	인수금액없음	계약소멸	인도명령대상자
5	주택임차인	모현※	5,000,000	3,303,000	66.06%	1,697,000	인수금액없음	계약소멸	인도명령대상자

전액배당

미배당금액 인수

인도명령대상자

Book in Book … **인도명령과 명도소송의 차이점**

	인도명령	명도소송
신청시기	대금납부 후 6개월 이내	대금납부 후(특정 기간이 없음)
신청 대상자	법점유자(경매 개시 결정 기입등기 이후 점유자(등기부상 임의 또는 강제경매 접수일 이후 점유자 또는 가족))	배당받지 못한 세입자, 무상 점유자(경매 개시 결정 기입등기 이전 점유자)
처리기간	신청 후 2~3주 후	명도소송 제기 후 6개월
집행비용	인지대+송달료+수수료=약 150만 원 전후	인지대+송달료+수수료=약 200만 원 전후

점유자에 따른 명도 집행 방법

낙찰받은 부동산에 점유하고 있는 임차인에 따라, 즉 낙찰자에게 대항할 수 있는 임차인과 대항할 수 없는 임차인에 대한 명도 집행 방법은 다음과 같다.

❶ 권리신고 및 배당요구 신청을 한 경우

보증금 전액을 배당받는다면 명도확인서를 작성해주면서 명도받으면 되나, 보증금 일부를 배당받으면 잔여 보증금을 지급하고 명도받아야 한다. 다음 주택임차인 중 이은○, 최희○씨는 권리신고와 배당요구를 신청한 상태다. 이들의 보증금 일부는 우선변제권에 의해 배당받고 나머지는 이들에게 명도확인서를 받고 잔여 보증금을 지급하면 된다. 만약 낙찰자가 그 사람에게 잔여 보증금을 지급함에도 불구하고 전 소유자와 체결한 계약기간동안 거주할 권리가 있다고 주장하여 명도에 불응할 경우 '명도소송'을 제기해야 한다.

순위	이유	채권자	배당금액(채권최고액)	
0	법원	경매비용	5,500,000원	
1	최우선변제권자들 (주택소액임차인)	이은○, 최희○, 임형○	각 1,600만 원	
2	우선변제권자 (근저당)	일산농협	228,580,276원(228,580,276원)	
3	우선변제권자 (근저당)	변호○	171,930,724원(6억 원)	
4	가압류	서울보증보험(주)	0원(48,268,000원)	
5	가압류	신용보증기금	0원(700,027,600원)	
6	가압류	국민은행	0원(42,802,066원)	
6	가압류	서울보증보험(주)	0원(1억)	
7	가압류	국민은행	0원(16,852,580원)	
8	가압류	신한카드	0원(7,148,266원)	
9	가압류	현대캐피탈	0원(12,822,641원)	
9	가압류	현대캐피탈	0원(2,886,218원)	
9	주택임차인	이은○	0원(2,200만 원)	2,200만 원(인수)
9	주택임차인	최희○	0원(1,400만 원)	1,400만 원(인수)
9	주택임차인	임형○	0원(1,400만 원)	0원(소멸)
경매비용을 제외한 전체 배당금액 합계			453,869,000원(1,910,940,047원)	

문건처리내역

접수일	접수내역
2009.01.22	등기소 고양등기소 등기필증 제출
2009.02.06	가압류권자 신용보증기금 채권계산서 제출
2009.02.11	가압류권자 현대캐피탈 주식회사 채권계산서 제출
2009.02.11	가압류권자 현대캐피탈 주식회사 채권계산서 제출
2009.02.13	기타 계산감정평가사사무소 감정평가서 제출
2009.02.18	기타 집행관 강영원 현황조사서 제출
2009.02.19	가압류권자 신한카드 주식회사 채권계산서 제출
2009.02.19	교부권자 일산서구청 교부청구 제출
2009.03.02	가압류권자 서울보증보험주식회사 채권계산서 제출
2009.03.02	가압류권자 서울보증보험주식회사 채권계산서 제출
2009.03.23	임차인 임형○ 권리신고및배당요구신청 제출
2009.03.23	임차인 최희○ 권리신고및배당요구신청 제출
2009.03.26	임차인 이은○ 권리신고및배당요구신청 제출
2009.05.08	신청인 서울보증보험주식회사 배당배제신청서 제출

(표 우측 주석: 말소기준권리 설정일자 / 임차인 임형○, 최희○, 이은○ 배당요구 신청서 제출)

❷ 권리신고 및 배당요구 신청을 하지 않은 경우

임차인이 계약해지의 의사표시를 하지 않았기에 전 소유자와 체결한 계약 기간동안 거주할 권리가 있어 낙찰자가 명도 요청할 수 있는 시기는 그 임차 인의 계약기간이 만료되는 시점에 보증금 전액을 반환하면서 명도받아야 한 다. 위 사건에서 임치인 임형○, 최희○, 이은○씨가 이 전 소유자와 체결한 계약기간이 상당 기간 남아 있다면 이들 임차인이 전 계약사와 계약기간이 만료되는 시점에 보증금 전액을 반환하면서 명도받으면 된다.

(2) 낙찰자에게 대항력 없는 임차인에 대한 명도 집행 방법

대항력이 없다는 것은 말소기준권리보다 나중에 전입신고한 임차인이라 볼 수 있다. 대항력 없는 사람은 전입신고 및 배당요구 신청을 무조건 해야 한다. 즉, 배당도 못 받고, 거주하는 주택도 그냥 비워주어야 한다. 즉, 권리 를 가지고 있으면 그 권리를 행사해야 배당을 받을 수 있는 것이다.

말소기준권리 이후에 전입신고한 임차인(다음 사건에서는 임형○씨, 전입신 고날짜가 없는 정우○씨)은 낙찰자에게 대항할 수 없다. 이러한 임차인은 권리 신고 및 배당요구 신청을 무조건하여야 한다. 만약 이 신청을 하지 않으면(다 음 사건에서는 정우○씨) 배당 절차에 참여하지도 못하고 낙찰자에게 주택을 비워주어야 하기 때문이다. 이러한 임차인에 대하여 낙찰자는 경매잔금을 완납한 후 6개월 이내에 인도명령신청을 하여야 하며(이것은 강제집행하겠다는 것이 아니라 낙찰자의 명도 의지를 보여주는 것이다. 6개월을 초과한 후면 명도소송을 한 후에 강제집행을 할 수 있다) 명도협상 과정에서 임차인이 명도에 불응할 경우 인도명령결정문을 가지고 집행관에게 강제명도집행위임신청을 하여 명도집행을 할 수 있다.

Book in Book … 경매보다 더 저렴하게 부동산을 취득할 수 있는 공매

이 책의 도입부에서 경매에는 법원 경매 외 한국자산관리공사(캠코)에서 주관하는 공매가 있다고 설명했다. 법원 경매나 공매 모두 합법적인 절차에 의해 부동산의 소유권을 취득 방법과 입찰자 중 최고가매수인이 낙찰자가 된다는 이용 방법에 있어서 공통점이 있다. 하지만 경매는 경매 신청자에 의해 법원에서 강제적으로 진행되는 반면, 공매는 자진 신청물건(일시적으로 1가구 2주택자가 주로 이용, 경매로 낙찰받은 물건을 공매로 내놓기도 한다)과 세금이 과다하게 체납되어 체납에 의한 강제 매각물건으로 구분된다. 만약 유찰될 경우 경매는 20~30%씩 저감되지만 공매는 5~10%씩 저감된다.

공매는 아직 일반인들의 참여율이 높지는 않다. 참여율이 높지 않다는 것은, 투자자 입장에서는 투자가치가 높은 물건을 참여율과 경쟁률이 높은 경매보다 상대적으로 낙찰받기가 수월하다는 점이다. 한국자산관리공사의 인터넷 공매시스템인 온비드 사이트를 이용해서 공매 물건을 검색하고 입찰에 참여한 후 낙찰 후까지의 과정을 살펴보자.

1 한국자산관리공사의 인터넷 공매시스템인 온비드(www.onbid.co.kr)에 접속한 후 [회원가입] 버튼을 클릭한 후 회원가입한다.

2 공인인증서를 등록한다. 온비드(OnBid)를 통해 인터넷 입찰에 참여하거나 입찰을 집행하기 위해서는 반드시 공인인증서 등록기관이 발행하는 본인 또는 법인 명의의 전자입찰용(범용) 공인인증서를 발급받아 OnBid에 등록 후 사용해야 한다. 은행용, 증권용 등으로 특정한 용도가 지정된 인증서는 사용할 수 없다. 한국정보인증(www.signgate.com) 등 공인인증기관에서 개인인증서를 별도의 수수료(1년에 4,400원)를 내고 발급받아야 한다.

3 물건을 살펴보기 위해 [물건정보]-[물건상세검색] 메뉴를 선택한다.

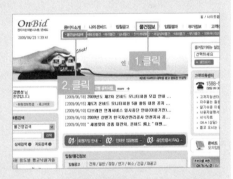

4 물건 상세검색 페이지가 표시된다. 여기서 원하는 물건 조건(용도, 소재지, 감정가, 건물 및 토지 면적 등)들을 지정할 수 있다. 검색 조건을 지정한 후 입찰일자 오른쪽의 [검색] 버튼을 클릭한다.

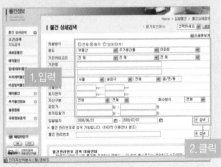

5 검색 조건에 맞는 물건 목록이 표시되면 물건 '소재지/물건명'의 물건을 클릭한다.

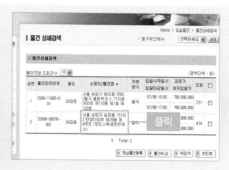

6 물건정보(기본정보, 물건정보, 감정정보, 임대차정보 등)가 표시되고, 아래 관련정보란에 각종 자료(감정평가서, 위치도, 상권정보, 토지이용계획 및 개별공시지가 등)를 확인할 수 있다. 가장 아래 입찰정보란에서 [입찰참가]를 클릭한다. 입찰자가 별도로 입찰서를 작성하는 것이 아니라 입찰작성란에 작성만 하면 된다.

7 입찰서를 제출한 후 제시된 입금은행과 입금계좌로 입찰금액의 10%를 납부한다. 입찰금액을 납부했다면 결과를 확인할 수 있다. 입찰기입란에 '인터넷입찰시작'이 있고, 우측에 '마감일자'가 있다. 그리고 그 밑에 '개찰일시'가 입찰발표일이다. 입찰발표일에 몇 명이 입찰했는지와 입찰금액이 얼마인지도 모두 공개된다. 낙찰되면 한국자산관리공사를 방문하여 '매각결정통지서'를 발부받으면 된다. 만약 낙찰되지 않았다면 환불계좌번호(입찰서를 작성할 때 작성한 계좌번호)로 입찰금이 환불된다.

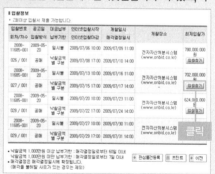

Part 03

실전 경매 노하우 익히기

Chapter 10

리얼리티 경매
실패 사례

내게 좋아 보이면 남에게도 좋게 보인다.
경매는 무조건 싼 맛에 하는 것이 아니라는 점.
흔들리지 않은 소신은 미련을 낳지 않는다.

2007년 8월 무더운 여름날이다. 지금까지 경매 이론 도서들을 달달 외우다시피 했기에 실전에 들어가기로 했다. 남들은 바닷가로 여름휴가를 떠나는 시기에 컴퓨터 앞에 앉아 물건을 검색하려니 컴퓨터에서 나오는 열기와 무더운 날씨는 지치고 회의감을 들게 하기에 충분한 조건들이었다. 하지만 낙찰에 대한 부푼 기대감으로 무더운 날씨쯤은 극복해낼 수 있었다.

실전 경험이 없는 상태기 때문에 개발 호재가 있는 지역 중 비교적 안전한 부동산인 아파트를 검색해보기로 했다. 이슈가 되고 있는 은평 뉴타운 지역의 핵심 지역의 배후 지역인 갈현동 일대에서 재개발 가능성이 있는 곳의 물건을 검색했다. 왜냐하면 뉴타운 핵심 지역은 벌써 오를 때로 오른 상태고 물건도 귀한 상태며 설상 물건이 있다 하더라도 그만큼 경쟁이 치열하기 때문이다.

경매 사이트에 검색된 물건 목록의 등기부등본, 매각물건명세서, 감정평가서 등을 클릭하던 중 갈현동에 소재하는 아파트가 내 시선을 사로잡았다. 왜냐하면 매각기일(❶ 2007년 8월 30일)과 감정가격시점(❷ 2006년 6월 21일)에 1년 2개월의 차이가 발생해 저감정(감정가격이 낮게 책정되는 경우) 평가될 가능성이 높았고, 1차례 유찰되어 최저가가 1억 2,400만 원으로 떨어졌고(❸), 등기부등본상의 권리관계에서 말소기준권리보다 후순위임차인이 전액 배당받아가기 때문이었다(❹). 또한 지리적인 조건에서는 3호선과 6호선이 인근에 위치한 더블역세권이고 인근에 여심을 사로잡기 충분한 초·중·고 학교, 병원, 쇼핑시설 등의 기반시설이 있었다(❺).

> 후순위임차인이 자신의 보증금을 전액 배당받을 경우 명도가 매우 수월하기 때문이다.

> 월세나 전세의 최종 결정권은 여성들 중심으로 결정된다. 그렇기 때문에 여성들의 구매 결정력을 좌우하는 기반시설이 풍부할 경우 월세나 전세가 빨리 진행될 수 있다.

무엇보다도 이 지역은 차후 재개발 가능성이 매우 높은 지역이라는 점 등 이러한 요소를 갖춘 물건을 찾은 것은 휴가도 가지 못하고 컴퓨터 화면을 뚫어져라 쳐다보며 무더위와 씨름한 고생에 대한 충분한 보상이 되었다.

2006타경 ■■■■■	서울서부지방법원 본원 > 매각기일❶	2007.08.30 (오전 10:00) >		담당계 : 경매 6계 (☏02-3271-1326)		
소 재 지	서울특별시 은평구 갈현동 ■■■ ■■■■■■■ ■■ ■■ ■■■					
물건종별	아파트(23평형)	감 정 가	155,000,000원	[입찰진행내용]		
건물면적	59.25㎡(17.923평)	최 저 가	(80%) 124,000,000원	구분	입찰기일	최저매각가격	결과
대 지 권	26.684㎡(8.072평)	보 증 금	(10%) 12,400,000원	1차	2007-07-26	155,000,000원	유찰❸
매각물건	토지·건물 일괄매각	소 유 자	박■■	2차	2007-08-30	124,000,000원	
사건접수	2006-10-25(신법적용)	채 무 자	이■■	낙찰 : 165,330,000원 (106.66%)			
입찰방법	기일입찰	채 권 자	기술신용보증기금,신용보증기금	(입찰17명,낙찰:마포구 노■■■) 매각결정기일 : 2007.09.06 - 매각허가결정 대금납부 2007.10.15 / 배당기일 2007.11.20			

				현장사진
				현장사진
				지적도
				확대지적도
				위치도
				구조도
				개황도
				기타1
				현장사진
				전자지도

📄 건물현황		평형	공급면적	건축용도	감정가격	(보존등기일:'97.06.30)
건물	16층중 2층	23평형	59.25㎡ (17.92평)	방3 등	115,000,000원	▶가격시점:06.06.21/❷ 한국감정평가
토지	대지권		10533.9㎡ 중 26.684㎡		40,000,000원	
현황·위치 ·주변환경		* 전철 3,6호선 연신내역 이용과 버스정류장에서 약5분 거리, 소로한면과 접합				

🏠 임차인현황	• 말소기준권리 : 1997.07.11 • 배당요구종기 : 2007.02.12		보증금액 / 사글세 or 월세	대항력 여부	배당예상금액		예상배당표
이◯◯	주거용 일부 (방1칸)	전 입 일 : 2005.08.31 확 정 일 : 2006.12.05 배당요구일 : 2007.01.30	보 10,000,000원	없음	전액 최우선배당가능		④
기타참고	☞조사외 소유자점유 / ☞소유자의 진술에 의함 ☞좌측방 1개와 우측 안쪽방 1개는 소유자가 점유하며, 그 외의 우측 첫째방에 관하여는 임대차 있음						

건물등기부		권리종류	권리자	채권최고액 (계 : 345,000,000원)	비고	소멸여부
1	1997.07.11 (34351)	근저당	국민은행 (연신내지점)	32,500,000원	말소기준등기	소멸
2	1997.07.11 (34375)	소유권이전(증여)	박◯◯			소멸
3	2000.03.16	근저당	국민은행	32,500,000원		소멸
4	2003.07.01	근저당	기술신용보증기금,신 용보증기금	280,000,000원		소멸
5	2006.10.30	임의경매	기술신용보증기금,신 용보증기금	청구금액 : 280,000,000원	2006타경◯◯◯◯	소멸

🏢 아파트단지현황	공급면적	17.92평	방　수	3개	현재구조	복도식	매　매　가	15,500 ~ 17,200만
건설회사	현대산업개발 (주)	총세대수	278세대	전체총수	12-16층	동　수	2개동	전　세　가	9,700 ~ 12,200만
입주년도	1996.12	버스노선	3개노선	난방방식/연료	개별난방/도시가스	관리사무소	☎02)382-0027	
교육시설	갈현초,선일조,선일여중,선일여고				편의시설	벧서쇼핑,청구성심병원,일신대우병원		⑤
교통시설	3호선 연신내역, 6호선 연신내역 도보 8분							

　　임의경매 신청자인 기술신용보증기금의 청구채권액이 무려 2억 8천만 원
이기 때문에 상대적으로 경매 취하 가능성은 매우 희박한 물건이라는 점과
낙찰자에게 불리한 점이 전혀 없다는 점은 본격적으로 물건을 파헤치기에
충분한 동기가 되었다.

　　이제 나는 충분한 이론이 바탕이 되어서 그런지 경매를 배워보겠다고 경
매정보지를 볼 때의 초년병 모습은 찾아볼 수 없다(사실 초보 시절 경매정보지
를 보는 순간 마치 외국 원서를 보는 듯 낯설었다. 아마도 이 책을 보고 있는 독자들
중에도 그럴 것이라 생각되지만 그것은 여러 번의 반복에 의해서 충분히 넘을 수 있
다). 우선 권리분석을 해보았다. 누가 얼마의 배당을 받는지, 내가 인수해야
될 채권액이 얼마인지를 알 수 있기 때문이고 그 금액이 얼마인지에 따라서
수익률을 계산할 수 있기 때문이다.

　　등기부등본상의 권리관계를 나열식으로 정리해보았다. 말소기준권리는
국민은행 근저당이고, 증여로 소유권이 박○○씨로 이전되었고, 그 후 국민
은행이 다시 근저당을 설정했다. 그 후 기술신용보증기금에서 2억 8천만 원
의 근저당이 설정되어 있었다. 임의경매 신청자였다. 아마도 자신의 채권액
중 일부라도 변제받기 위해서 임의경매 신청한 것으로 보였다. 채권액이 많
았지만 다행히 말소기준권리보다 늦기 때문에 낙찰과 함께 소멸되는 권리여

서 문제될 것이 없었다.

이○○씨는 후순위로 낙찰받더라도 나에게 대항력 없는 임차인이기 때문에 이 사람이 얼마의 배당을 받는가에 따라 명도 난이도가 결정되지만 다행히 1천만 원의 소액임차인이었다. 이 임차인의 배당금액을 알아보기 위해 배당표를 작성해보았다.

근저당(국민은행)	소유권이전	국민은행	기술신보	이○○(임차인)	
97.07.11 말소기준권리	97.07.11 이○○씨	00.03.16	03.07.01	전입 05.08.31 확정 06.12.05	임의경매 신청

매각물건명세서를 살펴보니 임차인 이○○씨는 전입신고일 말소기준권리보다 늦은 대항력 없는 임차인이고 배당요구를 신청한 상태로 최고의 물건임을 다시 한 번 확인했다. 이○○씨의 보증금을 법원에서 배당받기 때문에 낙찰자 입장에서는 명도할 것도 없게 되므로 그야말로 최

> 배당표를 작성해보기 전에는 얼마를 배당받는지 모르기 때문에 이 상태로 100% 좋은 물건임을 확신해서는 안 된다.

고의 물건이라 할 수 있다(설사 이○○씨가 말소기준권리인 국민은행의 근저당보다 앞서는 대항력 있는 임차인이라도 최고의 물건이다. 마찬가지로 배당요구를 했기 때문에 보증금은 배당금으로 받고 명도할 것도 없기 때문이다).

매각물건명세서

사건	2006타경 부동산임의경매 2007타경		매각물건 번호	1	작성일자	2007.08.16	담임법 관	
부동산 및 감정평 가액 최저매각가격의 표시	부동산표시목록 참조		최선순위 설정 일자	1997.7.11.				

부동산의 점유자와 점유의 권원, 점유할 수 있는 기간, 차임 또는 보증금에 관한 관계인의 진술 및 임차인이 있는 경우 배당요구 여부와 그 일자, 전입신고일자 또는 사업자등록신청일자와 확정일자의 유무와 그 일자

점유자의 성명	점유부분	정보출처 구분	점유의 권원	임대차기간 (점유기간)	보증금	차임	전입신고일자·사업자등록신청일자	확정일자	배당요구여부 (배당요구일자)
이	방 3개 중 우측 첫째방 1개	현황조사	임차인	미상	1,000만원	미상	2005.08.31.	미상	
	방 3개 중 우측 첫째방 1개	권리신고	임차인	2004.06.20.~ 2007.06.20	1,000만원	미상	2005.08.31.	2006.12.05.	2007.01.30

< 비고 >

이제는 순위별로 배당표를 작성해보았다. 작성 결과 임차인 이○○씨는 후순위임에도 보증금 전액을 배당받았다. 그리고 나머지 채권자들의 채권액 중 낙찰받더라도 인수해야 할 금액은 전혀 없었다. 등기부등본상의 권리관계와 부동산상의 임차인 관계를 놓고 보면 너무도 좋은 물건이었다.

순위	권리종류	채권자	채권액(원)	배당금액(원)	미배당금액	인수금액
0	임차인	이○○씨	10,000,000	10,000,000	0	0
1	근저당	국민은행	32,500,000	32,500,000	0	0
2	근저당	국민은행	32,500,000	32,500,000	0	0
3	근저당 (경매신청자)	기술신보	280,000,000	87,544,000	192,456,000	0

이 아파트의 시세를 조사하기 위해서는 반드시 현장을 방문해야 하지만 우선 인터넷으로 검색해보기로 했다(대략적으로 시세가 어느 정도인지를 먼저 알고 현장을 방문하면 비교할 수 있기 때문이다). 부동산 시세 정보 사이트는 많이 있지만 정보를 제공하는 사이트마다 가격 차이가 발생하여 어떤 사이트를 신뢰해야 할지 혼동되기 때문에 나는 신뢰성이 가장 높은 국민은행 아파트 시세 정보를 참고했다(단 빌라, 다세대주택, 다가구주택, 단독주택은 시세 정보를 제공하지 않는다). 국민은행 아파트 시세 정보는 다른 부동산 사이트보다 시세를 약간 낮게 책정한다. 다른 은행뿐만 아니라 금융권의 아파트 담보대출 시에도 국민은행 아파트 시세를 보고 담보가능 금액을 산정한다. 하지만 국민은행 아파트 시세 사이트에서 제공하는 시세로 실거래가를 판단하는 것은 위험한 일이다. 인터넷은 단지 참고 자료로만 사용해야 한다.

정확한 시세를 파악하기 위해서 물건 소재지 인근의 공인중개사 사무실 몇 곳을 방문하여 전세, 월세, 일반 매매가, 급매물 가격 등을 알아보기로 했다. 물건 소재지를 방문하는 김에 동사무소에 들러 세대열람확인서를 발급받으면서 동사무소 직원에게 몇 명 정도가 세대열람확인서를 발급받았는지도 물어보았더니 5명 정도 발급받았다고 했다.

그렇다면 대략 2배 정도 잡아도 10명 정도가 참여하지 않을까라는 감이 왔고 그렇다면 예상 입찰자를 상(실수요자에 가까운 사람으로 높은 금액을 쓸 사람), 중(최저입찰가에서 약간 더 높여서 쓸 사람), 하(최저입찰가에 가까운 금액을 쓸 사람)로 구분한다면 대략적인 입찰 가격대가 어느 정도에서 형성될 것인지 알 수 있을 것 같았다.

일단 이 문제는 나중에 생각하기로 하고 공인중개사 사무실에서 시세에 대해 물어보았다. 일반 매매 가격은 1억 9천~2억 원 사이이고, 급매물은 1억 8천만 원으로 시세가 형성되어 있었다. 역시 예상한대로 이 물건의 감정평가서의 조사 시점과 매각기일과 1년 2개월의 차이로 인해 저감정 평가된 것을 알 수 있었다. 또한 재개발 이야기로 시세가 꾸준히 오르고 있는 상황이었다.

권리분석과 시세분석 결과 이 물건은 너무도 완벽하였고 그래서 입찰 결정과 함께 입찰 가격을 고민하기 시작했다.

> 최초감정가는 물건의 주변 시세를 의미하는데 투자 수익에서 매우 중요한 기준이 된다. 또한 조사 시점, 즉 언제 이 아파트를 감정했는가를 알아야만 가격에 거품이 끼었는지를 알 수 있다. 감정평가사는 대부분 거래 및 매매 사례를 비교법으로 책정한다. 과거에 부동산이 거래된 가격을 토대로 평가하는데, 오류 등으로 정확한 시세가 반영되지 않을 수 있다. 이런 물건은 입찰 참여 전에 스스로 재감정하여 소신껏 투자해야 한다.

조사한 급매물 시세에서 등기비용(취득세, 등록세, 교육세, 증지세, 말소등록세 등 소유권이전비용 모두 포함), 명도비용, 양도세, 시설비(도배, 장판, 싱크대 등)를 뺀 나머지가 얼마인가로 수익을 계산해보기로 했다. 경매비용은 매각대금에서 제하기 때문에 별도로 책정하지 않았다. 또한 2007년부터 양도소득세 증가 정책으로 양도차익(양도가액 – 취득가액 – 필요경비)과 양도소득(양도차익 – 장기보유 특별공제(5년~10년 양도차익의 15%))의 부담이 크기 때문에 보유하기로 결정했다.

이 물건은 소유권을 이전받기까지 시간이 오래 걸리지 않는 경우다.

> 낙찰 후 매매할 때 비교해 수익을 계산할 때는 반드시 낙찰 후 실제 집행과정을 거쳐 완전한 소유권을 행사할 수 있을 때까지 걸리는 시간과 예상 매각 시기도 함께 계산해야 한다. 이 물건의 경우 명도에 큰 어려움이 없고 채권자나 특별한 권리관계가 복잡하지 않고, 재개발 이야기로 인해 매각이 잘 이루어지고 역세권으로 인해 전세나 월세도 쉽게 나가는 것을 고려하여 입찰가격을 결정할 수 있다. 보통 잔금 지급 후 4~5개월 안에 매각이 이루어져야 수익률 및 자금 회전율이 안전하다.

급매물 시세	1억 8천만 원
등기비용	약 4백만 원
명도비용	0원
양도세	0원(바로 매매할 계획이 아님)
시설비	200만 원
합계(급매물 시세-(등기비용+명도비용+양도세+시설비)	1억 7,400만 원

이 물건의 감정가는 1억 5,500만 원, 입찰기일 당시 최저가가 1억 2,400만 원이다. 최종적으로 입찰 가격을 결정하기 전 앞에서 조사한 10여 명의 예상 입찰자를 다시 한 번 상, 중, 하로 구분하여 머릿속으로 그려봤다.

최초감정가(1억 5,500만 원)와 현재 최저가(1억 2,400만 원) 그리고 급매물 시세를 토대로 계산된 금액을 사이에 두고 중간에서 치열한 가격 경합이 벌어질 것으로 예상되었다. 처음에는 최초감정가보다 높게 작성할까도 생각했지만 그렇게 되면 급매가에 너무 가깝기 때문에 경매로 낙찰받는 큰 의미가 없었다. 만약 입찰 예상자 중 실수요자가 있다면 최초감정가와 급매가 사이에 입찰자가 발생할 것이다. 하지만 나는 실수요자가 아니라 투자자이기 때문에 그들은 경쟁에서 제외시켰고 소신대로 급매가의 15% 이상 수익을 발생시킬 수 있는 금액에서 결정하기로 했다.

최초감정가보다 높게 입찰가를 작성한 다음, 그 중간보다 약간 높은 1억 4,500만 원으로 결정했다. 하지만 입찰표에 작성할 때는 천 원 단위에서도 1, 2등이 결정될 수 있기에 145,555,000원으로 우수리 금액까지 작성했다.

법원의 경매시각은 통상 오전 10시~10시 30분이다. 10시~10시 30분은 입찰 시작시간이며 입찰봉투를 넣은 입찰 마감시간은 통상 11시~11시 30분(입찰기재 시간을 주기 위함이다)이다. 법정 안에 들어서는 순간 분위기에 약간 주눅들었고, 예상보다 많은 사람들이 몰려있는 데다가 모든 사람들이 경매꾼으로 보이기만 하였다. 보통 경매에서 한 사건에서 입찰자가 많은 경우 30~40명 정도 참여한다(간혹 100명이 넘는 경우도 있다). 하지만 30~40대 1이라는 경쟁률이지만 경매는 단순히 높은 입찰가액을 적은 입찰자가 낙찰되는 것에 불과하다. 일단 내가 처음 예상했던 것보다 많은 입찰자가 참여할 것이 분명했다. 입찰가를 생각했던 금액보다 높여야 되는 것이 아닌가라는 생각이 들었지만 '굳이 무리를 하면서까지 경쟁자를 누를 필요가 있을까'라고 생각했고 결국 소신대로 입찰하기로 결정했다.

입찰보증금(최저가의 10%인 1,240만 원)을 수표 한 장으로 만들었다. 법원에서 입찰법정으로 들어가니 입찰봉투(봉투, 돈 봉투, 입찰용지가 3부로 구성)를 나누어주었다. 입찰표에 사건번호와 보증금액란에 최저가를 적는데, 긴장해서 그런지 약간 떨렸다. 입찰가액란에 십, 백, 천, 만, 억을 정확히 구분해서 '145,555,000원'(실제로 입찰표를 작성할 때 너무 긴장할 경우 0을 하나 더 작성한다든지 하는 오류를 범할 수 있다)을 적었다. 또한 입찰가격, 주민등록 및 신상 등 모든 사항을 작성한다. 단, 절대로 사건번호는 작성하는 것이 바람직하지 않으며, 법정투찰표 안이나 혼자만의 작은 공간에서 조용히 작성하는 것이 좋다.

그래서 나는 좀 지저분하지만 화장실에 앉아서 작성했다. 법원 지하식당, 은행, 민사집행과 책상 등에서 작성하는 사람들도 볼 수 있었다. 하지만 주변을 왔다 갔다 하면서 자신의 사건번호와 동일한 입찰자의 입찰내역을 눈여겨보는 사람들도 있다. 이런 경우 100% 입찰가격을 커닝 당하게 된다.

내가 1억 2천5백만 원을 기입했다면 1천 원 차이로 2등이 될 수 있다. 실제로 경매장에는 천 원 혹은, 만 원 단위 차이로 1등과 2등이 갈리는 희비의 현장을 종종 목격할 수 있다.

입찰표와 입찰봉투 등 입찰 관련 서류를 모

법원 내 집행관은 어느 입찰자가 얼마를 썼는지는 알 수 없어도 어느 사건에 입찰자가 몇 명인지는 알 수 있다. 입찰자는 입찰봉투를 집행관에게 제출한다. 그리고 집행관은 입찰봉투에 하나씩 날인한다. 이때 사건번호를 살피면서 스탬프를 날인하게 되는데, 입찰마감 시간까지 해당 사건에 입찰자수가 몇 명인지 쉽게 알 수 있다. 만약 경매브로커가 집행관과 결탁하여 그들만 알 수 있는 수신호로 어느 사건의 입찰자 수를 알려주면 경매브로커는 마감 직전에 입찰표에 입찰금액을 작성해서 제출한다. 만약 입찰한 사람이 아무도 없다면 최저가매수신고인이 되는 것이다. 현행법상 이 경우 형사처벌될 수 있지만 현실적으로 이를 밝혀내기가 쉽지 않기 때문에 입찰자는 주의하는 수밖에 없다.

두 작성한 후 바로 입찰함에 넣지 않고 마감 시간이 되기를 기다렸다. 바로 입찰함에 넣지 않고 입찰마감을 알리는 집행관의 안내가 있을 때까지 기다리다 마감 직전에 투입했다.

입찰봉투에 돈 봉투와 입찰표를 넣고 반으로 접어서 밀봉한 후 사건번호를 집행관이 보지 못하도록 하였다. 경매집행관은 나를 한 번 힐끗 쳐다보더니 스탬프로 찍은 봉투 윗부분을 잘라서 번호표를 건네주었다. 번호표를 받고 법정 밖으로 나와 담배 한 대를 피우면서 개찰을 기다렸다. 입찰자가 생각보다 너무 많아 '틀렸구나'하고 생각하면서 개찰을 기다렸다. 40분 정도 기다리는 시간이 4일을 기다리는 것마냥 길게 느껴졌다.

드디어 개찰이 시작되었다. 사건번호를 부르며 입찰한 사람을 호명하고 그 자리에서 입찰금액을 불러주는데, 가장 높은 입찰가격을 적은 노○○씨가 낙찰되었다. 이 날 낙찰가격은 165,330,000만 원으로 전회차(바로 이전 매각기일의 매각가격)를 훌쩍 넘긴 가격이고 나와는 상당히 차이가 있었다. 사실 지나고 보면 이는 그리 놀랄 만한 일도 아니었다. 경매에서 전회차의 매각가격을 넘겨서 낙찰가격이 결정되는 것은 비일비재하다. 많은 사람들이 1~2회차까지 기다렸다 유찰되면 2~3회차 때 대거 몰리면서 전회차보다 높은 금액에 낙찰되는 것이다.

입찰자 수도 17명이나 되었다. 내가 예상했던 10명을 훌쩍 넘기는 입찰자들 참여한 것이다. 아마도 이 중에는 상당수의 실수요자들도 참여한 듯 했다. 입찰자들이 몰리면 몰릴수록 투자가치가 높은 것으로 생각하여 입찰금액을 높여서 작성하게 되고 그러다보면 전회차 입찰가격을 훌쩍 넘기게 된다. 즉, 투자가치가 높다기보다는 경매장 분위기에 휩쓸리다보니 발생하는 것이다. 이런 분위기에 휩쓸려 생각했던 금액보다 터무니없는 입찰가격으로 낙찰받게 되면 낙찰받고도 후회하는 사태가 발생할 수 있다.

만약 물건을 꼭 낙찰받아야겠다고 생각했으면 과감히 1차 매각기일 때 낙찰받았으면 좋은 결과를 얻을 수 있었을 것이다. 몇 번 유찰된 후 입찰하면 저렴하게 낙찰받을 수 있겠지라는 생각은 나뿐만 아니라 다른 입찰자도 하기 때문이다.

돈 봉투를 받고 법정을 나서는데 내리쬐는 햇볕과 후덥지근한 날씨에 시원한 물냉면이 생각났다. 근처 식당에서 물냉면을 먹으면서 곰곰이 생각해 보았다. 왜 1차 감정가가 1억 5,500만 원인데 1억 6,533만 원에 낙찰받았을까? 저감정과 재개발 기대효과 그리고 안전한 물건이라는 점 때문에 17명의 입찰자 몰렸고 최초감정가의 약 107%에 낙찰된 것이다.

개발호재가 기대되는 지역의 물건 낙찰 시 가격 조사는 조금 더 높게 평가해서, 즉 나 스스로 재감정을 통해서 소신껏 입찰가격을 결정했어야 했다. 이번 입찰 실패로 '경매는 무조건 싼 맛에 하는 것이 아니라는 점'과 '내게 좋아 보이면 남들에게도 좋게 보인다'는 사실을 깨달았다. 그러나 입찰장의 수많은 입찰자들의 분위기에 휩쓸리지 않고 나름 소신 있게 입찰가격을 썼기 때문에 미련은 남지 않았다.

> 감정평가사가 평가한 감정가격은 경매 투자자의 안목으로 재감정해야 한다. 즉, 감정가격을 절대로 100% 신뢰해서는 안 된다. 재감정은 해당 물건을 중개업소에 내놓았을 경우 얼마에 매매할 수 있는가? 즉, 거래 시세가 기준되어야 한다.

Chapter 11

리얼리티 경매
낙찰 사례 1

입찰 전 배당표를 작성해보면 무혈입성할 수 있는 경매 물건들이 많다.
임차인의 대항력을 충분히 따져보라.
명도 대상자 중 우선순위를 정한 후 협상하라.

갈현동 아파트 낙찰 실패 이후에두 계속된 낙방으로 좌절과 의욕상실에
빠졌다. 경매는 나와 인연이 아닌가보다는 생각이 들 정도였다. 아마 경매를
시작하여 계속된 낙방을 겪고 있는 많은 사람들 중에는 나와 같은 생각을 하
는 사람들이 많을 것이다. 나에게 무슨 문제가 있는지 진단이 필요한 시점이
었다. 그래서 과거 1년여 동안 경매를 가르쳐주신 이 교수님에게 도움을 받
아보기로 했다.

경매 수업을 강의해주셨던 이 교수님의 휴대폰으로 전화를 걸었다.

"안녕하세요? 교수님. 교수님과 차 한 잔 하고 싶어서요."

"그래요. 내일은 강의가 없으니 언제든지 오세요."

다음날 교수님을 뵙고 지금까지의 낙방한 사례들을 주절주절 털어놓았다.

내가 하는 이야기를 다 들으시더니 교수님께서는 이런 제안을 주셨다.

"아파트는 투자자들뿐만 아니라 실수요자들도 대거 몰리는 추세라 낙찰률

이 감정가를 상회하는 경우가 많이 발생하기 때문에 앞으로 더 적은 수익을 기대할 수밖에 없습니다. 가능하면 빌라나 다세대주택 쪽으로 물건 투자 방향을 바꾸어보는 것이 어떨까요?"

사실 나는 안정성만을 고려하여 지금까지 아파트만을 고집했고, 그것도 극히 안정적인 아파트 물건에만 입찰 참여를 했다. 그런 경매 물건에는 실수요자들의 참여율이 높아 내가 생각했던 수익률로 입찰 참여하면 계속 낙방했던 것이다. 그래서 그동안 관심을 접고 있었던 빌라나 다세대 주택으로 투자 방향을 전환하여 이들 경매 물건들을 집중적으로 살펴보기로 했다.

18대 국회의원 선거 유세가 한참이던 2008년 3월, 후보들마다 자신의 지역구 재개발, 뉴타운을 경쟁이나 하듯이 선거 공약으로 내세웠다. 100% 신뢰할 수는 없었지만 만약 공약이 지켜진다면 그 지역의 물건을 낙찰받아 큰 개발 수혜를 볼 수도 있을 것이다. 나 역시 빌라, 다세대로 투자 방향을 전환했기에 국회의원 후보들이 말하는 선거 공약을 무시할 수만은 없었다. 그래서 개발 수혜가 예상되는 광진구 일대를 집중적으로 조사 대상으로 삼았다.

이 지역은 친구 아버님의 공인중개사 사무실이 있는 곳이기도 했다. 친구 결혼식 때 뵙고는 한 번도 뵙지는 못했지만 시세 조사 매매 시 도움을 받으면 좋겠다는 생각을 하고 이 지역의 빌라와 다세대를 검색하기로 했다. 실제로 물건 지역 인근에 공인중개사를 알고 있으면 시세 파악뿐만 아니라 낙찰 후 임대나 매매 시에도 도움을 받을 수 있다. 또한 물건에 대한 세부내역(임차인이나 집주인들의 속사정, 집의 내역)에 관한 귀중한 정보를 얻을 수도 있다(예를 들어 살인사건이 발생한 집이 싸게 나왔는데, 이런 내용은 권리분석 자료에서는 찾아볼 수 없고 인근 공인중개사나 인근 주민들을 통해서 알 수 있다).

물론 이 지역의 물건을 검색할 때 재개발에 따른 수혜를 염두에 두고 있었다. 또한 아파트는 실수요자의 참여 증가로 인해 경쟁률이 치열하다 못해 과열되는 분위기로 낙찰가가 매매가를 훌쩍 넘어가는 상황인 데다가 이 교수님의 제안도 있고 해서 검색 대상에서 배제시켰고, 주로 다가구, 다세대, 빌라 중에서 신건보다는 유찰된 물건에 관심을 두고 검색했다.

주소 감정가내역	면적(단위:㎡)	경매가 진행내역	임차내역	등기부상의 권리관계
서울 광진구 ○○동 ○○번지 〈감정평가내역〉 - 벽조슬래브 - 차량출입가능 - 인근에 노선버스정류장 - 도시가스개별난방 - 제시외건물포함 감정평가액 대지 : 177,500,000원 건물 : 99,473,400원 제시외 : 4,480,000원 선호감정 : 2007-11-12	대지 112㎡ (33.88평) 건물 ·1층 67.6㎡ (20.449평) ·2층 60.5㎡ (18.301평) ·지층 67.6㎡ (20.449평) ·옥탑 10.5㎡(3.176평) ·제시외 샷시, 샷시판넬 (옥탑소재)	최초가 281,453,400 최저가 180,130,176 (64%) ───────── 유찰 08 02 14 유찰 08 03 11 낙찰 08 04 16 197,777,000 - 응찰자수 : 4명 - 낙찰자명 : ○○○	장○○ 전입 98.02.19 확정 04.12.28 배당 07.08.02 4,000만/1층우측 김순○ 전입 98.11.22 확정 05.01.03 배당 07.08.03 1,700만/옥탑층방1 김희○ 전입 05.03.04 확정 05.03.18 배당 07.08.24 2500만/1층좌측방1 문○○ 전입 05.03.18 확정 05.03.18 배당 07.08.24 2,000만/지층방1 이○○ 전입 05.04.01 확정 06.03.04 배당 07.08.13 2,000만/지하우측 박○○ 전입 06.02.22 7,000만/2층전부 유○○ 전입 06.02.22 확정 05.04.12 배당 07.08.02 7,000만/2층전부 (박○○의 처임)	소유권 류○○ 2005.12.24 전 소유자:김○○ 저당권 프랜스 2005.12.24 3억 임차권 문○○ 2006.05.15 2,000만 임의 프랜스 2007.07.12 청구:116,000,000

물건 검색 목록 중 2회 유찰된 다가구주택이 눈에 띄었다. 그 물건이 위 표에 나와 있는 다가구주택이다. 왜 2회 유찰되었을까? 우선 물건의 등기부등

본을 보니 임대인들이 여러 명이 보였다. 초보자들은 다가구주택을 회피하는 경향이 있는데, 그 이유는 보통 다가구주택의 경우 임차인들이 줄줄이 사탕처럼 매달려있기 때문에 차후 명도에 자신 없기 때문인 경우가 많다. 지금에서야 자신 있게 이야기하지만 입찰 전 배당표를 작성해보면 무혈입성(아무리 임차인들이 많아도 배당이 골고루 이루어진다면 큰 무리 없이 명도에 성공할 수 있다)할 수 있는 경매부동산들이 의외로 많이 있다.

이 물건에 대한 권리분석을 해볼 가치가 있는 것으로 보여 우선 등기부상 권리분석부터 해본 결과 소유권은 전 소유자 김○○씨에서 류○○씨로 이전(❶)되었고 그 날짜(2005.12.24)(❷)와 프랜스의 저당권 설정일(2005. 12.24)(❸)이 동일한 날짜였다. 아마도 저당권을 설정하면서 잔금으로 설정한 것이 아닌가라는 생각이 들었다. 하지만 낙찰받는데 아무런 장애가 되지 않는 문제였다.

말소기준권리인 프랜스의 저당권에 설정된 금액은 3억이었지만 실제 청구채권액은 1억 1,600만 원(❹)이다. 이 금액이라면 이 사건의 이해관계인의 대위변제나 소유자의 채권액 변제에 따른 경매 취하가 사실성 힘든 물건이었다(청구채권액이 소액일 경우 채무자가 경매가 진행되는 도중에 변제하면 경매가 취하되고, 결국 입찰자들은 시간만 소비된 꼴이 된다).

문○○씨로부터 임차권(❶)이 설정되어 있었다. 왜 임차권을 설정했을까? 집주인 류○○씨는 임대차계약이 만료되면 보증금을 반환해야 한다. 그런데 소위 '방 빼서 나가세요'하는 상태에서 임차인 문○○씨가 다른 곳으로 이사를 갈 경우 임차인으로 대항력을 갖추기 어렵게 된다. 하지만 임차권 채권등기하면 다른 곳으로 이

등기부상의 권리관계	
소유권 류○○	❶
2005.12.24	❷
전 소유자:김○○	
저당권 프랜스	❸
2005.12.24	
3억	
임차권 문○○	
2006.05.15	
2,000만	
임의 프랜스	
2007.07.12	
청구:116,000,000	❹

등기부상의 권리관계	
소유권 류○○	
2005.12.24	
전 소유자:김○○	
저당권 프랜스	❶
2005.12.24	
3억	
임차권 문○○	
2006.05.15	
2,000만	
임의 프랜스	
2007.07.12	
청구:116,000,000	

사해도 임차인으로서의 대항력을 갖추게 된다. 이 부분은 아마도 임차인 문○○씨가 임차인으로서 낙찰자에게 대항력을 확보하고 임차인의 지위를 보존하기 위해서라고 추측할 수 있었다(계약기간 만료, 보증금 미반환, 임차인의 이사 등의 사유는 집주인의 동의 없이 단독으로 임차권등기가 가능하다).

문○○씨에 의해 설정된 임차권 설정 날짜(2006. 05. 15)는 중요하지 않다. 왜냐하면 이 날짜는 임차권을 등기한 날이지 부동산 등기부상의 권리분석에서 낙찰자에게 큰 의미가 없기 때문이다. 등기부등본에 임차인의 보증금, 전입일, 확정일자, 임차권등기가 표시되어 있다면 이 중 중요한 것은 전입날짜다.

왜냐하면 임차권이 설정되면 전입날짜에 의한 확정일자가 설정되면 대항력이 소멸되지 않기 때문이다. 하지만 등기부상의 권리관계에서는 말소기준권리인 프랜스의 저당권 설정일(2005.12.24)보다 늦기 때문에(문○○씨의 임차권 설정일은 2006.05.15이다) 낙찰자에게 대항력을 갖지 못했다. 부동산상의 권리관계와는 별도로 등기부상의 권리관계에서만은 낙찰자에게 대항력이 없다는 것을 알 수 있었다. 결국 등기부상의 권리관계에서는 낙찰받더라도 프랜스의 저당권 청구금액 외에 추가로 낙찰자가 인수할 금액은 없다고 판단할 수 있어, 등기부상의 권리관계는 큰 문제가 없는 것으로 일단락지었다.

ⓠ Book in Book ⋯ 임차권등기

임차권등기란 앞서 소개된 문○○씨(임차인, 세입자)가 집주인과 전세 계약을 하고 살다가 계약 만기가 되기 1개월 이전에 집주인에게 통보했는데 만기되는 시점에서 문○○씨의 전세보증금을 돌려주지 않는 경우 계약서 등 제반 서류를 첨부하여 법원에 신청하면 등기촉탁하게 된다. 문○○씨는 집주인의 동의 없이 직접 등기하면 그 집의 등기부등본에 임차권등기가 기입된다. 만약 등기된 이후 다른 사람이 전세나 월세를 얻어 입주하더라도 새로운 세입자에 관계없이 문○○씨의 대항력이 확보되고 또한 그대로 유지된다. 또한 임차권등기 이후 문○○씨는 점유하지 않아도 대항력은 그대로 유지된다.

문제는 문○○씨가 다른 곳으로 이사를 가기 위해 보증금을 은행 등에서 대출한다면 그 대출 원금은 물론 이자 및 제반비용을 집주인에게 청구할 수 있다. 하지만 문○○씨가 대출을 받을 만한 여력이 없거나 굳이 이사해야 될 필요성이 없다면 집주인이 보증금을 돌려줄 때까지 살 수밖에 없다. 이 사건에서 문○○씨는 낙찰자에게 보증금을 배당받으면 된다.

이제는 부동산상의 권리관계를 살펴보기로 했다. 경매정보지에는 임차내역란에 총 7명의 임차인이 있었지만 유○○씨는 박○○씨의 처로 등재되어 있었기 때문에 6명으로 줄어들었다. 그 중 장○○, 김순○, 김희○, 문○○, 이○○ 등 총 5명의 전입신고 날짜가 말소기준권리인 프랜스의 저당권설정일보다 앞서기 때문에 낙찰자가 인수해야 했다.

임차인이 낙찰자에게 대항할 수 있는 대항력의 판단은 임차인의 전입신고만 가지고 결정하며, 확정일자는 중요하지 않다.

임차내역
장○○ 전입 98.02.19 확정 04.12.28 배당 07.08.02 4,000만/1층우측
김순○ 전입 98.11.22 확정 05.01.03 배당 07.08.03 1,700만/옥탑층방1
김희○ 전입 05.03.04 확정 05.03.18 배당 07.08.24 2500만/1층좌측방1
문○○ 전입 05.03.18 확정 05.03.18 배당 07.08.24 2,000만/지층방1
이○○ 전입 05.04.01 확정 06.03.04 배당 07.08.13 2,000만/지하우측

말소기준권리보다 앞서는, 낙찰자 인수해야 되는 임차인

박○○ 전입 06.02.22 7,000만/2층전부

인도명령대상자

유○○ 전입 06.02.22 확정 05.04.12 배당 07.08.02 7,000만/2층전부 (박○○의 처임)

권리관계에서 제외시킨 임차인

이외 박○○씨와 유○○씨는 부부지간으로 이들은 모두 확정일자가 말소기준권리인 프랜스의 저당권설정일보다 빠르지만 전입신고가 늦기 때문에 대항할 수 없는 명도대상자이다. 가장 임차인인 듯 했지만 일단은 무시하고 권리분석을 해본 결과 유○○씨와 박○○씨의 대항력은 06.02.23일 0시부터 발생하고 05.02.23일 0시부로 우선변제권이 발생했다(임차인의 대항력은 동사무소에 전입신고한 그 다음날 0시부터 발생한다).

결국 유○○씨와 박○○씨는 전입신고하지 않고 확정일자를 받아봐야 낙찰자에게 대항할 수 없는 임차인이 된다. 그래서 가장 임차인이 아닌가라는 의심이 나는 것이다.

상식적으로 정상적인 사람이라면 임대차계약을 할 때 최소한의 권리관계를 살펴보았을 것이고 그렇다면 임대차계약을 맺지 않을 것이기 때문이다.

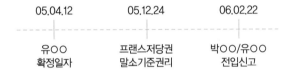

05.04.12	05.12.24	06.02.22
유○○	프랜스저당권	박○○/유○○
확정일자	말소기준권리	전입신고

일단 이 부분을 해결하기 전에 앞서 낙찰자에게 대항할 수 있는 5명의 임차인들이 과연 얼마를 배당받아갈 것인가? 이들 5명의 임차인들이 받아가는 배당금액에 따라서 낙찰 후 명도의 난이도가 결정되기 때문에 이들의 배당금액은 이 사건에서 매우 중요한 변수가 될 수 있다. 또한 이들이 얼마를 배당받아갈 것인가에 따라 입찰 가능 금액을 산출할 수 있고 그래야만 이 물건의 투자에 대한 수익률을 계산할 수 있다.

이해관계인들의 배당 순위에 따른 배당표를 작성해보기로 했다. 배당표를 작성할 때는 내가 얼마에 낙찰받을 것인지 입찰금액을 우선 결정한 후 그 금액을 토대로 배당표를 작성해야 한다. 내가 얼마에 낙찰받을지도 모르는 상태에서 작성하는 배당표는 아무런 의미가 없기 때문이다. 이 물건이 경매에 나올 당시의 최초가(281,453,400원)에서 현재 두 번 유찰되어 180,130,176원(최초가의 64%)까지 떨어진 상태로 최초가의 70%인 1억 9,700만 원을 입찰 가능 금액으로 예상하여 그 금액을 기준으로 작성해보기로 했다.

배당순위	배당자	배당금액	비고
0	경매비용, 필요비+유익비	약 300만 원	
1	장○○, 김순○, 김희○, 문○○, 이○○	각 1,600만 원	최우선변제자
2	장○○	2,400만 원	우선변제자
3	김순○	100만 원	우선변제자
4	김희○	900만 원	우선변제자
5	문○○	400만 원	우선변제자
6	저당권자 프랜스	약 7,600만 원	우선변제자
	합계	1억 9,700만 원	최초가의 70%

모든 임차인들이 배당을 받지 못한다면 임차인들끼리 단합하여 낙찰자에게 대항하겠지만 낙찰자에게 대항력이 있는 대부분의 임차인들은 자신들의 보증금을 전액 배당받을 수 있다. 특히 배당표 작성 결과 낙찰금액 중 등기부 등본상의 권리자인 프랜스보다 부동산상의 권리자인 임차인들이 더 많이 배당받아가서 다행이었다(왜냐하면 임차인들이 배당을 많이 받아가면 그만큼 명도가 수월해지기 때문이다).

부동산상의 권리분석에서 두 가지 문제점이 발견되었는데, 첫째는 대항력이 전혀 없는 박○○씨와 유○○씨다. 이들에게 배당되는 금액은 0원이다. 이 임차인들의 보증금 7,000만 원은 결코 적은 금액이 아니다. 이들이 가장 임차인이 아닌 실제 임차인이라면

> 이들은 부부관계로 각각 임대차계약서를 작성하였으나 실제로는 동일한 주택에 살고 있기 때문에 임차인 본인과 가족, 즉 두 사람은 한 사람으로 보아야 하고 이들의 합산 금액으로 소액보증금에 해당하는지 여부를 판단한다. 하지만 두 사람 모두 대항력이 없다.

이 금액이 자신들의 전 재산일 수도 있기 때문에 이들의 명도는 쉽지 않을 것이라는 생각이 들었고, 아마도 두 번이나 유찰된 이유는 이 임차인들 때문일 것이라는 생각이 들었다.

두 번째 문제점은 임차인 이○○씨는 말소지권리인 프랜스의 저당권 설정일보다 늦은 후순위 임차인으로 낙찰자에게 대항할 수 있다는 점이다. 이○○씨의 보증금액은 2,800만 원인데, 그 중 1,600만 원을 배당받는다(주택임

대차보호법에 의해서 소액임차인에 대한 최우선변제권에 의해서) 나머지 미배당금액인 1,200만 원은 낙찰자가 인수할 금액이다. 이ㅇㅇ씨는 약간의 이사비용 한도에서 1:1 협상 방법으로 명도하기로 하고 1,200만 원은 나중에 새로운 세입자의 전세금으로 대체하기로 계획했다.

이 물건의 두 가지 문제점 모두 낙찰 금액에서 배당받지 못하는 미배당 금액에 따른 명도가 문제될 것을 예측할 수 있다. 사실 명도는 초보자나 고수 모두 가장 고민되는 문제 중 하나이다. 낙찰받은 뒤에 투자 수익을 높이려면 그 물건을 빨리 팔거나 최대한 빠른 시간에 세입자를 구해야 한다. 하지만 기존에 살고 있는 이ㅇㅇ씨나 박ㅇㅇ씨가 집을 비워주지 않고 버틴다면 소송까지 진행하게 되고 그 기간만큼 재산으로 효력을 발휘할 수 없기 때문이다.

문제는 이 임차인들의 입장에서 생각하면 굳이 자신들이 살고 있는 주택을 일찍 비워야 할 필요가 없다는 점이다. 특히 박ㅇㅇ씨는 이러나저러나 받아나갈 돈도 없는 입장이니 계속 집을 떠나지 않으려하는 것은 내가 박ㅇㅇ씨 입장이라도 같은 생각일 것이다.

이런 임차인이 집을 비우게 하기 위해서는 만나서 이사비용을 협상해야 한다. 대개 조금 감안을 하지만, 요구가 너무 터무니없다면 인도명령을 신청할 수밖에 없다.

경매에서 세입자에게 주는 이사비용은 일반적으로 명도소송 비용 정도로 책정하는 것이 관례처럼 되어버렸다. 명도소송 진행하느니 그 돈을 주고 일찍 집을 비워달라는 것이다.

그런데도 협상이 이루어지지 않고 명도에 실패한다면, 즉 '나는 죽어도 못 나간다'고 한다면 인도명령을 통해 강제집행 방법이 최선이란 말인가?

'그렇다면 이 임차인들의 이사비용은 어느 정도로 주어야 할까?'

'배당금을 한 푼도 받지 못하는 이ㅇㅇ씨와 나머지 세입자의 이사비용을 다르게 책정해야 할까?'

고민하다가 이 교수님을 찾아뵙고 도움을 요청하기로 했다.

"안녕하세요? 교수님. 다세대주택을 입찰받으려고 하는데요. 도움이 필요해서요."

이 교수님께 경매정보지를 보여주면서 주절주절 이 물건에 대해서 말씀드렸다.

"배당표는 작성해보았나요?"

"네."

"보아하니 명도가 문제가 되겠군요."

"배당표를 작성해본 결과 배당금이 한 푼도 받지 못하는 세입자가 있어서 저도 그렇게 생각했습니다."

"명도는 꼭 하자가 있는 물건이라고 오래 걸리고 애를 먹는 것도 아니고 하자가 없는 물건이라고 빨리 끝나고 애를 먹지 않는 것도 아닙니다. 그리고 강압적이거나 무력을 사용하거나, 언성을 높이거나, 서로 상처가 되는 욕설을 하는 등의 행동은 서로 돌이킬 수 없는 결과를 낳게 됩니다. 그런데 세입자가 꽤 많은 물건이네요."

"네. 저도 그 부분이 좀 마음에 걸려서요."

"사실 집주인이든 세입자든, 경매 때문에 찾아오는 사람에게 집의 내부를 꼼꼼히 잘 보여주고 이해관계도 잘 설명해주어 입찰자가 조금이라도 높게 낙찰되도록 하는 게 유리합니다. 집주인이든 세입자든 그래야 보증금이나 이사비용을 조금이라 더 받을 수 있으니까요. 경매 때문에 찾아간 사람에게 감정적으로 대한다면 집주인이든 세입자든 자신들에게 유익한 것은 없습니다. 그런데 실제 상황은 다릅니다. 경매 때문에 방문하면 반기는 경우는 많지 않습니다. 서로 불편한 관계라는 것은 어쩔 수 없기 때문이지요. 경우에 따라서는 집주인이 다른 사람의 명의로 저렴하게 낙찰받거나 세입자가 직접 낙찰받고자 하는 경우도 있습니다."

"세입자가 많고 특히 배당을 한 푼도 받지 못하는 세입자도 있어서 명도하기 겁이 나는데 좋은 방법이 없을까요?"

233

"이렇게 세입자가 많은 다세대주택의 경우 낙찰받은 뒤 방문해보면 모든 세입자들이 똘똘 뭉쳐 낙찰자에게 부담이 될 정도의 이사비용을 요구하고 낙찰자가 예상했던 것보다 이사기한을 길게 요구하는 경우가 많습니다. 이때 낙찰자의 불쾌한 말 한 마디에 세입자들이 격한 반응을 보일 수도 있기 때문에 조심해야 합니다. 이 물건과 같이 세입자가 많은 다세대주택 명도 시에는 특히 그렇지요.

대항력이 전혀 없는 박○○씨와 유○○씨는 명도가 쉽지 않을 것으로 예상되기 때문에 강제집행을 준비해두어야 할 것 같네요. 강제집행이라는 마지막 카드는 협상이 이루어지지 않을 경우 신속하게 집행할 수 있게 준비해야 합니다. 그래야 나중에 협상할 때도 유리합니다.

낙찰자들이 모두 순순히 명도될 것이라는 최상의 시나리오보다는 최악의 시나리오를 구상하고 경매를 진행해야 합니다. 이 경우 최악의 시나리오는 배당받는 세입자와 배당받지 못하는 세입자 모두가 단합하여 낙찰자에게 충분한 이사비용 등을 지불하기 전에는 절대로 집을 비워줄 수 없다고 대항하는 경우일 것입니다. 그래서 그런 상황을 미리 준비해두는 것이죠. 이런 경우 강제집행할 수 밖에 없기 때문에 강제집행 절차를 미리 준비해야 합니다.

그런 후 세입자들 각자의 상황을 파악해야 합니다. 일단 세입자들과 전투를 하기 위해서는 우선 대상에 대해 정확히 알고 있어야 제대로 작전을 세울 수 있습니다. 시간이 걸리더라도 가능한 만날 수 있는 가구를 모두 만나 그들의 의견을 듣고, 가구마다 처한 상황을 메모해두어야 합니다. 세입자들과 이야기를 할 때는 최대한 세입자들의 의견을 청취한다는 생각으로 무조건 들어보는 것이 좋습니다. 이야기를 듣다보면 분명 세입자 중 대표라고 생각되는 가구도 보일 것입니다. 그리고 낙찰된 뒤에 세입자들이 어떻게 할 건지, 즉 이사를 갈 것인지 아니면 계속 머물 것인지도 확인해야 합니다. 만약 계속 머문다면 임대차계약을 새로 할 것인지도 물어봐야 합니다.

세입자들의 상황을 파악했으면 첫 명도 대상을 선정해야 합니다. 한 번에 모든 세입자를 이사 보내는 것은 정말 보기드문 경우기 때문입니다. 그리고 세입자 중 대표 가구를 먼저 이사 보내면 나머지 세입자는 수월하지 않을까라는 생각은 버리고, 여러 세입자 중 열악한 환경(급박하게 이사를 해야 하거나 살고 있는 집의 상태가 열악하거나 등)에 처해 있다거나 가장 **빨리** 이사를 원하는 가구를 선정해 두어야 합니다."

"교수님, 가장 문제되는 대표 가구(여기서는 배당을 한 푼도 받지 못하는 박○○씨와 그의 처 유○○씨)를 먼저 이사 보내는 것이 더 수월하지 않나요?"

"물론 많은 사람들이 그렇게 생각할 수 있습니다. 하지만 저는 다르게 생각합니다. 명도하기 가장 어려운 경우 중 한 가지 유형이 여러 세입자들이 똘똘 뭉쳐 있는 경우입니다. 이 경우는 명도하기가 쉽지 않습니다. 그래서 뭉쳐 있는 세입자를 와해시키거나 서로 싸움을 붙여서라도 분리시켜야 명도가 수월해질 수 있습니다.

이때 사용할 수 있는 방법이 이사비용의 차등 지급 방법입니다. 모든 세입자에게 동일한 금액의 이사비용을 주는 것이 아니라 보증금이 많은 가구와 적은 가구, 배당을 모두 받는 가구와 적게 받거나 아예 받지 못하는 가구 등으로 나눠야 합니다.

그런 후 세입자들이 이사비용을 얼마나 받기를 원하는지 물으면 사전에 입을 맞춘 금액을 제시할 것입니다. 명도에 있어서 가장 중요한 것은 우선 상대에 대해서 충분히 파악한 후 상대에 따라 강약을 조절하는 것입니다."

"강약은 어떻게 조절하나요?"

"명도는 점유하고 있는 세입자를 강제로 끌어내는 것이 아닙니다. 이들과 적절히 협상을 볼 수 있어야 합니다. 협상 카드는 누가 뭐라 그래도 돈입니다. 물론 아무런 하자가 없고 세입자를 잘 만나면 그야말로 무혈입성하는 것이죠.

이 경매 물건과 같이 여러 명의 세입자가 있는 경우 사정이 가장 급한 가구나 먼저 이사를 원하는 가구 또는 가장 강력한 영향력 있는 세입자를 선정하여 이사시킨 후 이 세입자의 동의를 얻어 가짜 영수증(먼저 이사하는 조건으로 실제 이사비용으로 200만 원을 주었다면 100만 원을 준 것으로 영수증을 만듭니다. 그리고 다른 세입자와 이사비용 협상 시 이 영수증을 활용하는 것이다)을 만들어 두 번째 세입자부터 이사비용을 조율할 때 협상 카드로 사용하는 방법도 좋습니다.

> 만약 똘똘 뭉쳐있는 세입자를 흩어지지 못하게 했다면 가짜 영수증은 오히려 역효과를 불러올 수도 있습니다.

하지만 세입자 장○○, 김순○, 김희○, 문○○씨는 자신들의 보증금 전액을 받기 때문에 이들에게 명도확인서를 받고 우선 명도하면 될 것이고요. 이들은 자신의 보증금 전액을 배당받기 때문에 이사비용을 주지 않고도 명도할 수 있겠네요. 그리고 일부 배당 받는 이○○씨는 100만 원 정도를 이사비용으로 협상하여 명도확인서를 받고 명도 완료하면 될 것이고요.

일부 배당받는 이○○씨, 한 푼도 배당 받지 못하는 박○○씨와 그의 처 유○○씨 모두 돈을 많이 주면 아주 손쉽게 끝낼 수 있습니다. 특히 박○○씨와 유○○씨는 분명 그들이 생각하는 금액과 차이가 클 것입니다. 그래서 낙찰받게 되면 이들과의 전쟁이 시작되는 것입니다. 이때 가장 중요한 것이 협상 능력입니다. 협상을 어떻게 하느냐에 따라서 수익의 차이가 발생하고 낙찰 포기하는 사태가 발생하기도 합니다.

협상할 때 임차인의 생각을 충분히 들어주면서, 입장 차이가 좁혀지지 않아 협상이 결렬된 경우 법적 절차를 진행하여 강제집행할 수밖에 없다는 것을 간접적으로 피력할 수 있어야 합니다. 무조건 처음부터 끝까지 임차인의 입장만 들어준다고 해결되는 경우는 많지 않기 때문이죠. 우선 강제집행을 고려해야 될 것 같습니다."

교수님의 말씀대로 우선 낙찰자들의 생각을 들어보기로 했다. 예상했던 대로 전액 배당받는 임차인들은 명도확인서를 받고 별도의 이사비용 없이도 해결할 수 있었다. 그래서 가짜 영수증을 만들어 사용할 필요는 없었다. 문제는 박○○씨와 그의 처 유○○씨였다.

"(박○○씨와 유○○씨) 저희가 전세금이 전 재산인데 전세금을 날리는 상황이어서 1년, 아니 6개월 정도만이라도 이 집에서 더 살 수 있도록 해주시면 고맙겠습니다."

"(나) 임대차계약 시 잘 보고 하셨어야 하는데, 많이 힘드시겠어요. 그런데 어떡하죠? 상황이 어려우신 것 같은데, 사실 경매는 저 혼자 진행한 것이 아니라 여러 명이 함께 투자해서 진행하는 처지라 쉽지 않을 것 같네요. 함께 일하시는 분들이 이 물건에 대해서는 100만 원 정도의 이사비용을 생각하고 있거든요. 일단은 제가 함께 일하는 분들에게 여쭈어 보겠습니다."

"(박○○씨와 유○○씨) 정 그러시다면 월세라도 얻을 수 있게 1천만 원 정도만 생각해주세요. 그러면 월세 방이라도 알아보겠습니다."

"(나) 지금까지 그런 경우가 없어서요. 일단 함께 일하는 분들에게 여쭈어 보겠습니다(최대한 상대의 감정을 상하지 않게 하면서 입장을 피력해야 한다. 감정적으로 격해지면 절대로 안 된다). 참, 그리고 혹시라도 오해하시지 말라고 말씀드리는데요. 함께 일하시는 분들 중에 법무사하시는 분이 계시는데요. 그분은 낙찰된 물건에 대해서는 바로 인도명령 신청과 함께 강제집행을 진행하거든요. 일단 제가 가서 임차인님과 잘 이야기해보겠다고는 했는데 혹시나 드리는 말씀이니 오해하지는 마세요."

사실 입장 차이를 쉽게 좁힐 수 없을 것이라는 생각이 들었다. 우선 인도명령을 신청한 상태로 강제집행을 진행하기로 했다. 그리고 임차인 박○○씨와 유○○씨에게 전화를 걸어 사정을 이야기했다.

"(나) 안녕하세요? 일전에 찾아뵙던 아무개인데요."

"(박○○씨와 유○○씨) 네. 안녕하세요?"

"(나) 제가 분명히 임차인들을 뵙고 말씀드려본 후 잘 이야기를 해본다고 했는데, 벌써 인도명령을 진행한 상태라서요. 분명 함께 일하시는 분들에게 미리 진행하지 말라고 부탁도 했는데… 어떡하죠?"

"(박○○씨와 유○○씨) 정말 그 사람들 너무하는 것 아닌가요?"

"(나) 미안합니다. 저는 분명히 좋으신 분들이라 말씀드려본다고 했는데 이렇게 되었네요."

"(박○○씨와 유○○씨) (뚜뚜뚜)…"

이제 임차인의 선택만 남았다. 그 이후 다행히 200만 원에 합의하기로 하고 명도확인서를 받고 무사히 명도를 마칠 수 있었다. 만약 이 임차인과 합의가 이루어지지 않았다면 바로 강제집행의 수순대로 진행했을 것이다. 이 임차인의 선택 유무와 무관하게 강제집행에 따른 법적절차 준비는 끝난 상태였다. 이 인근 지역에서 공인중개사 사무실을 운영하시는 친구 아버님의 도움으로 세를 놓는 데는 큰 어려움이 없었다.

Chapter 12

리얼리티 경매
낙찰 사례 2

경매 물건의 위험요소는 현장 속에 많이 있다.
유치권이 설정되어 있다고 무조건 유치권에 겁먹을 필요 없다.
낙찰 잔금 대출은 우선하는 금융기관과 함께하고, 차선책도 마련해두어라.

잘 아는 지역의 다가구주택을 살펴보던 중이었는데 잘 아는 지역이라 그런지 물건이 있는 지역을 보는 순간 마치 내 머릿속에 내비게이션이 있는 듯했다.

잘 아는 지역의 경매 물건을 검색할 때는 '바로 이런 장점이 있구나'라는 생각을 하는 도중 쌍문역에서 아주 가까운 곳에 위치한 물건이 시야에 들어왔다. 물건의 지적도를 살펴보니 쌍문역에서 아주 가깝다. 사실 굳이 지적도를 보지 않아도 될 정도로 그 지역에 대해서 잘 알고 있었다. 역시 이 물건은 역세권이라는 점이 큰 매력이었다.

다음 물건이 그 부동산이다.

주소 감정가 내역	면적(단위:㎡)	경매가 진행내역	임차내역	등기부상의 권리관계
서울 도봉구 ○○동 ○○번지 〈감정평가내역〉 – 벽조슬래브 – 제일시장남서측 인근 – 차량출입가능 – 인근에 　노선버스정류장, 　전철역이 소재 – 도시가스개별난방 – 제시외건물포함	대지 142㎡ (42.955평) 건물 ·1층 85.02㎡ (25.718평) ·2층 85.02㎡ (25.718평) ·지층 85.02㎡ (25.718평) ·제시외건물 ·옥탑주거 16㎡(4.84평)	최초가 243,663,000 최저가 155,944,000 (64%) 유찰 08 03 14 유찰 08 04 11 낙찰 08 05 16 　201,220,000 　(71.5%) – 응찰자수 : 10명 – 낙찰자명 : 김○○ ※이○○로부터 시설공사대금 19,000,0000원, 김○○로부터 노후시설 수리비용 공사대금 20,000,000원 유치권 신고되어 있으나 성립 여부 불분명	강○○ 전입 04.12.23 확정 04.12.11 배당 07.06.03 3,000만/지층방2 박○○ 전입 05.03.31 확정 05.05.16 배당 07.06.15 4,000만/1층전부방2 김○○ 전입 06.05.29 확정 06.05.16 배당 07.06.12 3,500만/1층전부방2 이○○ 전입 06.10.22 확정 06.07.06 배당 07.06.14 2,500만/지층방2	저당권 목2동(새) 　2006.04.07 　6,500만 가압류 우리카드 　2006.10.14 　825만 압류 도봉구 　2006.12.10 가압류 국민은행(카) 　2006.10.28 　1,200만 압류 국민건강보험 　2007.09.22 임의 목2동(새) 　2007.10.08 　청구:45,000,000 압류 도봉세무서 　2007.10.20

우선 대지 면적이 크다는 점이 마음에 들었다. 물론 대지 면적 142㎡(①) 그 자체로 놓고 보면 큰 것은 아니지만 일전에 낙찰받은 광진구 다세대 주택

면적(단위:㎡)	면적(단위:㎡)
대지 112㎡ (33.88평) 건물 ·1층 67.6㎡ (20.449평) ·2층 60.5㎡ (18.301평) ·지층 67.6㎡ (20.449평) ·옥탑 10.5㎡(3.176평) ·제시외 샷시, 샷시판넬 (옥탑소재)	대지 142㎡ (42.955평) 건물 ·1층 85.02㎡ (25.718평) ·2층 85.02㎡ (25.718평) ·지층 85.02㎡ (25.718평) ·제시외건물 ·옥탑주거 16㎡(4.84평)

❶

• 광진구, 도봉구의 다가구주택 면적란

과 비교해보면 대지 면적에서 약 33㎡(10평) 정도 차이가 발생했다. 다세대 주택에서 대지 면적 10평은 큰 의미(차후 건물을 철거하고 새로 건물을 신축할 경우 대지 면적에 따라서 지을 수 있는 건평이 달라지기 때문이다)를 가지며, 그만큼 투자 매력이 높다.

이 다세대주택의 최초가는 243,663,000원인데, 두 번의 유찰로 64%인 155,994,000원까지 떨어진 상태였다. 이전에 낙찰받은 광진구 다가구 물건과 유사한 물건이다. 180,000,000원에 입찰하려다 이 교수님이 항상 말씀하셨던 '입찰가격의 자투리'가 생각나서 2만 2천 원을 더해 180,022,000원에 입찰하기로 했다.

실제로 경매장에 나가면 만 원 단위, 천 원 단위 차이로 차순위자(2등)의 입찰 예상가격을 항상 염두에 두고 입찰가격을 작성하는 것이 최선의 입찰가 결정 방법이다. 잠시 후 법정 안에서 입찰 결과가 발표되었다. 내가 낙찰자였다. 차순위자는 180,000,000원에 입찰하였고, 불과 22,000원 차이로 낙찰된 것이다. 입찰 가격을 작성할 때 분위기에 관계없이 소신껏 입찰했고, 거기에 입찰가격의 자투리 작성 원칙만 지켰을 뿐이다.

이 물건을 낙찰받기까지의 과정은 이렇다. 이 물건은 부동산상 이해관계에 있는 임차인들이 상당히 많은 물건이다. 우선 목2동 새마을금고(❶)에서 설정된 저당권이 말소기준권리(❶)고, 이 권리를 기점으로 등기부상의, 부동산상의(임차내역) 권리분석을 해보았다.

우선 등기부상의 권리관계에서 새마을금고의 실제 근저당설정 금액은 6천 5백만 원(❷)이지만 실제 청구 채권액은 4천 5백만 원(❸)으로 설정되어 있고, 낙찰 이후 이 설정은 모두 소멸(말소)되기 때문에 아무런 문제가 없었다.

하지만 경매는 등기부상의 권리관계 파악은 신중하고 꼼꼼히 해야 한다. 작은 실수는 곧바로 금전적 손실과 연결되기 때문에 수익률이 높은 줄 알면서도 막상 입찰하려면 혹시 내가 잘 모르고 있는 것이 있지 않나 생각되어 입찰을 포기하여 기회를 놓친 것이 한두 번이 아니었기 때문이다.

등기부상의 권리관계	
저당권 목2동(새) 2006.04.07	❶
6,500만	❷
소유권 박선O 2006.04.30 전 소유자:박현O	
가압류 우리카드 2006.10.14 825만	
압류 도봉구 2006.12.10	
가압류 국민은행(카) 2006.10.28 1,200만	
압류 국민건강보험 2007.09.22	
임의 목2동(새) 2007.10.08 청구:45,000,000	❸
압류 도봉세무서 2007.10.20	

부동산상의 권리관계를 따져보았다. 부동산상의 권리관계는 임차인이 문제인데, 말소기준권리와 임차인의 전입신고일 관계를 따져보았다. 말소기준권리보다 먼저 전입신고되어 있다면 낙찰자에게 대항할 수 있는 임차인으로 낙찰자가 인수(임차인의 보증금을 전액 지불해야 한다)해야 한다. 전입신고일을 비교한 결과 강○○씨와 박○○씨가 말소기준권리보다 빠르기 때문에 대항력이 있고 김○○씨와 이○○씨는 말소기준권리보다 늦기 때문에 낙찰받더라도 소멸로 인해 낙찰자에게 대항할 수 없는 임차인들이기 때문에 전혀 부담되지 않았다.

대항력이 없는 임차인(김○○씨와 이○○씨)은 배당순위에 따라 자신의 보증금을 받지 못하는 경우가 발생할 수 있다. 이런 경우 쉽게 집을 비워주지 않을 것이고 결국 명도 시 애를 먹을 수 있다.

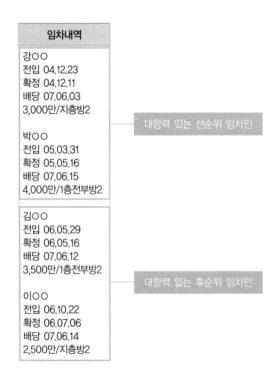

임차내역	
강○○ 전입 04.12.23 확정 04.12.11 배당 07.06.03 3,000만/지층방2	대항력 있는 선순위 임차인
박○○ 전입 05.03.31 확정 05.05.16 배당 07.06.15 4,000만/1층전부방2	
김○○ 전입 06.05.29 확정 06.05.16 배당 07.06.12 3,500만/1층전부방2	대항력 없는 후순위 임차인
이○○ 전입 06.10.22 확정 06.07.06 배당 07.06.14 2,500만/지층방2	

확실하게 짚고 넘어가기 위해서 동사무소를 방문하여 전입세대열람 내역을 확인했고, 관할 법원 사이트에서 사건번호로 매각물건명세서를 확인해보

았다. 전입세대열람 내역은 경매지의 내용과 일치했고(만약 전입세대열람 내역 결과 새로운 임차인이 나타난다면 재검토는 물론 입찰 포기까지 고려해야 낭패를 보지 않는다), 최초 근저당권자인 목2동 새마을금고의 근저당 설정일자인 2006년 4월 7일보다 앞선 가등기나 가처분 등이 없었다. 하지만 근저당 설정일자보다 앞선 임차인의 전입일자가 두 명 발견되었고, 이들의 배당요구일자도 확인했다. 배당요구종기보다 앞선 두 명의 임차인의 보증금을 모두 인수(하지만 낙찰받은 금액에서 모두 배당받기 때문에 위험요소는 아니다)해야 하는 상황이다. 하지만 대항력 있는 강ㅇㅇ씨와 박ㅇㅇ씨는 배당요구를 신청했기 때문에 법원에서 배당받게 된다. 결국 이들은 명도할 것도 없다.

정보지에 표기된 권리관계와 매각물건명세서를 확인한 결과 이 경매부동산은 낙찰받더라도 별 문제가 없어 보였고 정확한 수익률을 산출하기 위해 배당표를 작성해보기로 하였다.

배당순위	배당자	배당금액	비고
1	강ㅇㅇ, 박ㅇㅇ, 김ㅇㅇ, 이ㅇㅇ	각 1,600만 원	최우선변제자
2	강ㅇㅇ	1,400만 원	우선변제자
3	박ㅇㅇ	2,400만 원	우선변제자
4	목2동 새마을금고	4,500만 원	우선변제자
5	김ㅇㅇ	1,900만 원	우선변제자
6	이ㅇㅇ	900만 원	우선변제자
합계		1억 7,500만 원	우선변제자

그런데 배당표 작성 결과 걱정했던 대항력 없는 후순위 임차인(김ㅇㅇ씨와 이ㅇㅇ씨)들도 자신의 보증금을 전액 배당받을 수 있었다. 모든 임차인들이 모두 배당받기 때문에 명도에도 아무런 문제가 발생하지 않을 것으로 판단되었다. 그러면 무혈입성(임차인들이 모두 자신들의 보증금을 100% 배당받기 때문에 명도의 수월함으로 손쉽게 완전한 소유권을 취득할 수 있다)할 부동산인데, 한 번도 아니고 두 번씩이나 유찰된 것은 이해할 수 없었다. 무혈입성할 수 있는 경매부동산이라고 판단되는데 왜 유찰되었을까? 그 이유는 경매지

의 '경매가 진행내역란'에서 찾을 수 있었다. 유치권이 2건이나 설정되었다. 유치권 설정 금액도 3천 9백만 원이 설정되어 있었다.

입찰해야 하는지 고민이 시작되었다. 고민의 핵심은 유치권이었다. 일반적으로 유치권은 경매의 꽃이라고 할 수 있을 정도로 잘만하면 수익성이 높은 물건이다. 하지만 등기부등본상에 드러나지 않으면서 배당순위에서 0순위로 경매비용과 함께 유익비에 해당하기 때문에 유치권이 적법하다고 인정되면 낙찰자가 무조건 인수해야하는 권리이다. 유치권은 사설 정보지에는 대부분 표시되어 있지만 등기부등본상에는 전혀 기록되지 않는다는 점이 문제가 될 수 있다. 등기부등본상의 권리관계만 살펴보고 미처 유치권을 설정되어 있는 상태를 모르고 낙찰받게 되면 꼼짝없이 낙찰자가 유치권에 신고된 금액을 인수해야 하는 경우가 발생할 수 있다.

하지만 유치권이 성립되기 위해서는 정당한 권리(유치권이 성립되기 위한 조건들을 만족시켰을 때)를 행사할 때이고, 실제 경매에서는 허위로 만들어진 유치권인 경우가 더 많다. 일반적으로 시공업자가 건물을 짓다가 업주의 부도로 공사대금을 받지 못했을 경우, 세입자가 집주인의 동의하에 건물을 개·보수하여 건물의 가치가 상승했을 때 그 권리(유치권)를 주장할 수 있다.

유치권 내용이 이 부동산의 등기부등본에 전혀 표기되지 않기 때문에 낙찰자가 미처 확인하지 못하면 큰 실수를 할 수 있다.

이 물건에서는 유치권에 설정된 3천 9백만 원을 놓고 실익을 따져보기로 했다. 이 물건에 입찰 참여를 희망하는 입찰자들은 이 부동산의 현재 가치를 감정가대로 인정하더라도, 신고된 유치권만큼 더 추가로 유찰되기를 기다릴 것이다. 아마도 두 번 유찰된 이유도 유치권 때문이란 생각이 들었다.

만약 유치권 성립이 된다면 낙찰자는 감정가격을 훨씬 웃도는 가격으로 건물을 매입해야만 한다. 만약 입찰 투자금액의 합계가 2억 원이라면, 유치권 신고액(3천 9백만 원)으로 인해 1억 6,100만 원이 입찰할 수 있는 입찰 가능 금액이 된다는 뜻이다. 하지만 설상 유치권이 성립되더라도 유치권자가 채권을 회수하기 이전에는 부동산을 계속 점유할 수는 있지만, 낙찰자가 채무를 변제할 의무가 있는 것은 아니다.

이 물건에 설정된 유치권을 잘 해결할 수 있다면, 하자 없는 물건을 낙찰받을 때보다 큰 수익이 발생하게 된다. 잘하면 이 물건이 좋은 기회가 될 수 있다고 판단이 되었다. 하지만 유치권으로 신고된 채권이 진실한 것이라고 법원에서 인정된다면, 유치권자인 이○○씨와 박○○씨는 채권에 대한 완전한 변제를 받을 때까지 부동산을 점유할 수 있기 때문에 이럴 경우 막대한 금전적 손실이 발생할 수 있었다. 이 유치권이 해결되지 않고서는 낙찰을 받았다 하더라도 사실상 재산권 행사를 할 수 없기 때문에 낙찰을 포기하거나 유치권으로 신고된 금액(3천 9백만 원)이 추가로 발생할 수 있었다.

법원 감정평가서를 확인한 결과 유치권을 신고했다고 하지만 신고 물건이 감정평가서에 기재되어 있지 않았다(감정평가액은 유치권 설정 금액이 포함되지 않은 상태로 감정평가되었다는 의미이다). 법원 감정평가서에 기재되어 있지 않다면 명도소송에서 낙찰자가 승소할 확률이 상당히 높다. 유치권으로 신고된 금액(3천 9백만 원)은 다세대에서는 상당히 큰 금액인데도 불구하고 그 금액이 감정평가서에 포함되지 않은 상태로 산정된 것으로 추측할 수 있었다.

"경매 물건의 위험요소는 현장 속에 많이 있다"라는 경매격언이 머리를 스쳐 지나갔다.

유치권의 사실여부를 확인하기 위해서 현장을 방문하기로 했다. 이 물건이 역세권이라서 주변 환경을 알아둘 겸 일부러 전철을 타고 방문하기로 했다. 전철역 입구에서 경매부동산이 있는 곳까지는 도보로 10분 정도고 그 주변도 재래시장과 초등학교가 위치하고 있어 전·월세가 신속하게 진행될 요소가 많이 발견되었다.

인터넷으로 부동산 시세는 파악했지만 인터넷에 올라온 거래 가격은 믿을 수 없기 때문에 인근 공인중개사 두 곳을 들려 전·월세가격과 매매가격을 확인했다. 전·월세가격은 물론 매매가격은 현재 임차인들의 임차보증금과 많은 차이가 있었고 매매가격도 2억 7천~2억 8천만 원에 거래가 이루어지고 있었다. 만약 유치권이 성립되어 추가 비용이 발생하더라도 일반 매매가격에도 미치지 못하는 금액이다.

경매로 나온 주택에 도착해서 물건을 보는 순간 심장이 뛰는 것을 느꼈고, 크게 심호흡을 했지만 좀처럼 마음이 진정되지 않았다. 우선 건물의 외관 상태를 보니 상태는 양호했고, 옥탑으로 올라가서 주위를 둘러보니 대체적으로 깨끗해보였으며, 인접 도로와 진입 도로도 충분해보였다.

우선 집주인이 있는 2층을 먼저 방문하기로 했다. 경매 물건을 방문해서 살고 있는 사람을 만난다는 것은 사실 심적 부담이 크다. 이번이 처음 경매 물건을 방문한 것도 아닌데 사라지지 않았다. 초인종을 누를 때마다 '사람이 없었으면 좋겠다' 생각을 하기도 했다. 수차례 초인종을 눌러봐도 전혀 인기척이 없었다. 안도와 아쉬움이 교차되는 긴 한숨을 쉬었다.

집주인이든 세입자든지 간에 아무도 없다면, 처음 만나야 한다는 부담이 없어지기 때문이다. 하지만 얻을 수 있는 것이 아무것도 없다. 때로는 바퀴벌레 보듯이 멸시를 당하거나 다른 사람 등쳐먹는 악덕 사채업자 보듯 보는 경우도 많다. 그래도 어찌하겠는가? 이런 과정도 거치지 않고 돈을 벌 수 있는 방법도 있겠지만 혹시라도 발생할 수 있는 위험요소를 알 수 있다면 이 정도는 극복해야 해야 되지 않겠는가?

보증금을 전액 배당받는 1층 세입자인 박○○를 만나보기로 했다. 여기까지 왔으면 최대한 많은 정보를 얻어가야 하지 않겠는가? 박○○씨는 집주인과 별로 사이가 좋아 보이지 않았다. 잘만 구슬리면 생각보다 많은 정보들을 얻을 수 있을 것이라는 생각이 들었다.

우선 건물 상태에서 물어보았다. 물이 새거나 벽이 갈라진 부분의 보수도 없었고 그 외 보일러나 배관 등에도 전혀 문제가 없다고 했다. 방범창 설치한 것 외에는 살면서 공사라고는 한 적이 없다고 했다. 그리고 유치권에 관한 결정적인 이야기를 들을 수 있었다. 세입자 겸 유치권자인 1층 김○○는 집주인의 후배이고, 지하층 이○○씨는 집주인 여동생의 친인척 관계라는 것이다.

그렇다면 시설 공사대금과 노후 시설 수리비용 및 베란다 공사대금은 사실 무근이라는 것을 알 수 있었다. 이 물건에 신고된 유치권은 허위일 가능성이 매우 높다는 것을 직감할 수 있었다. 그리고 1층과 지하층의 유치권은 집주인 동의하에 이루어졌는데, 1층의 세입자 말대로라면 3천 9백만 원이라는 비용이 소요될 만큼 수리나 특별한 개·보수가 있을 만한 물건은 아니라는 판단이 들었다.

또한 며칠 전에 나 말고 몇 사람이 더 이 물건에 대해서 물어보고 갔다는 이야기도 들을 수 있었다. 나 말고도 다른 몇 사람이 이런 사실을 알고 있다면 단독 낙찰의 희망은 버리고, 입찰가격을 정할 때 참고자료로 사용하기로 했다.

이 상태로 본다면 이 물건에 신고된 유치권은 분명 성립하지 못하고 허위라는 확증이 들었다. 만약 유치권자들이 계속 유치권을 주장한다면, 그들은 유치권이 사실이라는 것을 입증할만한 근거 자료가 있어야 한다. 수리비용, 공사 담당자가 누구인지, 또한 공사업체와 오고간 공사대금 내역 등의 증빙 서류가 첨부되어야 한다. 하지만 1층 세입자 박○○에게 들은 이야기를 근거로 한다면 분명 유치권은 허위라고 판단했다.

낙찰 후 잔금을 지불하기 전에 유치권이 설정된 김○○에게 전화를 했다.

"안녕하세요? 김○○씨 맞으시죠. 저는 아무개인데요."

"네. 그런데 유치권이 설정되어 있는데 왜 낙찰을 받았어요? 저는 이사갈 준비도 전혀 안 돼 있고, 유치권 비용을 받기 전까지는 이사갈 수 없습니다."

"집주인과 친구시고 공사하지도 않았는데, 공사대금이 유치권 신고되어 있어서요."

"(더듬거리며) 누가 그래요. 공사하지 않았다고? 제 친구가 그러던가요?"

"(친구 관계라는 것을 스스로 실토한 셈이다) 만약 허위 유치권을 신고하면 형사 책임을 져야 하는 것은 알고 계시죠? 계속 이러시면 저는 민·형사상 법대로 진행할 수밖에 없습니다. 너무 서운하게 생각하지 마십시오."

"(계속 더듬거리며) 뭐라고요? 법대로 한다고요?"

더 이상 통화하지 않고 전화를 끊어버렸다(이런 경우 짧게 통화하는 것이 바람직하다).

이○○씨 역시 더듬거리기는 마찬가지였다. 길게 통화할 필요가 없었다. 유치권이 허위라는 확신이 들었다. 가능하면 유치권포기각서를 받고 싶었지만 불가능해보였다. 유치권포기각서가 있으면 은행권에서 대출이 수월하기 때문이다. 일단 유치권에 대한 문제는 없을 것으로 결론지었다. 그리고 법원에 강제집행을 신청하여 계고장을 대문에 붙였다. 그 후 김○○씨와 이○○씨로부터 이사를 가겠다고 연락이 왔다(서로가 무언가 이야기를 주고받은 것이 분명했다).

이들은 배당을 받아야 이사를 갈 수 있기 때문에 무조건 명도확인서부터 달라고 했지만(명도가 제대로 되지 않은 상태에서) 나는 명도가 이루어진 것을 보고 명도확인서를 주겠다고 했다. 이 문제로 실랑이를 하다 결론이 쉽게 나지 않았다. 결국 진행 절차를 이야기하고 명도이행합의서를 작성하기로 합의했다. 그리고 이행보증금으로 각각 100만 원에 합의했고, 명도를 무사히 마치고 난 후 이행보증금을 돌려받았다.

이 물건의 자금문제는 이렇게 해결했다. 현장 방문을 마치고 사무실로 돌아와 낙찰잔금과 수익성을 분석해보았다. 이 물건은 낙찰받더라도 잔금 대출에 문제가 있어 보였다. 왜냐하면 유치권이 설정된 경매 부동산은 제1금융권에서는 대출을 꺼리기 때문이다. 특히 제1금융권은 법원서류에 대출금액에 관계없이 유치권이 설정되어 있다는 문구만 보이면 대출승인이 나지 않는다. 단, 유치권자의 포기각서가 첨부되면 은행에 따라 승인이 나는 곳도 있다. 그래서 입찰하기 전 ○○저축은행에 문의했더니 은행권(연리 6%)보다는 고금리(연리 9%)였지만 70%까지 대출이 가능하다고 했다. 고금리이지만 대략 3개월 정도만 융통할 수 있으면 등기 이후에 은행권으로 대출 갈아타기 (대출전환)가 가능했다.

대단지 아파트는 시세 파악이 수월하지만 나홀로 아파트, 다가구·다세대 주택, 빌라의 시세 파악은 인터넷으로는 파악하기 어렵기 때문에 현장을 방문하여 인근 공인중개사를 통해서 알아봐야 한다. 이 물건은 매매를 통한 시세차익보다는 월세로 임대를 놓을 계획이었기 때문에 월세를 기준으로 수익을 분석했다. 월세로 임대를 놓았을 때, 월세 수입을 비교하여 역산하는 방법으로 접근했다. 총 투입되는 자금에 대한 연 10% 정도의 수익을 나올 것으로 판단했다(수익률은 경제 상황과 금리 등에 따라 차이가 발생할 수 있다는 점을 염두에 두어야 한다).

구분	전세가격	월세가격	매매가격
지하층	4,000만 원	1,000만 원/30만 원(월)	
1층	6,000만 원	1,000만 원/45만 원(월)	
2층	8,500만 원	8,500만 원(전세)	2억 7천~2억 8천만 원
옥탑	2,000만 원	1,000만 원/10만 원(월)	
합계	2억 원	1억 1,500만 원/85만 원(월)	

즉, 이 주택을 경매가 아닌 약 2억 8천만 원의 일반 매매가로 소유권을 취득하고, 총 보증금으로 1억 1천5백만 원이 상계된다고 가정해보면, 총 투자금액이 1억 6천5백만 원(매매가격-보증금)이 된다. 연간 월세 수입은 1,020만 원이 된다.

실제로 임대가 마무리되었을 때를 계산해보았다. 보증금 1억 1천5백만 원에 월 90만 원의 월세 수입이 확보되었다. 1억 대출에 대한 연 이자는 630만 원, 연 월세 수입은 1,080만 원이다.

내용	금액
실거래가	2억 8,000만 원
낙찰가	1억 8,022만 원
소유권이전비용	1,500만 원
도배 · 장판비용	100만 원
총 투자금액	1억 9,622만 원
보증금+월세	1억 1,500만 원 + 1,020만 원(연)/연
대출금(6%(이자율))	1억 1,200만 원 – 720만 원(연)/연
실제 투자금액	–100만 원(투자금액을 회수하고 100만 원이 남았다)
연간 수익금액	+300만 원
매매시 시세차익	83,780,000원(세전, 명도비용 제외)

원래 ○○저축은행에서 연리 9%로 잔금 대출을 약속받았는데, 잔금 기한을 불과 4일 앞두고 유치권 때문에 승인이 나질 않는다는 것이었다.

낙찰받고 아무런 문제가 없을 것 같았는데, 문제는 전혀 예기치 못한 ○○저축은행에서 발생하였다. 분명 사전에 유치권이 있는 물건이라는 것을 확인했음에도 불구하고 유치권 문제가 해결되어야 대출이 가능하다고 통보해온 것이다. 은행 담당자에게 가짜 유치권으로 판명날 것이라고 아무리 이야기해도 소용없었다.

낙찰허가는 낙찰 후 입찰기일부터 7일 후에 결정이 내려진다. 낙찰허가결정 후 3주 후 잔금지급일이 지정되었다. 잔금지급일에 낙찰잔금을 납부하면 즉시 내 명의로 소유권이전 및 말소촉탁등기를 할 수 있는데, 그것을 눈앞에 보고 낙찰잔금을 마련하지 못해 전전긍긍하다가 이 교수님에게 급히 전화를 걸어 도움을 요청했다.

"안녕하세요? 이 교수님. 잘 지내셨죠? 낙찰잔금에 관해서 급하게 도움 받을 일이 생겨서요."

주절주절 이 물건에 대해서 말씀드렸다.

"만약 잔금지급일까지 잔금을 지급하지 않으면 입찰보증금과 그 물건이 다시 재경매에 붙여지게 됩니다. 재경매(재입찰) 기일로 지정된 날의 3일 전까지 납부하면 대금 납부는 유효하고 재경매되지 않습니다. 하지만 재경매 비용과 지연이자를 추가로 납부해야 합니다. 경매부동산에 유치권 문제가 있는 경우, 특히 다세대나 다가구의 경우 아파트에 비해 더욱 대출이 어려울 수 있습니다. 만약 제2금융권에서 대출을 모두 꺼린다면 ○○캐피탈과 같은 곳에 문의해보세요."

그래서 택한 방법은 ○○캐피탈이다. 비록 한 달 정도이기는 했지만 연리 16%라는 고금리를 수업료로 지불해야만 했다. 그렇게 등기한 후 다시 주거래 은행에서 대환대출로 대출 갈아타기를 할 수 있었다. 특히 제1금융권은 담보가치와 함께 개인 신용도를 높게 평가하여 금리 차등이 발생하는 반면 제2금융권은 개인 신용도보다는 담보가치가 대출 액수와 금리를 결정하는 중요한 요소가 된다. 참고로 은행에서 주택담보로 대출을 받는다면 은행은 해당 주택에 120%의 근저당을 설정하고 제2금융권은 130%의 근저당을 설정하고 그 외 사채 등은 보통 150%의 근저당을 설정한다.

이 부동산을 임대로 하지 않고 매매로 팔아버린다면 매매차액은 5천만 원(세전: 매매에 따른 양도소득세 등 각종 세금을 공제하기 전) 정도가 발생하였다. 하지만 다가구주택이기 때문에 층별로 매매할 수가 없었다. 즉, 이 건물을 통째로 매매해야 했었다. 하지만 다가구주택을 다세대주택으로 전환한다면 각 세대별로 매매할 수 있다. 그렇다면 현재 매매차액의 수익보다 더 큰 수익을 얻을 수 있다. 문제는 그러기에는 힘에 부친다는 것이었다.

이 지역은 고도제한지역으로 건물의 층수가 4층으로 제한되어 있다. 하지만 정부에 적극적인 고도제한지역 해제를 요청하고 있는 상태이고 고도제한지역이 해제되면 지역의 노후와 낙후로 재개발 가능성 문제가 대두될 것이 분명했다. 아마도 한참의 시간이 흘러야겠지만, 만일 그렇게 된다면 우선 다가구주택에서 다세대주택으로 전환의 문제를 고민할 계획이다. 다가구주택일 경우 재개발되면 입주권이 한 세대만 나오지만, 다세대주택이라면 세대별로 입주권이 나오기 때문이다.

경매는 단순한 것 같으면서도 입찰자의 상상력에 따라서 투자가치는 상상을 초월한다. 만약 내가 이 다가구를 낙찰받은 후 시세차액만 남기로 매매하는 것이 누구나 할 수 있는 1차원적인 투자 마인드라면, 이 다가구를 다세대 주택으로 전환하여 개발 이익을 바라보면 어떨까? 역세권에 위치하기 때문에 신혼부부를 위한 원룸으로 개조하면 어떨까? 등의 생각은 2차원적인 투자 마인드라 할 수 있다. 이외에도 투자 마인드는 상상하기에 따라 다양한 투자가치를 바꿀 수 있다고 생각한다.

ⓘ Book in Book ··· **경매 포트폴리오**

1단계 : 물건 검색하기

경매 입찰자들이 아파트로 몰리면서 감정평가액 대비 90~100%에 낙찰되는 사례가 늘어나 수익성을 기대하기 힘들기 때문에 상대적으로 입찰자들이 덜 몰리는 다세대와 다가구로 방향 전환하여 검색하였다. 검색 결과 2회 유찰과 유치권이 설정되어 있고 수익성이 높게 예상되는 권리분석만 잘하고 유치권만 잘 해결하면 좋은 조건에 낙찰받을 수 있다고 판단되었다.

2단계 : 권리분석하기

❶ 말소기준권리는 누구일까?

말소기준권리인 목2동 저당권자 이후에 설정된 모든 권리관계는 모두 소멸되기 때문에 위험요소가 발생하지 않는다.

말소기준권리	목2동새마을금고 : 저당권	2006.04.07

❷ 등기부상의 권리분석과 부동산상의 권리분석하기

임차인 강○○씨와 박○○씨는 낙찰자 인수 사항이고 김○○씨와 이○○씨는 낙찰자 인수 사항이 아니다. 위험요소인 대위변제 가능성도 없어 보인다.

강○○	박○○	목2동 (새)(저당권)	김○○	이○○	임의경매신청
04.12.23 전입	05.03.31 전입	05.04.07 말소기준권리	06.05.29 전입	06.10.22 전입	06.10.28

3단계 : 배당금 분석하기

배당금을 분석하기 위해 배당표를 작성해보자. 등기부상의 권리관계에서 대항력이 있는 강○○, 박○○는 물론 말소기준권리보다 후순위인 대항력이 없는 김○○, 이○○ 모두 자신들의 보증금을 전액 배당받아갈 수 있다. 즉, 낙찰받더라도 임차인을 내보내는 명도에 있어서 문제가 없어 보인다.

252

배당순위	배당자	배당금액	비고
1	강○○, 박○○, 김○○, 이○○	각 1,600만 원	최우선변제자
2	강○○	1,400만 원	우선변제자
3	박○○	2,400만 원	우선변제자
4	목2동 새마을금고	4,500만 원	우선변제자
5	김○○	1,900만 원	우선변제자
6	이○○	900만 원	우선변제자

4단계 : 현장 방문하기

임차인 이○○씨가 1천 9백만 원, 김○○씨가 2천만 원의 유치권이 설정되어 있었다. 하지만 현장 방문 결과, 공사대금은 터무니 없었고 두 사람 모두 소유자와 친분이 있는 관계임을 알 수 있었다. 결정적으로 100% 배당받는 박○○씨의 진술로 공사가 이루어지지 않았음을 확인하였다. 하지만 이전에 몇 사람이 방문한 상태로 입찰가격을 고민해야 될 필요가 있었다.

5단계 : 수익분석 및 자금계획

이제 투자금액과 예상 수익을 산출해보자. 경매부동산을 취득하기 위하여 필요한 자금은 입찰 전에는 입찰보증금, 낙찰 후에는 경락잔금, 등기비용(취득세, 등록세), 명도비용, 보수비용(도배, 장판, 싱크대 등) 등이 들어간다. 이 부동산을 임대로 하지 않고 매매로 팔아버린다면 매매차액은 약 8천만 원 정도(세전: 매매에 따른 양도소득세 등 각종 세금을 공제하기 전)가 발생하였다.

내용	금액
실거래가	2억 8,000만 원
낙찰가	1억 8,022만 원
소유권이전비용	1,500만 원
도배 · 장판비용	100만 원
총 투자금액	1억 9,622만 원
보증금+월세	1억 1,500만 원 + 1,020만 원(연)/연
대출금(6%(이자율))	1억 1,200만 원 − 720만 원(연)/연
실제 투자금액	−100만 원(투자금액을 회수하고 100만 원이 남았다)
연간 수익금액	+300만 원
매매시 시세차익	83,780,000원(세전, 명도비용 제외)

Chapter 13

리얼리티 경매
낙찰 사례 3

선순위 세입자가 있는 경우 낙찰자가의 인수 사항을 점검하라.
선순위 임차인이 있는 경우 경락 잔금 대출이 쉽지 않다.
가장 임차인을 해결하면 큰 수익을 기대할 수 있다.

은평 뉴타운 지역에서 불과 3km 정도 떨어진 불광·응암동 일대는 재개
발 구역 지정으로 인해 경매 투자자들의 관심이 집중된 곳 중 하나다. 불광동
일부 재개발 지역에서는 입주가 시작될 무렵 그 인근 지역인 응암동 지역의
다세대와 다가구를 중심으로 물건 검색을 시작했고 몇 개의 물건을 관심 물
건으로 선별하였다.

그 중 응암역에서 5분 거리에 위치한 곳으로, 2회 유찰되어 감정가의 64%
에 매각기일이 잡혀 있는 다세대주택이 눈에 들어왔다. 이 지역은 부동산 시
세가 오르고 있는 지역인데 2번이나 유찰된 것으로 보아 무언가 문제가 있는
물건임을 짐작할 수 있었다. 이 물건을 자세히 살펴보기로 했다.

매각물건 명세서

사건	2008타경■■■ 부동산임의경매		매각물건번호		1			
작성일자	2008.12.11		담임법관(사법보좌관)		강승종			
부동산 및 감정평가액 최저매각가격의 표시	부동산표시목록 참조		최선순위 설정일자		2004.5.10			

부동산의 점유자와 점유의 권원, 점유할 수 있는 기간, 차임 또는 보증금에 관한 관계인의 진술 및 임차인이 있는 경우 배당요구 여부와 그 일자, 전입신고일자 또는 사업자등록신청일자와 확정일자의 유무와 그 일자

점유자의 성명	점유부분	정보출처 구분	점유의 권원	임대차 기간 (점유기간)	보증금	차임	전입신고일자,사업자등록신청일자	확정일자	배당요구 여부 (배당요구 일자)
김■	미상(주민 등록표등본 상:-401)	현황조사	임차인	미상	미상	미상	2004.04.10	미상	
	401호전부	권리신고	임차인	2004.4.10-20 10.4.9	6000만원		2004.4.10	2004.4.10	2008.09.12
이■	미상(주민 등록표 등 본상:-401)	현황조사	임차인	미상	미상	미상	2004.7.10	미상	

〈 비고 〉

부동산 등기부상의 권리관계를 살펴보니 말소기준권리보다 앞서는 선순위 전세권이 설정되어 있었다. 선순위 전세권은 경매로 낙찰됐다 하더라도 법원에서 직권말소를 하지 않기 때문에 낙찰자가 그대로 인수해야 한다. 그러므로 낙찰자는 전세권자에게 존속기간까지 해당 부동산에서 전세권자가 거주할 수 있게 권리를 보장해주고 전세권 존속기간이 만료된 후에는 전세금을 반환해야 하는 의무를 지게 되는 것이다. 이런 이유 때문에 경매 물건 중 전세권 등기가 선순위로 설정되어 있으면 응찰에 기피하게 되므로 유찰이 몇 차례에 걸쳐 이루어지기도 한다. 이 물건의 선순위 전세권자인 김○○ 씨의 전세권 존속기간을 살펴보니 2010년 4월 9일로 낙찰자가 인수해야 된다. 처음에는 이 물건 역시 그러한 이유로 유찰된 줄 알았다.

매각물건 명세서

사건	2008타경■■■ 부동산임의경매		매각물건번호		1			
작성일자	2008.12.11		담임법관(사법보좌관)		강승종			
부동산 및 감정평가액 최저매각가격의 표시	부동산표시목록 참조		최선순위 설정일자		2004.5.10			

부동산의 점유자와 점유의 권원, 점유할 수 있는 기간, 차임 또는 보증금에 관한 관계인의 진술 및 임차인이 있는 경우 배당요구 여부와 그 일자, 전입신고일자 또는 사업자등록신청일자와 확정일자의 유무와 그 일자

점유자의 성명	점유부분	정보출처 구분	점유의 권원	임대차 기간 (점유기간)	보증금	차임	전입신고일자,사업자등록신청일자	확정일자	배당요구 여부 (배당요구 일자)	
김■	미상(주민 등록표등본 상:-401)	현황조사	임차인	미상	미상	미상	2004.04.10	미상		
	401호전부	권리신고	임차인	2004.4.10-20 10.4.9	6000만원		2004.4.10	2004.4.10	2008.09.12	❶
이■	미상(주민 등록표 등 본상:-401)	현황조사	임차인	미상	미상	미상	2004.7.10	미상		

〈 비고 〉

255

하지만 선순위 전세권이라 하더라도 낙찰자가 인수하지 않는 경우가 있다. 바로 선순위 전세권자가 직접 경매신청을 했거나 전세권자가 법원에 별도의 배당요구를 했을 때다. 다행히 선순위 전세권자인 김○○씨가 임의경매신청(❶)한 상태이고 매각물건명세서의 내용을 살펴보니 배당요구(❷)까지 한 상태이다. 낙찰 후 인수 대상이 아니었다. 아마도 이 집에서 계속 살고 싶지 않다는 생각을 가지고 있는 듯 했다. 만약 내가 김○○씨와 같은 상황이라면 경매신청하거나 배당요구도 하지 않았을 것이다. 유리한 위치에 있는 선순위 전세권자의 지위로 직접 입찰에 참여했을 것이다.

전세권자 김○○씨가 법원에 배당요구를 하였다는 것은 법원에서 낙찰대금에서 전세금을 배당해주고 등기부등본에 기재된 전세권 등기를 말소시켜주기 때문에 김○○씨의 전세권이 선순위의 전세권이라도 인수할 필요는 없었다.

이러한 문제로 두 번이나 유찰되었을까? 진짜 문제를 판단할 수 있었다. 이○○씨(❸)도 말소기준권리보다 앞서는 선순위 임차인이다. 하지만 어떠한 이유에서인지 권리신고나 배당요구는 하지 않은 상태다. 선순위 전세권자와 임차인이 존재하는 상태에서 말소기준권리인 근저당 설정자인 국민은행은 어떻게 대출 승인을 했는지 이해할 수 없었다.

> 선순위 임차인이 권리신고와 배당요구를 하면 낙찰자가 배당순위를 따져볼 수 있고 낙찰자에게 유리한지 불리한지 알 수 있지만 권리신고를 해야 할 의무는 없다. 또한 배당 신청하여 배당금을 받고 나가거나 배당 신청하지 않고 낙찰자에게 보증금을 인수시킬 수도 있다.

매각물건 명세서

사건	2008타경■■■ 부동산임의경매			매각물건번호		1		
작성일자	2008.12.11			담임법관(사법보좌관)		강승종		
부동산 및 감정평가액 최저매각가격의 표시	부동산표시목록 참조			최선순위 설정일자		2004.5.10		

부동산의 점유자와 점유의 권원, 점유할 수 있는 기간, 차임 또는 보증금에 관한 관계인의 진술 및 임차인이 있는 경우 배당요구 여부와 그 일자, 전입신고일자 또는 사업자등록신청일자와 확정일자의 유무와 그 일자

점유자의 성명	점유부분	정보출처 구분	점유의 권원	임대차 기간 (점유기간)	보증금	차임	전입신고일 자.사업자등 록신청일자	확정일자	배당요구 여부 (배당요구 일자)	
김■	미상(주민 등록표등본 상:-401)	현황조사	임차인	미상	미상	미상	2004.04.10	미상		❷
	401호전부	권리신고	임차인	2004.4.10-20 10.4.9	6000만원		2004.4.10	2004.4.10	2008.09.12	
이■	미상(주민 등록표 등 본상:-401)	현황조사	임차인	미상	미상	미상	2004.7.10	미상		❸

〈 비고 〉

256

이 문제(선순위 임차인 이○○씨의 권리신고와 배당요구 신청을 하지 않은 이유)를 해결하지 않고서 입찰하는 것은 무리였다. '그래서 2번이나 유찰되었구나'라는 생각이 들었다. 이대로 포기하기에는 너무 아까운 물건이었고, 이 문제만 해결할 수 있다면 수익률이 매우 높은 물건임에는 분명했다. 하지만 해결하지 못한다면 이○○씨의 보증금 전액을 인수하는 것은 물론 차후 은행에서 경락잔금에 대한 대출이 어려울 수 있다.

선순위 임차인이 배당 절차에서 배당을 받으려면 '확정일자'가 존재해야 한다. 하지만, 임차인 이○○씨는 선순위 임차인이면서 확정일자가 존재하지 않는다. 따라서 임차인의 임대보증금은 배당 절차에서 배당받지 못하고 전액 낙찰자가 인수해야 한다.

'선순위 임차인'이 있고 배당을 받지 못하는 경우라면 제1금융권에서는 경락잔금대출 승인을 얻기가 매우 힘들다.

매각물건명세서와 부동산점유관계조사서의 임대차현황에 모두 '미상'으로 표기되어 있다. 이들은 분명 동사무소 주민등록전입자조사에는 전입으로 되어 있지만 이들은 모두 배당요구를 하지 않아 법원임대차현황에 '미상'으로 나타난 것이다. 이런 경우는 대개 법원집행관이 현황조사를 하러 가서 어떤 이유(대게는 부재중)로 확인하지 못한 경우이다.

만약 법원 현황조사서상에 선순위 임차인이 아예 조사가 안되어 있는 상황(즉, 누락된 상황)에서 나중에 낙찰받은 후 선순위 임차인이 나타나 보증금을 인수해야 한다면 법원에 '낙찰 무허가 신청'을 할 수 있다. 하지만 미상은 누락된 것은 아니다.

하지만 집행관이 확인하지 못했다는 것이지 임차인이 '없다'는 의미는 아니다. 그래서 법원매각기록에 기재되어 있는 것들은 단지 참고사항에 불과하며 법적 효력이 없다. 경매에서는 집행관의 조사사항이 부실해서 추후에 낙찰자가 손실을 입는 경우가 의외로 많다. 즉, 법원기록에만 전적으로 의존해서는 안 된다. 확실하게 하기 위해서 이 물건의 경매지를 출력한 후 동사무소를 방문하여 '세대별주민등록열람확인서'를 발급받아 소유자와 세입자(김○○씨, 이○○씨)들이 등록되었는지 확인한 결과 모두 세입자로 등록되어 있었다(주민등록법 시행령에 의해 경매지 등을 복사해서 해당 동사무소에 세대별주민등록열람확인서를 신청하면 이해관계인이 아니라 할지라도 전입자 사항을 확인할 수 있다).

법원	서울서부지방법원		명령회차	1 회

현황조사내역

◉ 기본정보

사건번호 : 2008타경▓▓▓▓ 부동산임의경매

조사일시 : 2008년06월26일12시20분   2008년07월02일15시20분

부동산 임대차 정보

번호	소재지	임대차관계
1	서울특별시 은평구 응암동 ▓▓▓ ▓▓ ▓▓▓	4명

사진정보 : 전경도 1건

◉ 부동산의 현황 및 점유관계 조사서

1. 부동산의 점유관계

소재지	1. 서울특별시 은평구 응암동 ▓▓▓ ▓▓ ▓▓▓	
점유관계	임차인(별지)점유	
기타	폐문부재이므로 안내장을 남겨 두고 왔으나 아무 연락도 없어 점유관계등은 알 수 없고 위 매각대상 소재지에는 소유자 아닌 전입세대주 ▓▓▓ ▓▓▓ 의 주민등록표 등본이 발급되므로 위 동인들을 임대차계란에 임차인으로 등재함.	

◉ 임대차관계조사서

1. 임차 목적물의 용도 및 임대차 계약등의 내용

[소재지] 1. 서울특별시 은평구 응암동 ▓▓▓ ▓▓ ▓▓▓

	점유인	김▓▓▓	당사자구분	임차인
1	점유부분	미상(주민등록표등본상:~401)	용도	주거
	점유기간	미상		
	보증(전세)금	미상	차임	미상
	전입일자	2004.04.10	확정일자	미상
2	점유인	이▓▓	당사자구분	임차인
	점유부분	미상(주민등록표 등본상:~401)	용도	주거
	점유기간	미상		
	보증(전세)금	미상	차임	미상
	전입일자	2004.07.10	확정일자	미상

2. 기타

위 임대차계란의 임차인들은 주민등록표등본상 각 세대주이므로 임차인으로
등재하였음.

◎ 대법원 법원경매정보

본 문서는 2008년 12월 12일 09시 기준으로 현재시점과 차이가 있을 수 있으므로 입찰전 반드시 확인후 입찰하시기 바랍니다.

등기부등본을 다시 한 번 살펴보기로 했다. 등기부등본에 선순위 세입자
들이 1순위 근저당권보다 앞서기에 1순위 근저당권이 누구인가를 다시 한
번 살펴보는 것이 급선무기 때문이다.

1순위 근저당권이 제1금융권일 수 있으나 제1금융권에서는 앞선 선순위
세입자를 한 명도 아니고 두 명에게 대출해주지 않기 때문이다. 보통 제1금
융권에서 선순위 세입자가 있다면 소유자와 친인척관계인지를 파악하고 '무

상임대차 각서' 또는 '무상임차인 확인서'를 받은 후 대출해주는 것이 관례다. 그렇기 때문에 분명 '무상임대차 각서'를 받았을 것이라 확신했다. 이 물건의 소유자가 대출받은 저당권자인 국민은행 대출 담당자에게 전화를 걸어 확인해보니 세부사항은 알려줄 수 없다고만 하고 이 주택에 큰 문제가 없으니 안심하고 낙찰받으라고만 답할 뿐이었다. 하지만 대출 담당자의 이야기만 믿고 입찰했다가 이○○씨를 인수해야 되는 불상사가 발생할 수 있었다.

이 물건의 관할법원인 서부지방법원을 방문하여 확인해보니 채권자인 국민은행이 선순위 세입자 이○○씨에 대한 '배당배제의견서(신청서)' 접수했음을 알 수 있었다. 고민했던 선순위 임차인 이○○씨에 대한 문제는 말끔히 해결되었다.

> 법원에 이○○씨에게 배당할 경우 자신들의 채권액 그만큼 적어지기 때문에 채권자인 국민은행에서 취하는 것이지 법원에서 스스로 취하지는 않는다.

만약 선순위 세입자 이○○씨가 적법한 임차인이라면 배당기일 법원에 참석하여 배당에서 제외되는 경우 구두로 '금○○○원'에 대하여 배당이의의 신청을 하고 1주일 안에 배당이의의 소장을 제출하고 배당이의의 소제기 증명원을 발급받아 경매계에 제출해야 한다.

채권자인 국민은행에서 배당배제의견서를 제출한 상태 등 여러 가지 정황으로 판단했을 때 이○○씨는 가장 임차인이 확실해 보였다. 이○○씨가 가장 임차인이라면 수익률은 그만큼 높아질 수 있었다.

소유자 겸 채무자인 이○○씨를 만났지만 굉장히 억울해하면서(진정한 임차인도 아니면서 뭐가 억울한지 잘 모르겠다) 흥분된 어조로 자신의 보증금을 받기 전에는 절대로 집을 비워줄 수 없다고 말할 뿐이었다. 오버해서 화를 내는 것은 가장 임차인들의 전형적인 특징이다(자신들에게 뭔가 불리한 것이 있기 때문이다).

하지만 아들 이○○씨는 가장 임차인이라는 확신이 있었기 때문에 1억 원에 입찰에 참여했다. 설상 진정한 임차인이어서 이○○씨의 보증금을 추가로 지불한다고 하여도 일반 매매 가격보다 약간 비싸게 매입하는 것이기 때문이다. 예상대로 입찰 참여자는 나를 포함하여 2명, 9,655만 원에 낙찰받았다.

낙찰 영수증을 가지고 다시 한 번 국민은행을 방문하여 대출 담당에게 관련 서류를 열람할 수 있도록 요청했다. 입찰 후 개찰을 기다릴 때보다 더 가슴이 두근거렸다. 왜냐하면 관련 서류를 열람한 후 낙찰보증금을 포기할 것인지, 낙찰불허가 신청을 낼 것인지, 아니면 차후 잔금을 지불할 것인지를 결정하는 순간이기 때문이다. 배당배제의견서를 제출했음을 알고 있다는 사실과 이ㅇㅇ씨는 소유자의 아들이고 무상임대차 각서를 받았다는 것을 알아낼수 있었다. 사실 내가 낙찰잔금을 치르지 않고 계속 유찰되면 채권회수금액은 그만큼 줄어들기 때문에 낙찰자인 나에게 정보를 제공해주는 것은 당연한 것이다.

이러한 정황을 모르는 상태에서는 아들 이ㅇㅇ씨가 호적상 소유자와 아들이라도 주민등록상 세대를 분리해서 사는 성인이기 때문에 임대차는 성립할수밖에 없다. 표면적으로 가장 임차인이지만 그걸 증명하는 것은 좀처럼 쉽지 않았던 것이었다. 그래서 계속 유찰되었던 것이었다.

낙찰잔금을 치르고 바로 인도명령신청을 냈고 법원의 심문기일(이 사건에서 심문기일은 법정에서 임차인 이ㅇㅇ씨와 낙찰자인 나를 함께 불러 언제 주택을 비워줄 것인지에 대한 심문하는 날짜)이 지정되었다. 선순위 세입자가 있는 상태에서 인도명령을 신청했으니 법원에서는 심문기일을 지정하는 것이 당연하다. 낙찰자는 무조건 낙찰 후 이 물건에 거주하는 임차인에게 점유를 풀어줄 것을 요청하는 인도명령 신청서를 법원에 제출해야 한다. 만약 세입자와 합의를 진행하고 있다고 하더라도 인도명령 결정난 후에 합의하는 것과 합의 없이 진행하는 것은 많은 차이가 있기 때문이다.

심문기일 전에 국민은행을 다시 한 번 찾아가 이 물건에 대한 대출서류를 모두 살펴보았다. 그 중 '무상임대차계약확인서'가 있었다. 돌밭이 황금밭으로 변하는 순간이었다. 이 무상임대차계약확인서에는 소유자와 이ㅇㅇ씨 간에 맺은 임대차계약은 없다는 내용과 함께 소유자의 자필 서명된 것이다. 대출 당시 이런 서류를 접수한 것은 소유자의 아들인 이○○씨가 작성하고 수령했다는 서류도 함께 있었다. 이제 모든 물증은 확보되었고 심문기일만 기다렸다.

법원의 심문기일 당일 소유자와 소유자 아들 이○○씨 그리고 낙찰자인 나 등 모든 이해관계인들이 모두 모였다. 소유자와 채권자들 사이에서 이러쿵 저러쿵 말들이 많았지만 나는 관련 서류를 제출하면서 선순위 세입자인 이○○씨를 궁지에 몰아 붙였다. 잠시 후 판사는 "이 사건과 관련한 결정문을 각각 송달하도록 하겠습니다. 낙찰자와 협의하도록 하는 것이 좋을 것 같습니다"라고 이야기하였다.

선순위 세입자인 이○○씨는 가장 임차인으로 판단된 상태라서 그런지 이○○씨의 태도는 침묵으로 바뀌면서 조신한 목소리로 이사비용을 요구했지만 현재 인도명령결정을 진행하는 상태고 강제집행을 할 것이니, 당장 주택을 비워달라고 짧게 이야기를 마무리했다.

명도는 일단락되었지만 문제는 예상치 못한 낙찰잔금에서 발생했다. 분명히 은행에서 낙찰잔금 확인을 하고 입찰을 하였는데 대출을 해주지 않는다는 것이다. 일전의 경험과 동일한 문제가 또 다시 발생한 것이다. 잔금 대출이 되지 않은 이유는 선순위 임차인 때문이었다. 제2금융권에서 급전을 빌려볼까도 생각했지만 처음에 입찰하기 전 국민은행에서 무상임대차 각서를 받아두었다는 것을 확인하였으므로 채권은행인 국민은행에 전화해서 각서를 대출할 은행에 팩스로 보내줄 것을 요청했다. 전화 한 통화로 간단하게 해결할 수 있었다.

관련 자료를 토대로 경매 문항을 풀어보면서 부동산 경매에 대한 감을 잡아봅니다. 문제에 대한 답안은 정보문화사 홈페이지의 통합자료실에서 다운로드 받으실 수 있습니다.

문제 1 다음 2009타경○○○○○ 사건의 물건종별은 다세대 주택으로 한 번 유찰되어 감정가의 91.25%에 낙찰된 물건이다. 다음에서 제시한 사건 관련 자료를 토대로 문항을 풀어보자.

사건의 물건 특징

2009타경 ○○○○○ 서울북부지방법원 본원 > 매각기일 : 2010.02.22 (오전 10:00) > 담당계 : 경매 6계 (☎02-3399-7326)

소재지	서울특별시 강북구 수유동 472-235, 세광골드빌라					
물건종별	다세대(빌라)	감정가	160,000,000원	\[입찰진행내용 \]		
건물면적	49.14㎡(14.865평)	최저가	(80%) 128,000,000원	구분	입찰기일	최저매각가격 결과
대지권	25.668㎡(7.765평)	보증금	(10%) 12,800,000원	1차	2010-01-18	160,000,000원 유찰
매각물건	토지·건물 일괄매각	소유자	안○○	2차	2010-02-22	128,000,000원
사건접수	2009-08-06(신법적용)	채무자	안○○	: 원		
입찰방법	기일입찰	채권자	정○ \[개명전:정○\]	(입찰:○명,낙찰:김○○)		
				매각결정기일 : 2010.02.26 - 매각허가결정		

등기부등본상의 권리관계

건물등기부		권리종류	권리자	채권최고액 (계:93,203,125)	비고	소멸여부
1	1999.11.26	소유권이전(매각)	안○○			소멸
2	2000.05.25	근저당	정부기 \[개명전:정○\]	40,000,000원	말소기준등기	소멸
3	2001.03.15	가압류	안○	30,000,000원		소멸
4	2001.06.27	압류	서울특별시동대문구		세무1과	소멸
5	2002.03.07	압류	서울특별시성북구			소멸
6	2002.07.18	가압류	월곡새마을금고	20,000,000원		소멸
7	2003.10.14	압류	서울특별시강북구		세무13410-3865	소멸
8	2004.04.23	가압류	한국자산관리공사	3,203,125원		소멸
9	2004.07.13	압류	일산구		세무과-9229	소멸
10	2006.12.22	압류	서울특별시종로구		세무2과-8635	소멸
11	2008.02.04	압류	국민건강보험공단경기 광주지사			소멸
12	2008.11.17	압류	서울특별시동대문구			소멸
13	2009.08.07	임의경매	정○ \[개명전:정○\]	청구금액: 40,000,000원	2009타경	소멸
14	2009.09.11	압류	광주시		세무과-33649	소멸

주의사항 **대항유치권신고** 있음-2010.1.14.자로 임차인 양○○ 이 유치권신고(1,670,000원)를 하였으나 성립여부 불분명

부동산상의 이해관계

임차인현황		말소기준권리:2000.05.25 배당요구종기:2009.11.04	보증금액 / 사글세 or 월세
양○○	주거용 전부	전 입 일:2000.02.07 확 정 일:2000.02.07 배당요구일:2009.09.09	보증35,000,000원

❶ 이 물건에는 유치권이 설정되어 있음에도 2차 입찰 시 15명이나 입찰하였다. 그 이유를 등기부등본과 부동산상에서 접근하여 분석해보자.

❷ 이 물건은 2000년 5월 25일 정○○씨에 의해 설정된 근저당이 말소기준권리가 된다. 임차인 양○○씨는 낙찰자에게 대항력이 있는지 판단해보자.

❸ 167만 원이 유치권으로 신고되어 있고, 유치권이 성립된다고 가정하여 예상배당표를 작성해보자.

🎌 **문제 2** 다음 2009타경○○○○○ 사건의 물건종별은 다세대 1층이고 한 번 유찰된 상태다. 이 물건의 말소기준권리는 2004년 11월 4일이고, 배당요구종기일은 2010년 1월 11일이다. 다음에서 제시한 사건 관련 자료를 토대로 문항을 풀어보자.

사건의 물건 특징

2009타경 ●●●●	인천지방법원 본원 > 매각기일 : 2010.03.09 (오전 10:00) >				담당계 : 경매 8계 (☎032-860-1608)		
소 재 지	인천광역시 남동구 만수동 89 , 신화●●● 1층 101호						
물건종별	다세대(빌라)	감 정 가	85,000,000원		[입찰진행내용] 입찰 1일전		
건물면적	44.68㎡(13.516평)	최 저 가	(70%) 59,500,000원	구분	입찰기일	최저매각가격	결과
대 지 권	19.65㎡(5.944평)	보 증 금	(10%) 5,950,000원	1차	2010-02-05	85,000,000원	유찰
매각물건	토지·건물 일괄매각	소 유 자	정●●	2차	2010-03-09	59,500,000원	
사건접수	2009-08-06(신법적용)	채 무 자	정●●				
입찰방법	기일입찰	채 권 자	배●●				

부동산상의 이해관계

임차인현황		말소기준권리:2004.11.04 배당요구종기:2010.01.11	보증금액 / 사글세 or 월세	배당예상금액	
배●●	주거용 전부	전 입 일:2003.06.30 확 정 일:2003.06.30 배당요구일:2010.01.04	보40,000,000원	소액임차인	임차인 정●●과 부부관계임

등기부등본상의 권리관계

건물등기부		권리종류	권리자	채권최고액 (계:80,861,090)	비고	소멸여부
1	2002.05.14	공유자전원지분전부이전	정●●		매매	소멸
2	2004.11.04	근저당	대우캐피탈(주)	50,000,000원	말소기준등기	소멸
3	2006.01.13	압류	남인천세무서]			소멸
4	2006.01.24	가압류	제●●	30,861,090원		소멸
5	2008.01.24	압류	인천광역시서구		세무과-1150	소멸
6	2008.05.23	압류	인천광역시남동구		세무1과	소멸
7	2009.08.07	강제경매	배●●	청구금액: 40,000,000원	2009타경	소멸

매각물건 명세서

매각물건 명세서

사건	2009타경■■■■■ 부동산강제경매	매각물건번호	1	담임법관(사법보좌관)	○○ ○
작성일자	2010.01.22	최선순위 설정일자	2004.11.04. 근저당권		
부동산 및 감정평가액 최저매각가격의 표시	부동산표시목록 참조	배당요구종기	2010.01.11		

부동산의 점유자와 점유의 권원, 점유할 수 있는 기간, 차임 또는 보증금에 관한 관계인의 진술 및 임차인이 있는 경우 배당요구 여부와 그 일자, 전입신고일자 또는 사업자등록신청일자와 확정일자의 유무와 그 일자

점유자의 성명	점유부분	정보출처 구분	점유의 권원	임대차 기간 (점유기간)	보증금	차임	전입신고일 자.사업자 등록신청일 자	확정일자	배당요구 여부 (배당요구 일자)
배■■	전부	권리신고	주거 임차인	2003.06.19.~ 2005.06.18.	40,000,000		2003.06.30.	2003.06.30.	2010.01.04
정■■		현황조사	주거 임차인				2003.06.30		

〈 비고 〉
배■■임 : 현황상 임차인 정봉환과는 부부관계임.

※ 등기된 부동산에 관한 권리 또는 가처분으로 매각허가에 의하여 그 효력이 소멸되지 아니하는 것
해당사항 없음

※ 매각허가에 의하여 설정된 것으로 보는 지상권의 개요
해당사항 없음

❶ 이 물건은 한 번 유찰된 상태다. 이 물건을 입찰하기 위해서 입찰자가 법원에 입찰봉투와 함께 제출해야 될 입찰 보증금은 얼마인지 그 금액을 작성해보자.

❷ 임차인 겸 채권자인 배○○씨와 채무자 정○○씨는 서로 부부관계다. 이때 배○○씨는 낙찰자에게 대항력이 있는지 없는지 판단해보자.

❸ 예상배당표를 작성한 후 배○○씨의 배당액이 얼마인지 계산하고 낙찰자가 인수해야 될 금액이 있는지 판단한 후 인수 금액이 있다면 그 금액을 작성해보자.

📋 문제 3 다음 2009타경○○○○○ 사건의 물건종별은 빌라 2층이고 두 번 유찰된 상태다. 이 물건의 배당요구종기일은 2009년 10월 29일이고, 전입세대열람 내역에 채무자 겸 소유자인 김○○씨의 전입일자는 2003년 3월 21일이다. 다음에서 제시한 사건 관련 자료를 토대로 문항을 풀어보자.

사건의 물건 특징

2009타경	서울남부지방법원 본원 > 매각기일 : 2010.03.09 (오전 10:00) >			담당계 : 경매 3계 (☎02-2192-1333)		

소 재 지	서울특별시 강서구 화곡동 504-164, 청솔하이츠					
물건종별	다세대(빌라)	감 정 가	225,000,000원	[입찰진행내용]		
건물면적	60.43㎡(18.28평)	최 저 가	(64%) 144,000,000원	구분	입찰기일	최저매각가격	결과
대 지 권	36.63㎡(11.081평)	보 증 금	(10%) 14,400,000원	1차	2009-12-29	225,000,000원 유찰
매각물건	토지·건물 일괄매각	소 유 자	김	2차	2010-02-02	180,000,000원 유찰
사건접수	2009-08-07(신법적용)	채 무 자	김	3차	2010-03-09	144,000,000원
입찰방법	기일입찰	채 권 자	우리은행			

등기부등본상의 권리관계

❶ 이 물건의 등기부등본 내 갑구(소유권에 관한 사항)와 을구(소유권 이외의 권리에 관한 사항)에 표기된 내용의 모든 이해관계인(업체)을 나열한 후 말소기준권리를 찾아보자.

❷ 낙찰자가 인수해야 될 이해관계인이 있는지 분석해보자.

🏠 **문제 4** 다음 2009타경○○○○○ 사건의 물건종별은 아파트고 처음 경매 물건으로 등록된 신건이다. 이 물건의 등기부등본 권리 이해관계를 보면 '에이치케이상호○○○○'이 말소기준권리(2007년 5월 28일)다. 다음에서 제시한 사건 관련 자료를 토대로 문항을 풀어보자.

사건의 물건 특징

2009타경	서울남부지방법원 본원 > 매각기일 : 2010.03.10 (오전 10:00) >			담당계 : 경매 5계 (☎02-2192-1335)		
소 재 지	서울특별시 양천구 신정동 1278, 목동삼성아파트					
물건종별	아파트	감 정 가	550,000,000원	[입찰진행내용] 입찰 1일전		
건물면적	84.77m²(25.643평)	최 저 가	(100%) 550,000,000원	구분	입찰기일	최저매각가격	결과
대 지 권	34.68m²(10.491평)	보 증 금	(10%) 55,000,000원	1차	2010-03-10	550,000,000원	
매각물건	토지·건물 일괄매각	소 유 자	김			
사건접수	2009-10-15(신법적용)	채 무 자	김			
입찰방법	기일입찰	채 권 자	에이치케이상호			

등기부등본상의 권리관계

건물등기부		권리종류	권리자	채권최고액 (계 :395,413,969)	비고	소멸여부
1	1996.11.12	소유권이전(매매)	김일			소멸
2	2007.05.28	근저당	에이치케이상호	325,000,000원	말소기준등기	소멸
3	2009.09.11	가압류	한국스탠다드차타드	70,413,969원		소멸
4	2009.10.19	임의경매	에이치케이상호	청구금액: 263,011,383원	2009타경25965	소멸

매각물건 명세서

매각물건 명세서

사건	2009타경	부동산임의경매	매각물건번호	1	담임법관(사법보좌관)	허정희
작성일자	2010.02.16		최선순위 설정일자	2007.05.26 (근저당권)		
부동산 및 감정평가액 최저매각가격의 표시	부동산표시목록 참조		배당요구종기	2009.12.29		

부동산의 점유자와 점유의 권원, 점유할 수 있는 기간, 차임 또는 보증금에 관한 관계인의 진술 및 임차인이 있는 경우 배당요구 여부와 그 일자, 전입신고일자 또는 사업자등록신청일자와 확정일자의 유무와 그 일자

점유자의 성명	점유부분	정보출처 구분	점유의 권원	임대차 기간 (점유기간)	보증금	차임	전입신고일 자, 사업자 등록신청일 자	확정일자	배당요구 여부 (배당요구 일자)
신	목적물전 부	현황조사	주거 임차인	2002	전세2억1천 만				
	전부(방3 칸)	권리신고	주거 임차인	2002.5.8 ~	210,000,000		2002.5.14	2002.5.14	2009.10.22

< 비고 >
신 : 보증금 2억1,000만원 중 3,000만원은 2006.5.8. 증액되었으며, 증액된 부분에 대한 확정일자는 2006.5.10.임

※ 등기된 부동산에 관한 권리 또는 가처분으로 매각허가에 의하여 그 효력이 소멸되지 아니하는 것
해당사항 없음

※ 매각허가에 의하여 설정된 것으로 보는 지상권의 개요
해당사항 없음

※ 비고란

❶ 매각물건 명세서의 점유자인 신○○씨의 전입일자, 확정일자 등을 확인한 후 낙찰자에게 대항력이 있는지 판단해보자.

❷ 이 물건의 예상배당표를 작성해보자.

❸ 신○○씨가 3,000만 원을 2006년 5월 8일에 증액하고 확정일자를 2006년 5월 10일에 받았다면 이 증액 금액을 낙찰자가 인수해야 하는지 판단해보자.

문제 5 다음 2009타경○○○○○ 사건의 물건 종류는 오피스텔이고 신건, 기일입찰이다. 다음 매각물건 명세서를 보면 전세권이 설정된 상태다. 다음에서 제시한 사건 관련 자료를 토대로 문항을 풀어보자.

사건의 물건 특징

2009타경	서울중앙지방법원 본원 > 매각기일 : 2010.03.11 (오전 10:00) >	담당계 : **경매 7계** (☎02-530-1819)			
소 재 지	서울특별시 중구 만리동1가 62-7, 서울역디오빌 8층 808호				
물건종별	오피스텔	감 정 가	140,000,000원	[입찰진행내용] 입찰 2일전	
건물면적	56.17㎡(16.991평)	최 저 가	(100%) 140,000,000원	구분 입찰기일 최저매각가격 결과	
대 지 권	8.39㎡(2.538평)	보 증 금	(10%) 14,000,000원	1차 2010-03-11 140,000,000원	
매각물건	토지·건물 일괄매각	소 유 자	홍		
사건접수	2009-04-10(신법적용)	채 무 자	홍		
입찰방법	기일입찰	채 권 자	이		

등기부등본상의 권리관계

	건물등기부	권리종류	권리자	채권최고액 (계 :325,750,000)	비고
1	2005.07.20	공유자전원지분전부이전	홍		매매
2	2007.10.19	전세권(전부)	이덕	130,000,000원	존속기간: ~2008.10.18
3	2008.07.02	근저당	이근	72,000,000원	말소기준등기
4	2008.07.10	근저당	안	45,000,000원	
5	2008.10.20	근저당	김성	75,000,000원	
6	2009.04.14	임의경매	이근	청구금액: 72,000,000원	2009타경
7	2009.07.23	가압류	서울신용보증재단	3,750,000원	

매각물건 명세서

매각물건 명세서					인쇄
사건	2009타경 부동산임의경매	매각물건번호	1	담임법관(사법보좌관)	
작성일자	2010.03.03	최선순위 설정일자	07.10.19.전세권		
부동산 및 감정평가액 최저매각가격의 표시	부동산표시목록 참조	배당요구종기	2009.07.17		

부동산의 점유자와 점유의 권원, 점유할 수 있는 기간, 차임 또는 보증금에 관한 관계인의 진술 및 임차인이 있는 경우 배당요구 여부와 그 일자, 전입신고일자 또는 사업자등록신청일자와 확정일자의 유무와 그 일자

점유자의 성명	점유부분	정보출처 구분	점유의 권원	임대차 기간 (점유기간)	보증금	차임	전입신고일자·사업자 등록신청일자	확정일자	배당요구 여부 (배당요구 일자)
이덕	호	현황조사	주거 임차인	2007.10.1.~2009.9.30.	1억3,000만원		미전입	전세권설정 하였음.	
	전부	권리신고	주거 임차인	2007.9.22.부터 현재까지	일억삼천만원				2009.07.16

< 비고 >

※ 등기된 부동산에 관한 권리 또는 가처분으로 매각허가에 의하여 그 효력이 소멸되지 아니하는 것
해당사항 없음

※ 매각허가에 의하여 설정된 것으로 보는 지상권의 개요
해당사항 없음

※ 비고란
갑근 으로부터 공사대금 금36,450,000원의 유치권 신고가 있으나 그 성립여부는 불분명함.

❶ 2010년 3월 3일 유치권자 김은○씨가 공사대금의 유치권신고서를 제출한 상태다. 점유자 이덕○씨는 전입신고와 확정일자를 받지 않은 상태다. 낙찰자는 이덕○씨의 전세금을 인수해야 하는지 판단해보자.

❷ 예상배당표를 작성해보자. 단 유치권은 배제한 상태로 작성한다.

문제 6 다음 2009타경○○○○○ 사건의 물건 종류는 주택이고 한 번 유찰된 물건이다. 이 물건은 법정지상권이 설정된 상태다. 다음에서 제시한 사건 관련 자료를 토대로 문항을 풀어보자.

사건의 물건 특징

2009타경 ~~~~~~ **수원지방법원 평택지원 > 매각기일 : 2010.03.29 (오전 10:00) >** 담당계 : 경매 2계 (☎031-650-3109)

소 재 지 경기도 안성시 원곡면 칠곡리 ○,외 2필지

물건종별	주택	감 정 가	900,702,000원	[입찰진행내용] 입찰 20일전		
토지면적	1652㎡(499.73평)	최 저 가	(80%) 720,562,000원	구분	입찰기일	최저매각가격 결과
건물면적	349.6㎡(105.754평)	보 증 금	(10%) 72,060,000원	1차	2010-02-22	900,702,000원 유찰
매각물건	토지·건물 일괄매각	소 유 자	강○,이	2차	2010-03-29	720,562,000원
사건접수	2009-09-02(신법적용)	채 무 자	한○			
입찰방법	기일입찰	채 권 자	스카이상호저축은행			

목록	지번	용도/구조/면적/토지이용계획		㎡당	감정가	비고
토지	1 칠곡리	대 496㎡ (150.04평)	* 도시지역,자연녹지지역,대로3류(보조간선도로저촉),중로1류(보조간선도로저촉),성장관리권역	570,000원	282,720,000원	표준지공시지가: (㎡당)145,000원
	2 칠곡리	전 859㎡ (259.847평)	위와 같음	410,000원	352,190,000원	☞표준지공시지가 (㎡당):126,000원
	3 칠곡리	전 297㎡ (89.843평)	위와 같음	470,000원	139,590,000원	* 현황 "잡종지" ☞표준지공시지가 (㎡당):126,000원
				소계	774,500,000원	
건물	1 칠곡리	1층 주택 166.5㎡(50.366평)		420,000원	69,930,000원	개별난방
	2 라멘조 슬래브	2층 주택 117㎡(35.393평)		420,000원	49,140,000원	개별난방
				소계	119,070,000원	
제시외건물	1	단층 창고 4㎡(1.21평)		100,000원	400,000원	매각포함
	2	단층 현관 4㎡(1.21평)		120,000원	480,000원	매각포함
	3	단층 현관 3㎡(0.908평)		150,000원	450,000원	매각포함
	4 칠곡리	단층 창고 1㎡(0.303평)		120,000원	120,000원	매각포함
	5 판넬조	다용도실 9㎡(2.723평)		110,000원	990,000원	매각포함
	6	창고 35.1㎡(10.618평)		120,000원	4,212,000원	매각포함
	7	다용도실 1㎡(0.303평)		120,000원	120,000원	매각포함
	8	창고 9㎡(2.723평)		40,000원	360,000원	매각포함
	9 칠곡리	단층 창고 6㎡(1.815평)		120,000원	720,000원	
	10 판넬조판넬	단층 창고 5㎡(1.513평)		70,000원	350,000원	
		제시외건물 일부 매각제외		소계	8,202,000원	
감정가	○기감정 / 가격시점 : 2009-09-08			합계	900,702,000원	일괄매각

부동산상의 이해관계

임차인현황		말소기준권리:2003.11.21 배당요구종기:2009.11.23	보증금액 / 사글세 or 월세
김 ■■	주거용 1층 일부	전 입 일:미상 확 정 일:미상 배당요구일:없음	보10,000,000원 월300,000원
엄옥 ■	주거용 2층	전 입 일:2005.07.06 확 정 일:미상 배당요구일:2009.09.18	보100,000,000원
임선 ■	주거용 1층 일부 (방2칸)	전 입 일:2004.05.28 확 정 일:미상 배당요구일:2009.09.09	보25,000,000원

등기부등본상의 권리관계

건물등기부		권리종류	권리자	채권최고액 (계:1,390,345,138)	비고	소멸여부
1	2002.12.18	소유권이전(매매)	이■■			소멸
2	2003.11.21	근저당	스카이상호■■■■	158,000,000원	말소기준등기	소멸
3	2005.04.15	소유권이전(매매)	강■			소멸
4	2005.08.08	근저당	스카이상호■■■■	700,000,000원		소멸
5	2006.05.02	근저당	스카이상호■■■■	140,000,000원		소멸
6	2006.10.30	근저당	스카이상호■■■■	210,000,000원		소멸
7	2007.08.28	가압류	준오에셋	182,345,138원		소멸
8	2009.09.03	임의경매	스카이상호	청구금액: 586,300,000원	2009타경	소멸

토지등기부		권리종류	권리자	채권최고액 (계:1,208,000,000)	비고	소멸여부
1	2002.12.18	소유권이전(매매)	이■■			소멸
2	2003.11.21	근저당	스카이상호■■■■	158,000,000원	말소기준등기	소멸
3	2005.08.08	근저당	스카이상호■■■■	700,000,000원		소멸
4	2006.05.02	근저당	스카이상호■■■■	140,000,000원		소멸
5	2006.10.30	근저당	스카이상호■■■■	210,000,000원		소멸
6	2009.08.21	압류	안성시		세무과-■■■■	소멸
7	2009.09.03	임의경매	스카이상호■■■■	청구금액: 586,300,000원	2009타경	소멸

❶ 말소기준권리는 2003년 11월 21일 자로 근저당을 설정한 스카이상호○○○○이고, 스카이상호○○○○에 의해서 임의경매가 진행된 상태다. 이 물건의 임차인 현황표의 전입일자와 확정일자를 비교해본 후 배당순위를 작성해보자.

❷ 임차인 김○○씨, 임선○씨, 엄옥○씨 배당금액과 낙찰자의 인수금액을 분석해보자.

❸ 이 물건은 법정지상권이 설정된 상태다. 법정지상권이 설정된 이유를 작성해보자.

문제 7 다음 2008타경○○○○○ 사건의 물건 종류는 다세대주택이고 여섯 차례 유찰된 후 7차 시 감정가의 33%에 낙찰된 물건이다. 다음에서 제시한 사건 관련 자료를 토대로 문항을 풀어보자.

사건의 물건 특징

2008타경	전주지방법원 군산지원 > 매각기일 : 2010.03.08 (오전 10:00) >			담당계 : **경매 4계** (☎063-450-5164)		
소 재 지	**전라북도 익산시 동산동 , 다세대주택 2층 201호**					
				[입찰진행내용]		
물건종별	다세대(빌라)	감 정 가	30,000,000원	구분	입찰기일	최저매각가격	결과
				1차	2009-04-27	30,000,000원	유찰
건물면적	59.262㎡(17.927평)	최 저 가	(33%) 9,830,000원	2차	2009-06-01	24,000,000원	유찰
					2009-07-06	19,200,000원	
대 지 권	36.414㎡(11.015평)	보 증 금	( ) 990,000원	3차	2009-09-14	19,200,000원	낙찰
				낙찰 22,510,000원(75.03%) / 2명 / 미납			
매각물건	토지 건물 일괄매각	소 유 자	고	4차	2009-11-23	19,200,000원	유찰
				5차	2009-12-28	15,360,000원	유찰
사건접수	2008-11-05(신법적용)	채 무 자	고	6차	2010-02-01	12,288,000원	유찰
				7차	**2010-03-08**	**9,830,000원**	
				: 원			
입찰방법	기일입찰	채 권 자	신한카드(주)	(입찰:명,낙찰:이 !)			
				매각결정기일 : 2010.03.15			

부동산상의 이해관계

임차인현황		말소기준권리:2008.07.09 배당요구종기:2009.02.09	보증금액 / 사글세 or 월세
대한주택공사	주거용 전부	전 입 일 : 미전입 확 정 일 : 미상 배당요구일 : 없음	보20,000,000원
정	주거용 미상	전 입 일 : 2008.06.13 확 정 일 : 미상 배당요구일 : 없음	보20,000,000원

등기부등본상의 권리관계

【 갑 구 】				
순위번호	등기목적	접수	등기원인	권리자 및 기타사항

【 을 구 】	(소유권 이외의 권리에 관한 사항)			
순위번호	등 기 목 적	접 수	등 기 원 인	권 리 자 및 기 타 사 항
1	근저당권설정	2000년11월27일 제40794호	2000년11월27일 설정계약	채권최고액 금45,000,000원 채무자 교육 대표이사 홍길동 1000-1 근저당권자 주식회사한일은행행 125-1 000000-7 대표이사 홍길동 200-1
2	△△지구택지개발사업등기촉탁소	2004년11월23일 제450766호	2004년11월23일 매기	
3	전세권설정	2006년9월21일 제450186호	2006년9월18일 설정계약	전세금 금20,000,000원 범 위 건물전부의 전층전부 존속기간 2008년 9월 29일까지 반환기 2008년 9월 29일 전세권자 대한주택공사 분당구 분당구 부동동 1길 (전속기관부서)

-- 이 하 여 백 --

❶ 이 물건은 3차 입찰 시 낙찰되었음에도 낙찰 잔금을 납부하지 않아 다시 매각된 상태다. 그 이유에 대해서 설명해보자.

❷ 임차인 정○○씨는 전입일자가 말소기준권리보다 빠르기 때문에 낙찰자에게 대항력이 있고, 보증금 및 월세를 전액 인수해야 된다. 하지만 대한주택공사는 전입일자, 확정일자, 배당요구일 모두 없는 상태다. 등기부등본상에도 권리 설정은 2006년 9월 21일로 말소기준권리인 2008년 7월 9일보다 늦어 낙찰자에게 대항력이 없는 상태다. 그럼에도 낙찰자는 대한주택공사의 보증금액을 전액 인수해야 한다. 그 이유를 등기부등본상에서 찾아보자.

📭 **문제 8** 다음 2008타경○○○○○ 사건의 물건 종류는 아파트고 하나의 사건번호에 3개의 물건번호가 있고 4차 입찰 시 모두 낙찰된 물건이다. 다음에서 제시한 사건 관련 자료를 토대로 문항을 풀어보자.

사건의 물번1 물건 특징

관련물건번호	1	2	3

2008타경	물번 1	서울중앙지방법원 본원 >매각기일 :2009.08.20 (오전 10:00)>	담당계 : 경매 10계 (☎02-530-2714)

소 재 지	서울특별시 강남구 삼성동 117-18, 현대빌라트　　202호					
물건종별	아파트	감 정 가	770,000,000원	\[입찰진행내용 \]		
건물면적	118.04㎡(35.707평)	최 저 가	(51%) 394,240,000원	구분	입찰기일	최저매각가격	결과
대 지 권	55.15㎡(16.683평)	보 증 금	(10%) 39,430,000원	1차	2009-05-07	770,000,000원	유찰
매각물건	토지·건물 일괄매각	소 유 자	(주)세계	2차	2009-06-11	616,000,000원	유찰
사건접수	2008-06-16(신법적용)	채 무 자	(주)세계	3차	2009-07-16	492,800,000원	유찰
입찰방법	기일입찰	채 권 자	현대', 민은행),국	4차	2009-08-20	394,240,000원	

: 　원
(입찰:명,낙찰:조　　　 외 1인)
매각결정기일 : 2009.08.27 - 매각허가결정
대금납부 2009.09.30 / 배당기일 2009.11.11

물번1 매각물건 명세서

매각물건 명세서　　　　　　　　　　　　　　　　　　　명세서

사건	2008타경　　　 부동산임의경매 2008타경...... 2008타경　　 2009타경 　(중복)	매각물건번호	1	담임법관(사법보좌관)	
작성일자	2009.07.01	최선순위 설정일자	-06.7.7(근저당권)	
부동산 및 감정평가액 최저매각가격의 표시	부동산표시목록 참조	배당요구종기	2008.08.25	

부동산의 점유자와 점유의 권원, 점유할 수 있는 기간, 차임 또는 보증금에 관한 관계인의 진술 및 임차인이 있는 경우 배당 요구 여부와 그 일자, 전입신고일자 또는 사업자등록신청일자와 확정일자의 유무와 그 일자

점유자의 성명	점유부분	정보출처 구분	점유의 권원	임대차 기간 (점유기간)	보증금	차임	전입신고일 자, 사업자 등록신청일 자	확정일자	배당요구 여부 (배당요구 일자)
정	202호	현황조사	주거 임차인	미상	미상		2008.2.27.	미상	

〈 비고 〉

사건의 물번2 물건 특징

관련물건번호	1	2	3

2008타경	물번 2	서울중앙지방법원 본원 >매각기일 :2009.08.20 (오전 10:00)>	담당계 : 경매 10계 (☎02-530-2714)

소 재 지	서울특별시 강남구 삼성동 117-18, 현대빌라트　　403호					
물건종별	아파트	감 정 가	835,000,000원	\[입찰진행내용 \]		
건물면적	128.37㎡(38.832평)	최 저 가	(51%) 427,520,000원	구분	입찰기일	최저매각가격	결과
대 지 권	59.978㎡(18.143평)	보 증 금	(10%) 42,760,000원	1차	2009-05-07	835,000,000원	유찰
매각물건	토지·건물 일괄매각	소 유 자	(주)세계	2차	2009-06-11	668,000,000원	유찰
사건접수	2008-06-16(신법적용)	채 무 자	(주)세계	3차	2009-07-16	534,400,000원	유찰
입찰방법	기일입찰	채 권 자	현대 민은행),국	4차	2009-08-20	427,520,000원	

: 　원
(입찰:명,낙찰:한　)
매각결정기일 : 2009.08.27 - 매각허가결정
대금납부 2009.09.28 / 배당기일 2009.11.11

물번2 매각물건 명세서

사건	2008타경 , 2008타경 , 2009타경 , (중복)	2008타경 부동산임의경매	매각물건번호	2	담임법관(사법보좌관)	이홍욱
작성일자	2009.07.01		최선순위 설정일자	-06.7.3(근저당권)		
부동산 및 감정평가액 최저매각가격의 표시	부동산표시목록 참조		배당요구종기	2008.08.25		

부동산의 점유자와 점유의 권원, 점유할 수 있는 기간, 차임 또는 보증금에 관한 관계인의 진술 및 임차인이 있는 경우 배당요구 여부와 그 일자, 전입신고일자 또는 사업자등록신청일자와 확정일자의 유무와 그 일자

점유자의 성명	점유부분	정보출처 구분	점유의 권원	임대차 기간 (점유기간)	보증금	차임	전입신고일자,사업자 등록신청일자	확정일자	배당요구 여부 (배당요구 일자)
조	403호	현황조사	주거 임차인	미상	미상		2005.2.17.	미상	

〈 비고 〉

사건의 물번3 물건 특징

관련물건번호 ▸	1	2	**3**

2008타경	물번 3	서울중앙지방법원 본원 >매각기일 :2009.07.16 (오전 10:00)>	담당계 : 경매 10계 (☎02-530-2714)

| 소 재 지 | 서울특별시 강남구 삼성동 117-18, 현대빌라트 601호 | | |

물건종별	아파트	감 정 가	625,000,000원	[입찰진행내용]		
건물면적	95.89㎡(29.007평)	최 저 가	(64%) 400,000,000원	구분	입찰기일	최저매각가격	결과
대 지 권	44.801㎡(13.552평)	보 증 금	(10%) 40,000,000원	1차	2009-05-07	625,000,000원	유찰
매각물건	토지·건물 일괄매각	소 유 자	(주)세계	2차	2009-06-11	500,000,000원	유찰
사건접수	2008-06-16(신법적용)	채 무 자	(주)세계'	**3차**	**2009-07-16**	**400,000,000원**	
입찰방법	기일입찰	채 권 자	현대', 국 민은행	원 (입찰 명,낙찰:정)		
				매각결정기일 : 2009.07.23 - 매각허가결정 대금납부 2009.08.27 / 배당기일 2009.11.11		

물번3 매각물건 명세서

사건	2008타경 , 2008타경 , 2009타경 , (중복)	2008타경 부동산임의경매	매각물건번호	3	담임법관(사법보좌관)	이홍욱
작성일자	2009.07.01		최선순위 설정일자	-06.7.3(근저당권)		
부동산 및 감정평가액 최저매각가격의 표시	부동산표시목록 참조		배당요구종기	2008.08.25		

부동산의 점유자와 점유의 권원, 점유할 수 있는 기간, 차임 또는 보증금에 관한 관계인의 진술 및 임차인이 있는 경우 배당요구 여부와 그 일자, 전입신고일자 또는 사업자등록신청일자와 확정일자의 유무와 그 일자

점유자의 성명	점유부분	정보출처 구분	점유의 권원	임대차 기간 (점유기간)	보증금	차임	전입신고일자,사업자 등록신청일자	확정일자	배당요구 여부 (배당요구 일자)

조사된 임차내역 없음

〈 비고 〉

등기부등본상의 권리관계

❶ 이 사건의 물건번호 1의 임차인 정○○씨와 물건번호2의 임차인 조○○
씨를 낙찰자가 인수해야 되는지 여부를 판단해보자.

❷ 이 사건의 등기부등본을 살펴보면 현대○○○○과 국민은행은 동일한 날
짜인 2006년 7월 3일에 근저당을 설정했다. 배당순서는 누가 먼저인지
파악해보자.

❸ 물건번호 1, 2, 3의 각각의 낙찰자는 근저당권 말소와 관련하여 재판 결과
에 따라 낙찰자의 소유권이 상실되는지 각각 파악해보자.

❹ 경매 물건은 낙찰 후 낙찰 잔금의 상당 부분은 대출받아 해결한다. 하지만
이 물건에 입찰 참여하기 위해서는 낙찰 금액만큼의 여유 자금이 있어야
한다. 그 이유를 설명해보자.

문제 9 다음 2008타경○○○○○ 사건의 물건 종류는 아파트이고 두
차례 유찰되었고 3차 입찰 시 낙찰되었지만 낙찰자가 잔금을 미납하여 4차
재입찰이 진행되는 물건이다. 다음에서 제시한 사건 관련 자료를 토대로 문
항을 풀어보자.

사건의 물건 특징

2008타경	서울남부지방법원 본원 > 매각기일 : 2010.03.17 (오전 10:00) >		담당계 : 경매 4계 (☎02-2192-1334)		
소 재 지	서울특별시 양천구 신정동 337,외 1필지, 목동2차우성아파트				
물건종별	아파트(42평형)	감 정 가	630,000,000원	[입찰진행내용] 입찰 6일전	
건물면적	113.91㎡(34.458평)	최 저 가	(64%) 403,200,000원	구분 / 입찰기일 / 최저매각가격 / 결과	
대 지 권	45㎡(13.613평)	보 증 금	(20%) 80,640,000원	1차 / 2009-09-23 / 630,000,000원 / 유찰	
매각물건	토지·건물 일괄매각	소 유 자	임	2차 / 2009-10-28 / 504,000,000원 / 유찰	
사건접수	2008-10-15(신법적용)	채 무 자	임	/ 2009-12-02 / 403,200,000원 / 변경	
입찰방법	기일입찰	채 권 자	하나은행	3차 / 2010-01-06 / 403,200,000원 / 낙찰	
				낙찰 525,252,000원(83.37%) / 5명 / 미납	
				4차 / 2010-03-17 / 403,200,000원	

부동산상의 이해관계

임차인현황		말소기준권리:2006.06.08 배당요구종기:2008.12.30	보증금액 / 사글세 or 월세
이	주거용 전부	전 입 일:2005.06.21 확 정 일:2008.12.08 배당요구일:2008.12.22	보220,000,000원

276

매각물건 명세서

매각물건 명세서

사건	2008타경 ··· 부동산임의경매	매각물건번호	1	담임법관(사법보좌관)	박송규

작성일자 2010.02.24 최선순위 설정일자 2006.6.8 근저당

부동산 및 감정평가액 최저매각가격의 표시 부동산표시목록 참조   배당요구종기 2008.12.30

부동산의 점유자와 점유의 권원, 점유할 수 있는 기간, 차임 또는 보증금에 관한 관계인의 진술 및 임차인이 있는 경우 배당요구 여부와 그 일자, 전입신고일자 또는 사업자등록신청일자와 확정일자의 유무와 그 일자

점유자의 성명	점유부분	정보출처 구분	점유의 권원	임대차 기간 (점유기간)	보증금	차임	전입신고일 자·사업자 등록신청일 자	확정일자	배당요구 여부 (배당요구 일자)
이○	미상	현황조사	주거 임차인	미상	미상		2005.06.21.		
	전부	권리신고	주거 임차인	2008.03.04 ~ 2010.03.04	이억이천만 원		2005.06.21.	2008.12.08	2008.12.22

< 비고 >

등기부등본상의 권리관계

건물등기부		권리종류	권리자	채권최고액 (계 : 748,000,000)	비고	소멸여부
1	2000.08.24	소유권이전(매매)	임○○			소멸
2	2006.06.08	근저당	현대스위스이상호ㅈ ㅡ은행	384,000,000원	말소기준등기 양도전 : 하나은행	소멸
3	2006.06.08	근저당	현대스위스이상호ㅈ	364,000,000원		소멸
4	2007.06.27	압류	구로세무서		세무1과-8436	소멸
5	2008.01.21	압류	서울특별시양천구		세무1과-10464	소멸
6	2008.10.17	임의경매	현대스위스이상호저축 은행	청구금액: 676,144,359원	2008타경	소멸

전입세대열람 내역

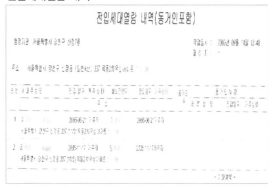

① 물건이 재입찰되는 이유에는 여러 가지가 있지만 그 중 낙찰자가 입찰 전
에 미처 발견하지 못한 중대한 원인이 낙찰 후 발견된 경우가 많다. 제공
되는 자료를 토대로 중대 원인이 무엇인지 파악해보자.

② 임차인 이○○씨는 전입일자가 말소기준권리보다 앞서며 낙찰자에게 대
항력이 있다. 하지만 배당순위가 있음에도 전액 배당받지 못한다. 그 이유

에 대해서 설명해보자.

❸ 등기부등본상의 권리관계와 부동산상의 이해관계를 따져 예상배당표를 작성해보자.

문제 10 다음 2009타경ㅇㅇㅇㅇㅇ 사건의 물건 종류는 아파트고 한 차례 유찰된 물건이다. 다음에서 제시한 사건 관련 자료를 토대로 문항을 풀어보자.

사건의 물건 특징

2009타경	서울중앙지방법원 본원 > 매각기일 : 2010.04.07 (오전 10:00) >		담당계 : 경매 11계 (☎02-530-2715)

소재지	서울특별시 성북구 길음동 1279,외 2필지, 레미안길음1차				
물건종별	아파트	감 정 가	620,000,000원	[입찰진행내용] 입찰 27일전	
건물면적	114.98㎡(34.781평)	최 저 가	(80%) 496,000,000원	구분 입찰기일 최저매각가격 결과	
대 지 권	52.45㎡(15.866평)	보 증 금	(10%) 49,600,000원	1차 2010-03-03 620,000,000원 유찰	
매각물건	토지·건물 일괄매각	소 유 자	이	2차 2010-04-07 496,000,000원	
사건접수	2009-10-09(신법적용)	채 무 자	이		
입찰방법	기일입찰	채 권 자	백		

부동산상의 이해관계

임차인현황		말소기준권리:2009.10.13 배당요구종기:2010.01.18	보증금액 / 사글세 or 월세
김	주거용 504호	전 입 일:2009.10.22 확 정 일:2009.10.22 배당요구일:2009.11.02	보235,000,000원
삼성화재해 상보험(주)	주거용 전부	전 입 일:미상 확 정 일:미상 배당요구일:없음	보235,000,000원
이	주거용 504호	전 입 일:2009.10.22 확 정 일:미상 배당요구일:없음	미상
전	주거용 504호	전 입 일:2009.03.26 확 정 일:미상 배당요구일:없음	미상
기타참고	임차인수: 4명 , 임차보증금합계: 470,000,000원		

등기부등본상의 권리관계

[갑 구]			(소유권에 관한 사항)	
순위번호	등 기 목 적	접 수	등 기 원 인	권 리 자 및 기 타 사 항
1	소유권보존	2004년 3월 3일		
2	소유권이전	2004년 3월 3일	2000년 3월 3일	
2-1	2번 가 명의인 (변경)	2004년 3월 3일	2007년 3월 3일	
3	강제경매개시결정	2005년 3월 3일		채권자 백

[을 구]			(소유권 이외의 권리에 관한 사항)	
순위번호	등 기 목 적	접 수	등 기 원 인	권 리 자 및 기 타 사 항
1	전세권설정	2004년 3월 3일	2004년 3월 3일	
1-1				

❶ 이 사건의 말소기준권리는 채권자 백○○씨로 강제경매 개시일인 2009년 10월 13일이다. 임차인 김○○씨, 이○○씨, 전○○씨는 말소기준권리 이후 즉 경매등기 이후에 전입한 상태다. 이들이 낙찰자에게 대항력이 있는지 판단한 후 우선 배당금이 있는지와 그 금액을 산출해보자.

❷ 전세권을 설정한 삼성화재해상보험(주)는 경매 후 말소되지 않고 낙찰자가 인수해야 된다. 그 이유를 설명해보자.

❸ 임차인 중 인도명령 대상자가 누구인지와 미배당금액을 작성해보자.